The Global Expatriate's Guide to Investing

From Millionaire Teacher to Millionaire Expat

沙发土豆投资法

轻轻松松投全球

【美】安德鲁·哈勒姆（Andrew Hallam） 著
王 冠 译

中信出版集团 · 北京

图书在版编目（CIP）数据

沙发土豆投资法 /（美）安德鲁·哈勒姆著；王冠
译．—北京：中信出版社，2018.4
书名原文：The Global Expatriate's Guide to
Investing
ISBN 978-7-5086-8690-5

Ⅰ.①沙… Ⅱ.①安… ②王… Ⅲ.①投资－基本知
识 Ⅳ.①F830.59

中国版本图书馆 CIP 数据核字（2018）第 039411 号

沙发土豆投资法

著　　者：[美] 安德鲁·哈勒姆
译　　者：王　冠
出版发行：中信出版集团股份有限公司
　　　　（北京市朝阳区惠新东街甲 4 号富盛大厦 2 座　邮编　100029）
承 印 者：北京诚信伟业印刷有限公司

开　　本：787mm×1092mm　1/16　　印　　张：19.75　　字　　数：256 千字
版　　次：2018 年 4 月第 1 版　　印　　次：2018 年 4 月第 1 次印刷
京权图字：01-2015-8356　　广告经营许可证：京朝工商广字第 8087 号
书　　号：ISBN 978-7-5086-8690-5
定　　价：59.00 元

服务热线：400-600-8099
投稿邮箱：author@citicpub.com

在一个财经书籍充斥的世界里，很难找到如《沙发土豆投资法》一般既有深刻见解又轻松幽默的书。请在你的长途旅行中带上这本书，因为它既有有趣的事例又有明晰的建议。作者本身丰富的知识和热情使得这本书简洁易懂。该书中的建议明确且有证据支持。这本书主要是为侨民而写，但其中的智慧也适用于所有人。我强烈推荐这本书，因为它有明确的建议，它会使你微笑。

——班·薛伍德（Ben Sherwood），希利尔·霍普金斯律师事务所（Hillier Hopkins LLP）合伙人、英国特许会计师和税务顾问、《金钱的 7 个秘密》（*The 7 Secrets of Money*）作者

世界各地的侨民都应该感谢安德鲁，因为这本书所提供的建议清晰、明确、聪明且有助于实现财务自由。这本书的目标读者为快速增长但又常被忽视的在国外工作的群体，这一群体虽然能领到很高的薪水，但又常被大量的不熟悉的投资选择所困扰。如果你也是这个群体中的一员，那么现在你不需要再苦苦寻找看穿销售陷阱的方法，因为你可以自己投资致富。

——伊恩·麦圭根（Ian McGugan），加拿大《环球邮报》

我已为我的每位员工购买了此书，它应被列为所有涉外公司和教育计划的必读书目之一。

——詹姆斯·达汝兹（James Dalziel），教育学博士，东南亚联合世界学院东校区校长

《沙发土豆投资法》是安德鲁的又一力作，他的研究令人印象深刻，同时关于人们投资选择的真实案例更为该书增加了说服力。包含投资常识和幽默的《沙发土豆投资法》应成为所有侨民的必读书目，如果他们想妥善安排自己的退休生活的话，因为安德鲁将在这本书中告诉我们如何投资。

——保罗·赫梅利克（Paul Chmelik），印度新德里的美国大使馆学校主任

安德鲁为所有侨民的储蓄和投资找到了一个合理的方式。无论是在中国工作的澳大利亚首席执行官，还是在沙特阿拉伯工作的英国教师，或者是在马来西亚工作的法国工程师，总之，聪明的、喜欢阅读的、想要赚钱的人离家时都应随身携带这本书。

——威廉·伯恩斯坦（William Bernstein），《投资的四大黄金定律和辉煌的交易》（*The Four Pillars of Investing and A Splendid Exchange*）作者

这本书是全球侨民和任何想要移民人士的必读书。无论你来自加拿大、美国、南美、亚洲、欧洲、英国、澳大利亚或是新西兰，这本书都会提供有用且易于理解的建议。另外，作者行文的幽默感，也使得这本书更易理解、消化。

——邓肯·胡德（Duncan Hood），加拿大财经杂志《钱意识》主编

一本用智慧造就的、不寻常的、能够保护你的钱免受来自自己和他人损害的投资常识指南。

——艾伦·罗斯（Allan Roth），《低年级学生战胜华尔街》（*How a Second Grader Beat Wall Street*）作者

安德鲁之前的书《百万富翁导师》能够与许许多多的投资者产生共鸣，是因为这恰是安德鲁曾走过的路，这本书也一样。这本书的出现填补了市场空缺，外籍员工在进行投资时不再像以往那样需要费力地跨越投资障碍，不再需要面对投资逻辑和税费方面的负担，因为安德鲁作为一个理想的指导者，已经帮外籍员工清除了这些障碍。

——丹·博尔托洛蒂（Dan Bortolotti），PWL 资本（多伦多）
公司投资顾问、加拿大沙发土豆博客作者

这本书是所有外籍员工和他们的人力资源部门的必读书，如果他们希望将来有一个满意的退休生活的话。该书包含所有涉及全球移民投资的内容，包括外籍人士如何避免海外养老金产品的巨额费用、如何设置低成本指数投资的方式、如何避开投资陷阱等问题。

——罗伯特·瓦西莱夫斯基（Robert Wasilewski），
RW 投资策略公司、自行投资博客作者

外籍员工的雇主，无论它们是企业还是国际学校，都应该给自己的外籍员工发一本该书。安德鲁的投资策略结合了学术研究内容，具有科学性，而非导致许多投资者受害的煽动性的销售技巧。

——拉里·斯韦德鲁（Larry Swedroe），《像巴菲特一样思考与投资》
作者、“白金汉宫资产管理联盟研究计划”主任

安德鲁写就的一本非常好的工具书，有着清晰的逻辑和思考，赞扬了在养老金产品投资领域的自力更生的重要性。

——珍妮·基亚姆（Jenny Chiam），新加坡证券交易所
高级副主席、证券业务主管

尽管安德鲁的书主要是面向外籍员工，但它对任何人都适用，它是一本非常好的指导手册，可以帮助外籍员工和本国员工避开大量的影响预订计划的理财雷区。它对于任何考虑移民或者在国外退休的人员都是必读书。除此之外，我比较喜欢的一点是，该书可以无所顾忌地挑战权威，无论这些权威是那些被广泛接受的教条语录还是有影响力的利益集团。能够在这本书中无所顾忌地读到事实真相，是非常有意思的事。

——罗伯·阿诺特（Rob Arnott），研究联盟主席兼总裁、

《基本面指数》（*The Fundamental Index*）作者之一

这是一本能够帮助侨民成长并保护他们辛苦积攒的财产的书。这本书能够帮助侨民避开花费巨大而又充满风险的投资陷阱。

——克雷格·罗兰（Craig Rowland），《永久投资组合》和

《哈利·布朗的长期投资策略》作者之一

在这本书的引言中，安德鲁谈到，在19世纪早期，我计划以后要存多少钱以及为什么。知道自己要存多少钱以及为什么，是这本书最重要的内容，即使你除此之外一无所知也没有关系。因为储蓄是长期财富中非常重要的一个部分，构建适合自己的投资组合更是无价之宝，甚至是最重要的部分。安德鲁将会使你的学习过程充满乐趣，这也是一位优秀老师的标志之一。如果你打算投资，这本书应是你的必读书之一。

——南希·腾格勒（Nancy Tengler），《女性成功投资指南》作者、

《亚利桑那共和报》投资专栏作家、弗里蒙特（Fremont）

投资机构前首席执行官和首席投资员

这本书是写给那些不走寻常路的全球投资者的，也是给那些购买了不灵活且昂贵的海外养老金产品的投资者——希望不会再有人落入这样的陷阱。最后希望全球所有投资者能够更聪明地应对不良投资，尽管有些人已落入这些劣质投资的圈套中。

中文序
Preface

这是一部面向有志于离开或已经离开本国国土，侨居海外的人群的著作，讲述了如何在侨居国进行投资实务操作，如何实现资产保值、升值进而实现财务自由。

当然，该书对于希望了解国外金融环境和金融产品，有境外投资和全球资产配置需求的读者也非常具有参考价值。

中国在经历了近40年的高速增长后，社会财富积累已经达到一个很高的程度。具体表现在社会表象上的变化，即所谓的“中产阶级”和更富裕阶层的崛起和壮大，这也是资产管理和财富管理不断兴盛的幕后推手。在21世纪的第二个10年，这个推手终将跨境投资和全球资产配置命题推进国人的视野，并迅速成为热点。

中国人参与全球财富盛宴的广度和深度取决于两个方面：第一，自身可支配财富的数量；第二，参与投资人群的数量。在经济L形运行的背景下，中国私人财富市场继续保持高速增长。2016年中国个人持有的可投资资产总体规模达到165万亿元人民币，2014—2016年的年均复合增长率为21%。从财富规模来看，2016年中国高净值人群达158万人，共持有49万亿元人民币的可投资资产。2017年高净值人群将达到187万人左右，同比增长18%；高净值人群持有财富总量将达58万亿元人民币，同比增长19%。

近年来，中国热衷海外投资置业的倾向愈发明显，中国诸多行业也大举进攻国际市场。比如地产行业，随着国内房地产市场的平缓，海外置业投资日益升温，据调查，高达80%的受访高净值人群表示在未来有海外投资需求。除此之外，国际教育理念也带动了国民海外投资的需求。从投资人口构成来看，留学和移民现象驱动了民众将投资视线投向海外，这直接形成了大趋势，带动了国内有远见的人士在严格遵守我国监管政策下进行全球投资和财富管理。中国有海外华侨华人总数约4 000万人，其中，在近二十余年间从内地迁出的新一代华侨华人，即新移民，约200万人。海外留学人员根据2016年54.45万人的数据推算，数百万应该是大概率，加上其对应的家庭，规模亦是达千万级别。

身边大部分富裕家庭，不是已经有孩子在海外留学就是有此打算和安排。10年前，留学海外时间一般为两年，而现今已经有8年之久的趋势，子女教育也成为海外投资的几大原因之一。此外，中国个人资产量的增长使近1/3的高净值人群对海外投资回报率非常有信心，也带动了一部分人探索海外投资市场，至此，海外投资已经是大势所趋。而如何在海外投资中将资产保值进而升值，是所有投资者都关注的问题，该书也会就此问题重点讲述。

随着经济全球化的概念日益深入人心，中国高净值人群投资眼界更为开阔，多区域、多币种、多形式的跨境多元化配置正在获得高净值人群的认可。高净值人群中拥有境外资产配置的人群占比由2011年的约19%上升至2017年的约56%。同时，人均境外资产配置占比自2013年起趋于平稳。从资产配置的类别来看，也由基础的现金类和不动产类，逐步加入了股票和债券等金融产品配置，由于对境外市场的了解有限，高净值人士的境外资产配置仍然集中在储蓄和现金、股票和债券类产品等主流投资类别；而资产规模越大的高净值人士境外资产配置越为分散。国人的投资眼界越来越开阔，投资类别也越来越多样化，多区域、多币种、多类型产品的多元化投资方兴未艾。

从世界范围来看，全球金融市场在发展中逐步融合，你中有我，我中有你。10 年前我在华尔街投行工作，彼时两国金融市场发展差距较大，我工作的结构金融领域在国内少有人涉猎。平时和国内的朋友交流时，极少听到他们谈及海外市场的资产投资需求，美国对中国金融市场基本一无所知。而仅仅在 10 年后的今天，朋友聚会聊起纳斯达克股票、加州房地产等已经是家常便饭。华尔街的交易员更是必须每日关注 A 股市场变化。在这个大背景下，更深入地了解全球金融市场的基本运作情况和各主要资本市场的产品、服务，已经不仅仅是专业金融从业者的工作，而是所有有财富管理需求人群的必修课。

在中国人放眼全球的时候，往往对国外的金融环境、投资产品如雾里看花，水中望月。跨境投资因为其复杂性和多样性充满了种种陷阱，有很多我们认为是常识性的投资理念往往是错误的，所以投资切忌草率和迷信。刚刚尘埃落定的股神巴菲特和对冲基金经理泰德·西德斯之间的赌局恰好说明了这个问题。2005 年，巴菲特提出以标准普尔 500 指数基金挑战任何一名职业投资人选择的至少 5 只对冲基金，以 10 年为期限，看看谁的收益更高。事实证明，由专业人士进行的主动投资管理，扣除高昂的管理费用后，在多年的时间内的表现反而会落后于选择被动投资的业余人士。

巴菲特曾言："想要在一生的时间获得投资成功，并不需要超群的智慧、非凡的商业远见或者内幕消息，需要的是一个能够帮助自己做出决定的较完善的知识框架。"巴菲特赌约这一案例提醒投资者思考：对普通个人海外市场投资者来说，想要投资美国股票市场，究竟什么是更好的投资策略。

该书作者将带我们一起探讨多个令人感兴趣的问题。我们进行跨境投资的目的是简单的分散风险还是主动追求收益？境外资产配置在提高复杂度、增加分散性与简约化降低费用支出之间，如何找到平衡点？在机构选择上，是追求财富管理机构的知名度，还是更看重机构在产品选择和资产配置方面的专业度？在投资地区选择上，是该倾向于传统金融强国（如美国、英国），还是在考虑到自身教育、居住、移民等个性化需求后选择澳大利亚、瑞典等其他国家？相信读者在阅读该书的过程中会找到答案，并从中得到极大的收获和乐趣。

中融资产管理公司总经理

宁剑虹

2018 年 3 月

投资：无论身处何方，任何人都可以做到

有些人喜欢投资，但大部分人不喜欢。他们宁愿做其他事情，把时间花在投资以外的各类杂务上。他们清洁烤箱、打扫车库、清理旧档案，就是不想投资。也有人会叠袜子、把打印机旧墨盒送去回收或者拜访亲朋。他们会做这一切，来避免考虑储蓄和投资。

毫不夸张，的确如此。

但安德鲁·哈勒姆（Andrew Hallam）打开了一扇门，让喜欢投资的与不喜欢投资的人们聚首一堂，大家均可从中获益。喜欢投资的人们能得益，因为这本书是人们在世界各地投资的通行证。在这里，你可以学习自主行动，无论现在还是将来都能掌控自己的生活。

不喜欢投资的人们也可以获益，因为这本书简单易懂。你可以轻松学会如何以最低成本投资，收入自然越来越丰厚。该书分步讲解，细致入微。涉及计算的情况不多，但只要包含计算，书中均配有详解。无

论你来自何方，身处何方，这位“百万富翁导师”都会向你传授投资储蓄的经验。他将介绍注重低费用、简单及分散投资的一系列基金，也会对你心仪的退休地而有所侧重讲解。

坚决不要自行投资？无须担心。安德鲁会向你介绍一些费用相宜的投资管理公司。这些公司将为你打造合适的投资组合，提供跟踪服务，而成本大大低于常规费用。更妙的是，这类公司的数量和种类正不断增加。

所以，如果你离开了国土在他国工作或生活，这本书便是你成功的基石。

即使你是谈“计算”色变的人也不用担心。安德鲁是位好老师，他会从零教起，带领你一步步走入投资殿堂。简单明了的讲解是重要的，因为实现目标的最佳途径是学会自己动手投资，降低成本。

原因在于：大多数人会对税务局怀有戒心，担心征税对收入的影响。但可能给你带来最大损害的是那些向你推销投资计划的销售人员。他们声称，精明的顾问将为你做出明智的投资决策。

抱歉，不会有这种好事。相反，你的资金充实了销售人员的钱包，助其入手奔驰新车，也可能助其上司在阿斯彭（Aspen）和汉普顿（Hamptons）购入度假屋。

销售人员对投资收益的蚕食并不显眼。金融服务业无所不尽其极地掩饰所谓“惯常及正常”费用负担。问题首先出在财务费用的表达上。普遍地，费用显示为被管理资产的某个百分比。所以，假如我们投入 1 000 美元，而费率为 1%的话，那每年的费用也只是 10 美元。

没什么可抱怨的，对吧？

但实际负担要大得多。你必须以最重要的标准衡量——投资的实际回报。委托管理资产“仅”花费资产的 1%是一回事。但假设你的投资总回报是 8%，投资经理却从你的收益中赚取了 12.5%的回报。若费率提高至资产的 3%，投资经理所获收益则是你投资回报的 37.5%。而在美国以外的大部分国家和地区，普遍收取的都是 3%的费率。

对大多数人来说，那比税务局征税的比例要高。同时，我们也满心以为基金经理真能带来这样的高回报。实际上，大多数时候都做不到。大量研究证明，约70%的委托管理资金无法达到预期收益指标。

而即便是这个标准也低估了为退休生活投资储蓄的人们所面对的负担。在学术期刊《资产组合管理》上，业界大师查尔斯·埃利斯（Charles Ellis）为我们揭开了真相。①他表示，“深知内情的现实派”会把主动管理成本作为‘增量收益的某一比例计算出增量费用’。”

抱歉，这显得有点复杂。

以下是他以简单算术举出的例子。假设你委托购入的基金每年费率为1.5%，而该基金每年的表现比基准指数高0.5个百分点。由于基金经理必须获得高于基准2个百分点的表现才能为投资者带来那额外的0.5%的收益，也就意味着真正的管理费用为投资收益的75%。世界上没有哪里的税务局会征收如此高的费用吧？但全球的基金管理公司则惯常如此。

的确，在美国以外全球大多数地方，1.5%的管理费用不算高。看看本书提及的例子，你会发现侨民投资者往往面对3%或以上的费率。

经纪公司、保险公司及银行自然希望继续收取巨额费用，但其周遭大环境已经发生变化。曾经它们是人们投资仅有的渠道，如今，它们只是最昂贵的投资方式。

今天，我们有其他选择。新型投资机构的费用低廉，估计要至少20年后才追得上传统投资机构一年收取的费用。如今，创建充分多元化的全球投资组合而每年费用低于0.20%是完全可能的事情。

---

① Charles D. Ellis, “The Rise and Fall of Performance Investing,” Journal of Portfolio Management, July/August 2014.

1991年我首创沙发土豆投资组合（Couch Potato portfolio，又译懒人投资组合）时，共同基金尚处于萌芽阶段。当时在美国只有少数几个低费用指数基金。出于必要，最初的这个投资组合非常简单：一半是美国大盘股，另一半是美国债券。这一简单方案为许多投资者带来了不俗的收益。

今天，已有成千上万的交易所交易基金（ETF）为人们带来低费用的投资选择，而且几乎全球各地都有。所以无论你身处何地，都可以配合所在地或将来目的地进行投资。

好消息不止这些。低费用基金发行公司之间的激烈竞争已令许多ETF免除了佣金费用，同时也令许多最主要的指数基金年费下降。最终，你与投资回报之间的阻碍几近消失。买方市场已形成。

在这里，有安德鲁·哈勒姆给你做向导。

斯科特·伯恩斯（Scott Burns）

目录
Contents

引言

在美国电视上，每当执法机构要捉拿白领盗贼，嫌疑人早已往国外逃之夭夭。他也许会偷来一艘游艇开往多米尼加共和国（Dominican Republic）或乘小型商务喷气式飞机飞往开曼群岛（Caymans）。

有 67%的美国人没有申领护照，在他们看来，跨境出逃实为鲁莽之举。[1]难道那些逃犯没有意识到离开美国国土的风险？他极可能葬身基地组织在阿富汗的洞穴。

假如你是全球 2.3 亿海外侨民的一员，大可一笑置之。[2]这样的风险并不大。然而，真正的陷阱在于退休后的穷困。

许多享受优厚外派福利的侨民也许对我的建议嗤之以鼻。毕竟，对身在东南亚及中东的大批外籍人士来说，在海外工作是致富的快车道。例如，一对夫妇带上孩子到海外的国际学校教书，一年能存下 10 万美元。

所教学生的家长呢？这些高薪侨民让上述教师显得穷酸不堪。他们到国外从事工作的行业包括银行、信息技术、石油、化妆品、医药、航运，许多是为可口可乐、美国运通、强生、谷歌、微软、埃克森美孚等大型跨国企业效力。

但并非所有海外侨民（包括在欧洲的数以百万计的侨民）都能赚得“盆满钵满”。即便能，仍面临各种财务风险。

2003 年，我离开加拿大到新加坡教书，因而放弃了一份固定收益的养老金。假如我仍在原职，现在应该已经把房子供完，还有点儿小钱做投资，而且终身有收入。

极少旅居外国的人士能享有这份奢侈福利。更糟的是，大多数侨民没有意识到，他们必须得从股市获利数百万美元或者拥有多套无抵押的出租房产才勉强比得上英国、澳大利亚或加拿大公营机构员工的退休福利。

在全球，虽然这些福利日渐缩减，但依然存在，而且大部分政府还另外每月发放现金。美国人享受社保金，加拿大人享受退休金，而英国、澳大利亚、德国、新西兰等国的类似制度都为本国非在外公民提供收入。但旅居海外的侨民不进行高额供款的话，根本难以取得丝毫福利。

大部分国家对社保收入的计算是基于个人的工作收入水平及其投保本国社保计划的年限。例如，在 2012 年，美国人的最高社保年收入超过了 28 000 美元。[3]侨民若想从保险公司获取相当水平的收入，须投入近 50 万美元的年金。在 10 年或 20 年内将退休的侨民须更多投入。通货膨胀是贪婪的。

各国会向各自社保体系的供款者发放现金福利，表 0-1 所示是概况列表。

表 0-1　各国养老金最高年收入

国家	养老金最高年收入（本国货币）	养老金最高年收入（美元）
德国	30 651（欧元）	39 374
美国	28 159（美元）	28 159
法国	18 380（欧元）	23 612
巴西	50 734（巴西雷亚尔）	22 354
澳大利亚	20 694（澳元）	18 862
加拿大	12 295（加元）	11 704
英国	7 488（英镑）	11 174

注：货币换算时间：2013 年 7 月 7 日。

资料来源：Complementary and Private Pensions Database，“Private Pensions—OECD.” Accessed April 29，2014. www. oecd. org/finance/private-pensions/issaiopsoecdcomplementaryandprivatepensionsdatabase.htm.

为一份长期合同或海外创业大计而离开家园，尤其是在你所奔往的国家不提供退休金福利的情况下，你有可能最终落得饥肠辘辘。因此，大部分旅居国外的侨民需要比留在本国的同龄人储蓄更多资金，进行更高效的投资。

然而，并非所有海外侨民都晚景窘迫。据汇丰银行的“国际侨民开拓者调查”，68%的旅居侨民表示出国比留在国内存款更丰厚。[4]所以，发家致富还是有希望的。

但单凭希望会是个糟糕的策略。你需要做好计划，不妨从以下问题入手：

- 我需要多少资金储备才能退休？
- 每个月我该存多少钱，投资多少钱？
- 我要如何投资？

无论你的目标是过名流般的奢华生活还是如僧侣般清贫度日，本书将提供一套行动计划来回答这些问题。

创造或增加未来退休收入的一个方法是，投资股票和债券。但许多侨民经常上当受骗，销售人员以花言巧语推销问题投资产品，侨民最易入瓮。

境外投资计划往往是险恶的陷阱，理财顾问从中获得巨额佣金，客户利润因隐藏的高费用及回扣而大为削减。许多面向外籍侨民的理财顾问专门销售这类投资计划，把无防备之心的客户套牢在10年、20年，甚至25年期的计划中。

等到投资者察觉被卷入费用庞大的投资激流时，往往已经太迟了。挣扎回岸的投资者须面对高达80%的赎回费。更糟糕的是，许多海外雇员常常会把金融巨鲨引入自己公司的海豹泳池中。他们欣然认可境外养老金的销售人员，但后者大多只有一个目的：从掉以轻心的客户身上尽可能捞取高佣金。

无论你是找到操守秉正的理财顾问代劳，还是干脆自行管理投资事宜，都应该了解股票及债券市场的运作。我将讲解人们如何通过这些市场赚钱，并解答你可能羞于提出的许多问题。你将明白，股票市场代表着众多真实商业形成的整体。投资股票不一定就意味着高风险、费时或复杂，前提是你得掌握要领。

我将展示，如何每年只花90分钟在投资事务上，成绩便能优于最专业的基金经理的表现。最重要的是，你无须紧盯股市、留意经济走势，或苦读《华尔街日报》那沉闷的金融版。

听起来美好得不真实？非也。阅读本书并运用互联网，将有助于验证我对特定投资产品的警告。你也可以找到大量学术研究证据支持本书的投资策略。

假如过去投资不利，你不乏同伴。据财经新闻网站Moneynews.com的记者丹·韦尔（Dan Well）报道，总部在芝加哥的金融服务机构达尔巴公司（Dalbar）一项为期20年的研究证实，大部分投资者如同溺水的鸭子。1992—2012年，美国平均股价上升384%（每年8.21%），而美国投资者在股市的投资平均只获利130%（每年4.25%）。[5]

如此逊色的投资表现也许就是导致投资者退休后吃猫粮而非鱼子酱的原因。而我将引导大家走向合味怡人之境。

简单介绍完投资历史及理论后，本书接下来的章节会提供更具体的讲解。我将介绍可在哪里开立投资账户，并解说如何进行投资交易。

虽然这一投资策略如此简单，还是有人更喜欢寻求理财顾问的协助。我会列出一些训练有素、极具职业操守的理财顾问以供参考。了解他们的理念后，你将掌握选择顾问的标准。

许多人还会担心金融资产跨境转移的实际操作问题。虽然本书不涵盖这些概念，我将继续在网站www.andrewhallam.com上就该议题提供新文章及有用的链接。

作为一名海外侨民，你可以过上更优质的生活，获得更丰厚的收入，为优裕的退休生活做好准备。但你需要一个计划。幸运的是，计划已在你面前。

注释：

1. Andrew Bender, "Record Number of Americans Now Hold Passports," *Forbes*, January 30, 2012. Accessed April 29, 2014. www.forbes.com/sites/andrewbender/2012/01/30/record-number-of-americans-now-hold-passports/.
2. "World Expat Population—The Numbers," Resources for Expats, International Moving Companies Moving Overseas, World Expat Population—The Numbers, Comments. Accessed April 29, 2014. www.feedbacq.com/blog/world-expat-population-the-numbers/.
3. "Private Pensions—OECD." Accessed April 29, 2014. www.oecd.org/finance/private-pensions/issaiopsoecdcomplementaryandprivatepensionsdatabase.htm.
4. "HSBC Bank International Expat Explorer Survey." Accessed April 29, 2014. www.expatexplorer.hsbc.com/files/pdfs/overall-reports/2009/economics.pdf.
5. Dan Weil, "Dalbar's Harvey: Individual Investors Brilliant at Mistiming Markets," Moneynews.com, March 11, 2013. Accessed May 12, 2014. www.moneynews.com/InvestingAnalysis/Dalbar-Harvey-individual-investors/2013/03/11/id/494045/.

第一章　瞄准靶心

我最初开始投资的时候，目标是40岁就退休。我当时19岁，疯狂攒钱。我不会告诉你，为了赚钱我都做过些什么傻事。我要分享的是那些走对的路，希望你能从中得益。我会计划好存多少钱，明确为什么要存这些钱。相比之前的“钱奴”举动，这样的计划更能令我从容生活。

2014年，过完44岁生日后，我和太太一起结束了我们在新加坡的教书工作，正式退休。那不意味着之后我们就活得像信托基金到手的“富二代”，终日享乐，也不意味着我们不再工作。但我们的确不用受别人钳制了。几年前，要是老板发疯裁员，辞掉“瘦弱秃头汉”和“双语金发女”，我们也不用发愁。即使不工作，我们也有足够的钱生活下去。

实现财务自由后，你可以选择继续工作，放一段长假，或者退休。财务自由提供了选择权。

假如你今天未达到财务自由，给自己设下目标吧。

从以下问题着手：

假如今天退休，你觉得自己每年的花销是多少？

暂时忽略通货膨胀问题。无论是背蜡还是早餐玉米片，将来总是会涨价的。这个因素我们容后再做调整。单单考虑每年需要多少资金在手，你才能今天就退休。举出某个放之四海而皆准的具体数字是不明智的，毕竟，在英国伦敦的退休生活会比在泰国清迈花费高。

豪爽大花洒也需要更多的资金储备。热衷五星级假期的人比偶尝奢侈的人拥有更高价的品位。有专家表示，你的退休开支预算应为工作期间家庭收入的70%~80%。但这种一刀切的方案并不实际。即便处于同一收入范围，有人花钱像重型货车般高油耗，也有人像智能小汽车般低能耗。你的未来花销取决于你的个人需求及所选择的退休地。

要估计将来的生活成本，想想你现在的开销。对每分钱的开支做好记录，坚持至少6个月。通过手机应用或用铅笔和小本子来记账，都很简单。然后根据退休后生活上的转变做相应调整。不用工作，你就无须继续购置正装，你也不再需要为孩子读大学或自己退休储备资金。计划搬到比现居地生活指数更高或更低的地方生活？两种情形都需要做相应调整。世界主要城市的生活成本可参考 www.numbeo.com 上的信息。

这无关攀比，但假如你想了解一般（非侨民）退休家庭的开支情况，不妨参考下文。

据密歇根大学所做的“医疗及退休”研究，2012年，美国一般退休家庭的生活总成本为31 365美元。[1]

据《加拿大商业杂志》报道，2009年，加拿大退休人士人均消费为39 400加元。[2]

英国退休收入专业咨询公司 MGM Advantage 估计，2013年，英国退休人士人均开支为23 107英镑。[3]

据养老行业“ASFA退休标准指数”，澳大利亚家庭要过上“普通”退休生活，每年需要32 603澳元。[4]

你的需求取决于个人：你的生活方式、退休地及财务负担。遗憾的是，受“侨民病”感染的人士会比一般人需要更多的资金储备。

何谓“侨民病”

“侨民病”是个普通医学名词。如果你是旅居海外的侨民，你或你所认识的人很可能已受此病感染。诊断不难，已有人在脸书（Facebook）

上列明症状。幸运的是，这病没有痛感与不适，至少在早期没有。

不像支气管炎、风湿、阑尾炎或结肠炎，侨民病还挺痛快的。害病者会沉迷各种享受体验，比如五星级假期、修甲、按摩、豪华餐饮及娱乐。但侨民病会引起幻觉，就像在海底畅饮香槟而忘记检查所剩氧气量。

症状将逐渐浮现。侨民的外派薪酬福利越优厚，感染此病的风险就越高。

我给海外侨民做理财讲座已有 10 年时间。我让他们估算其退休开支时，得到的结果不尽相同。我也料到这一点。但具讽刺意味的是，那些表示最需要资金的人往往也是存钱最少的人。

幸而，他们还是能勉强撑到最后。

无论你是“侨民病”患者，还是说希望过上比在本国更奢华的退休生活，到海外过退休生活是一条创意活路。

打破传统退休思路

以下是比利（Billy）和阿凯莎·凯得利（Akaisha Kaderli）夫妇的故事。他们的退休生活比一般美国退休人士更优质，但花销更少。

假如你在某个工作日跟他们聊起来，可能会以为他们还不到退休年龄。61 岁的他们与其他脱离职场竞争的退休人士一样容光焕发。但有几件事情令他们与众不同。

他们长期居住在低成本国家，有时一住就是几年。他们 38 岁时便退休，到 2016 年，已退休 25 年。

之前他们在美国拥有一家餐馆，由阿凯莎负责经营。比利则在投行工作。1991 年，他们同时放弃工作。在朋友们纷纷购置大房子、新车，添置精美家饰之际，凯得利夫妇却选择精简生活。“我们把大部分家当都卖掉了，”阿凯莎说道，“包括我们的房子和车子。”之后的 25 年，他们依靠投资组合的收益生活。今天，这些投资已比他们退休时升值不少。

为提高收入的购买力，他们搬到墨西哥的查帕拉湖（Lake Chapala）地区。但他们喜欢到处旅居，每次租上新的房子，在不同地方小住几个月。其最爱的旅居国度包括泰国和危地马拉。他们会参与社区项目，结交朋友，接受不同文化的熏陶，还会学习各地语言。他们在美国有一套无抵押公寓，回国探亲时可住在那里。

凯得利夫妇也深谙小成本换大享受之道。2013 年，他们通过房屋代管网站 TrustedHousesitter. com 找到一座面朝查帕拉湖的豪宅，在那里住了 4 个月，无须任何房租。“如果有适当的机会，以后我们可能会更多利用这种方式。”阿凯莎说道。

凯得利夫妇的生活成本也许不高，但他们完全无须省吃俭用。“我们每年的生活费是 3 万美元，”阿凯莎说，“过得充满乐趣。”2013 年，他们的租房开销大约为 3 900 美元，交通费花了 5 400 美元，饮食及娱乐花了 6 600 美元，医疗开支为 6 900 美元，剩下的是一些杂费开支。[5]

凯得利夫妇著有《探险家教你提前退休之道》（*The Adventurer's Guide to Early Retirement*）。他们也在经营名为“提前退休生活方式”的博客，在 www. retireearlylifestyle. com 上分享自己的故事，传授要诀，助人过上低成本优质生活。

苏珊·哈斯金斯（Suzan Haskins）和丹·普雷舍尔（Dan Prescher）是《全球生活指南之低成本海外退休生活》（*The International Living Guide to Retiring Overseas on a Budget*）的作者，其生活跟凯得利夫妇相似。他们住在厄瓜多尔的一个小镇上，每年开销约为 25 000 美元。“我们过得不错……每周会出外就餐一次……偶尔喝喝马提尼或威士忌，每天晚餐我们都会喝掉一瓶红酒。”他们的支出还包括每年一次回美国的费用、不时的高级餐饮消费，以及一份费用约为 5 800 美元而自付额为 5 000 美元的全球医疗保险。[6]

发掘少有人走的路

48 岁的厨师施恩·布莱尔利（Shane Brierly）希望过上比在本国

更优裕的退休生活。这位新西兰人在 2004 年离开澳大利亚到迪拜工作。他解释道："我以为这是有利之举，能让自己的财务状况更胜从前。"

但后来，他没回澳大利亚，而是去了越南，在胡志明市的铂尔曼酒店当厨师。现在，他计划在海外过退休生活。"亚洲的邻里价值和对人的尊重令我大受启发，"施恩说道，"那里没有那么多罪犯，人们崇尚非暴力，互相敬重，还有众多美食。"

"生活成本也较低，"他补充道，"这些国家也远没有那么物质主义。"因为一次意外，施恩改变了自己对物质生活的看法。"也算是因祸得福。"他说。

他从迪拜搬到越南的时候，货运公司把他所有的家居物品都弄丢了。一开始被迫精简过活的他慢慢喜欢上了简单生活。"拥有得多意味着要花时间保养、维修、更换、经营。"他不再买自己不需要的东西，而宁愿把钱花在旅游上。他解释道，体验生活比购物更能带来满足感。"西方经济依赖许多不必要的商品及服务，大家一天到晚只知消费。一半的收入花在冲动购物和慰藉购物上，剩下的又得花在必需品和税款上。"

施恩并非像僧人般苦行过日。他只是过得比较简单，但也不介意为品质付出高价。他声称，在这样一个相对低成本的国家，每月 3 000 美元就能过得很好（每年 36 000 美元）。"我喜欢探索冒险。在东南亚或越南本地旅游相当便宜，你完全挥霍得起，生活舒适得很。"他计划退休后到越南中部、老挝、柬埔寨或智利生活，但仍会涉足餐旅业。"我可能会开一家餐馆或客栈。在 60 岁能达到财务自由就太棒了，但退休可能在 65 岁后吧。"[7]

施恩如果计划每年以 36 000 美元过退休生活，还需要考虑一些调整因素。通胀是贪婪的，程度有时惊人。

网站 Inflation. eu 收录了各国通胀数字。1981 年，加拿大的通胀率为 12. 12%；1975 年，英国最高通胀达 24. 89%；1979 年，美国的生活成本上升了 13. 29%。[8]人们常叹息 20 世纪 70 年代末 80 年代初存款利率达10%的好日子一去不回，但他们或许忘了通胀吞噬之狠。

近年来，通胀的势头减弱。截至2012年的10年间，加拿大的年通胀率平均为1.83%，英国的数字为2.64%，美国则为2.41%。[9]

但未来通胀不太可能维持在过去10年的水平。小心能驶万年船。我们不妨假设未来的年通胀率为3.5%——稍高于发达国家的百年平均水平。

施恩计划在17年后即65岁时退休。假如平均通胀率为3.5%，他在17年后每年需要64 608美元才能维持夫妻俩如今以36 000美元获得的购买力。换言之，现在他们用36 000美元购得的商品及服务在17年后需花费64 608美元才能得到。

为加入通胀因素调整预算，施恩登录www.moneychimp.com并单击网页上的“计算器”。图1.1显示了他利用该网站估算通胀后的对应值。

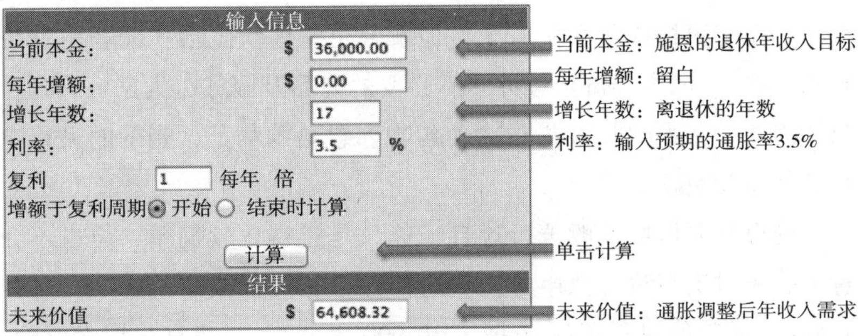

图1.1　施恩·布莱尔利的通胀调整后收入估算

资料来源：www.moneychimp.com.

那场地震与顿悟

计划未来资金时，集中考虑自己的生活方式及需求，别受他人影响。35岁的本·沙伦（Ben Shearon）是一名英国教授，在日本仙台生活，他分享了自己的退休开支预算。

2011年日本大地震时，他和妻子千穗（Chiho）的家园尽毁。

“自那以后我更彻底奉行极简主义，”本说道，“我见识到生命可以有多脆弱。”那次经历令他更想提前实现财务自由。相比工作，他更希望旅游、阅读、健身、陪伴妻子。

在他 45 岁时，夫妻俩开始寻求财务自由。由于他们的 3 个孩子已经“基本长大成人，多少可以自立了”，两个人可以把家庭收入的 50%存起来。他希望和千穗可以依靠股票债券投资组合的分红和利息收入生活。他们计划到马来西亚或者泰国过退休生活，那里天气更好，生活成本更低。

在仙台一所大学全职从事教师培训工作的本，也是“英语教育”（EFL）教材的编写顾问，同时，他还是一名博主。千穗则经营一所小型私立学校，本也为之贡献不少时间。“现在，我们是一天到晚工作、工作、工作，但希望在增加人手帮忙管理学校事务后，我们能逐渐减少自己的工作量。”[10]

目前，他们名下没有房产。

本和千穗估计他们退休后每年的生活成本是 47 100 美元。由于他们计划 10 年后退休，这个数字需要考虑通胀再做调整。假如平均通胀率为 3. 5%，10 年后，他们每年将需要 66 439 美元的生活费才能达到等同于今天 47 100 美元的购买力。

图 1. 2 显示了他们的预算经过 www. moneychimp. com 的复利计算器换算后的结果。

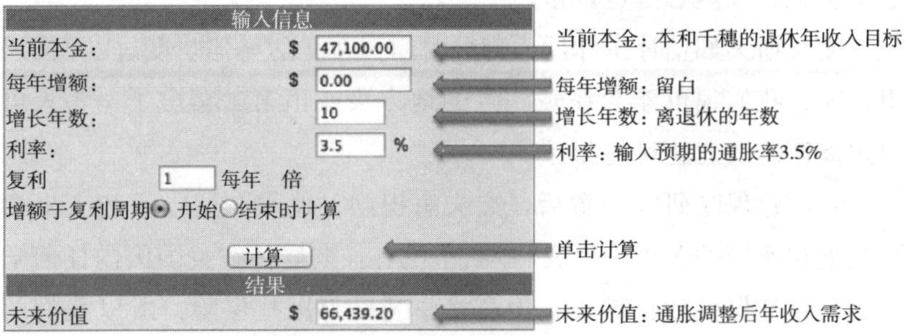

图 1. 2　本和千穗的通胀调整后收入估算

资料来源：www. moneychimp. com.

巴西柔术高手倾力筹划退休生活

虽然已44岁，在柔术场上，驻校心理学家杰夫·德文斯（Jeff Devens）魁梧健壮，不比一众年轻选手差。在大学时期他就是摔跤好手，接近40岁的时候他改练巴西柔术。现在，他经常跟年纪小一半的对手比赛，但这不意味着这位住在新加坡的美国人就此迷失在青春乐园中。杰夫和太太纳内特（Nanette）深知岁月不饶人，所以，已开始为退休生活未雨绸缪。他们计划回美国生活。

2012年的数据显示，美国一般退休人士的年开支为31 365美元。但杰夫和太太纳内特不希望过一般的生活。由于不打算继续旅居海外，德文斯夫妇合理地估算其退休生活费将是每年93 300美元。

他们从1995年开始旅居生涯，在中国北京一所国际学校任教。"我们结婚两年后就来到海外工作，"杰夫说道，"身上还背着25 000美元的学生贷款债务。去中国的第一年我们就还清了学生贷款，还有足够的钱作为首付在美国北达科他州购房。"

杰夫和纳内特现在已经供完房子。每年6月，他们会从新加坡飞回美国那座湖畔大房子与两个孩子共聚天伦。"买房是关系生活方式的选择，"杰夫说道，"这让我们一家人每年夏天有地方度假7周。还清贷款，我们心里也轻松。"

德文斯夫妇估计退休后大部分时间会在北达科他州度过。"接近退休时，我们很可能会在暖一点的地方买或租第二套房子，冬天可以逃离寒冷的北达科他州。"

对医疗保险研究一番后，杰夫意识到，他们在这方面的支出会比长期在本国的美国人要高。"由于没有长期居住在美国国内任何学区，而且社保供款也不足，没资格享受联邦医疗保险，所以我们的自付额比别人高。"[11]

美国人须供款10年或40个季度才能享受联邦医疗保险。[12]像德文斯夫妇这类在国外工作的美国人，假如旅居海外期间向美国社保体系的供款没达到最低标准，他们将需要支付更高的保费。

杰夫和纳内特认为自己可以在17年后退休。但要拥有等同于今天93 300美元的购买力，他们将需要更多的资金。假如未来17年的平均通胀率是3.5%，德文斯夫妇每年所需的生活费将为167 443美元（见图1.3）。

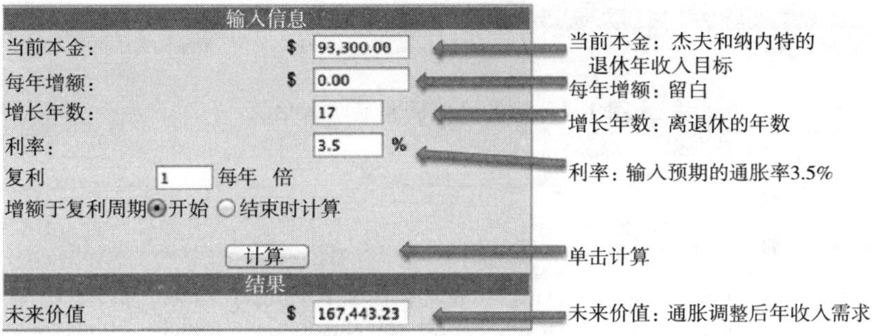

图1.3　杰夫和纳内特的通胀调整后收入估算

资料来源：www.moneychimp.com.

现在，轮到你了

计划退休的第一步是要了解自己现在的开销情况。经营稳健的企业都会仔细记录收支情况。不那么做，只会以破产收场。政府纾困是不会挽救入不敷出的杂货店或小餐馆的。但许多侨民家庭却巴望着此等好事。很遗憾，没有向社会养老体系供款的人是无法享受政府福利的。对于许多侨民来说，是浮是沉，完全依赖自己的泳术。

计算好每年支出后，考虑自己希望多少年后实现财务自由。通过www.moneychimp.com上的计算器估算通胀因素后的生活成本。退休就像一趟国外旅行，你从未涉足，所以需要一张地图，还得了解前路目标有多远。

现在就迈出第一步，往图 1.4 的表格里输入你的数字吧。

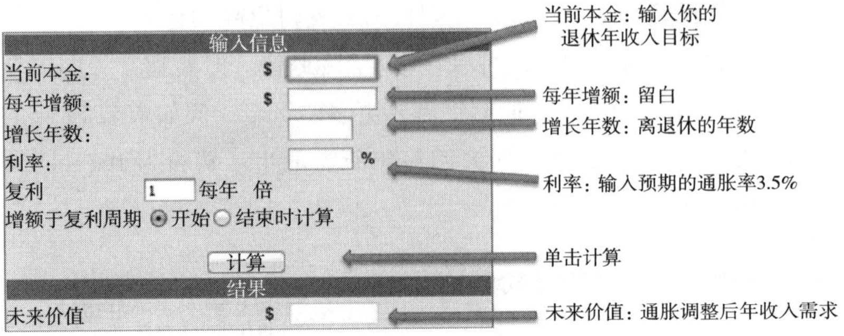

图 1.4　你的通胀调整后收入估算

资料来源：www. moneychimp. com.

注释：

1. “Growing Older in America,” University of Michigan Health and Retirement Study. Accessed April 30, 2014. http://hrsonline.isr.umich.edu/sitedocs/brochure/HRS-brochure.pdf.
2. “How Much Do You Need to Retire Well?” *Canadian Business*. Accessed April 30, 2014. www.canadianbusiness.com/investing/how-much-do-you-need-to-retire-well/.
3. “Couples Must Budget £600,000 for Retirement,” *The Telegraph*, April 26, 2010. Accessed April 30, 2014. www.telegraph.co.uk/finance/personal finance/7635532/Couples-must-budget-600000-for-retirement.html.
4. “Resources,” ASFA Retirement Standard. Accessed April 30, 2014. www.superannuation.asn.au/resources/retirement-standard.
5. Interview with Billy and Akaisha Kaderli. Telephone interview by author, February 2, 2014.
6. Suzan Haskins and Dan Prescher, *The International Living Guide to Retiring Overseas on a Budget: How to Live Well on $25,000 a Year* (Hoboken, NJ: John Wiley & Sons, 2014).
7. Interview with Shane Brierly. E-mail interview by author, June 30, 2013.
8. “Inflation—Current and Historic Inflation by Country,” Inflation.eu. Accessed April 30, 2014. www.inflation.eu/.
9. 同上。
10. Interview with Ben Shearon. E-mail interview by author, June 20, 2014.
11. Interview with Jeff Devens. Interview by author, September 15, 2013.
12. Medicare.gov: Official U.S. Government Site for Medicare. Accessed April 28, 2014. www.medicare.gov/.

第二章　构建养老资金

无论你希望自己每年的退休生活费是 25 000 美元还是 125 000 美元，你都得想办法赚得这笔钱。有人会通过出租房产获取收入，也有人依赖股票和债券市场，许多是兼而有之。除了投资收入，退休人士还可能领取到某种退休金。

出租房产是对抗通胀的有力手段。假如退休人士的租金收入在今天足够支付生活开销，那将来也不会因生活成本上升而受影响。随年就月，租金收入和通胀升幅是一致的。

退休前若能还清房贷，租金收入是可观的。

股票及债券市场的投资则有点不同。假如一名退休人士持有价值 50 万美元的投资组合，她需要知道自己每年可以出售其中多少份额。卖出太多的话，可能导致破产，尤其是在寿命比预期长的情况下。

世界卫生组织干事泰斯·博尔玛（Ties Boerma）表示，在高收入国家，一般 60 岁人士寿命预期可达 84 岁。而你甚至更长寿，说不定长寿得多。[1]

生活成本也会上升。所以，认真考虑每年能出售退休投资组合的多少份额，尽量确保自己不会最后一文不剩。

如何做到钱财永不枯竭

知名财务规划师及研究学者比尔·本根（Bill Bengen）指出，退休人士每年应该可出售约4%的投资资产。他对此做过回溯测试，结果发表于1994年的一期《财务规划学刊》上。[2]

如此算来，50万美元的4%就是2万美元，100万美元的4%就是4万美元。假如你今天拿着100万美元退休，那么退休的第一年你可以提取4万美元。第二年，你可以出售稍微多一点以应付上升的生活成本。这4%的提取率也算上了通胀因素。

假设年通胀率为3.5%，表2.1显示了退休后的前15年可提取的资金情况。

表2.1 假设年通胀率为3.5%，按4%提取率的100万美元投资组合提取情况，每年你会出售多少资产？

退休年数	可出售资产上限（美元）
退休第1年	40 000
退休第2年	41 400
退休第3年	42 849
退休第4年	44 348
退休第5年	45 900
退休第6年	47 507
退休第7年	49 170
退休第8年	50 891
退休第9年	52 672
退休第10年	54 515
退休第11年	56 423
退休第12年	58 398
退休第13年	60 442
退休第14年	62 558
退休第15年	64 747

有人说，含通胀因素的这个4%提取率也许太高了。对这4%比例持怀疑态度的包括学者迈克尔·芬克（Michale S. Finke）、韦德·普福（Wade D. Pfau）和大卫·布兰切特（David M. Blanchett）。2013年，在发表于“社会科学研究网”的一篇论文中，他们建议，计算通胀后的可持续提取率应为接近3%（见表2.2）。他们的理由是什

么？债券及储蓄账户利率目前低于往常水平。[3]

表 2.2 假设年通胀率为 3.5%，按 3%提取率的 100 万美元投资组合提取情况，每年你会出售多少资产？

退休年数	可出售资产上限（美元）
退休第 1 年	30 000
退休第 2 年	31 050
退休第 3 年	32 136
退休第 4 年	33 261
退休第 5 年	34 425
退休第 6 年	35 630
退休第 7 年	36 877
退休第 8 年	38 168
退休第 9 年	39 504
退休第 10 年	40 886
退休第 11 年	42 317
退休第 12 年	43 799
退休第 13 年	45 332
退休第 14 年	46 918
退休第 15 年	48 560

但是，别为此惊慌。利率不大可能永远处于谷底水平。认为 4%的提取率是可持续的研究人员已充分考虑经回溯测试的各种因素：20 世纪 70 年代末及 80 年代初的双位数通胀率，1965—1982 年美国股市收益基本没上涨，以及美国发动的一系列战争。

话虽如此，以 3%作为提取率也没什么问题。在金钱的问题上，谨慎总是好事。

读完本章，你将能判断自己退休时需要多少资金。你也会知道每年该投资多少以达到目标。我们来看看一些已制定好目标的海外侨民。

除了行囊便一无所有之人

人物一：林德尔·路西（Lindell Lucy）

国籍：美国

居住地：中国香港

目前年龄：29 岁

计划多少年后退休：41 年（70 岁）

退休收入目标：每年 4 万美元

经通胀调整后退休收入目标：每年 163 917 美元

股票/债券投资组合总值：18 500 美元

目前房产收入：0 美元

29 岁的林德尔·路西自称，除了行囊，自己一无所有。这位在阿肯色州长大的美国人从斯坦福大学毕业后开始了背包走天涯的生活。“离开大学后的半年时间，”他说，“我曾经在世界多个国家露宿街头——日本、韩国、中国。”他在旅行的时候也会教教书，赚到的钱只够吃住开销。

他的开创精神为其带来了事业机遇，其中一个源于他发现旅行时人们很难找到价格相宜的健身房。“单次卡贵得惊人。”他说道。于是，他创建了健身社交网站及市场平台 Gymsurfer. com。“我想让人们轻松查找健身房信息并进行比价，希望借此推动竞争，促使（单次卡）价格下降。我也希望人们可以在健身房聚首交流，保持联系。”

他也开展过几个写作项目，后来当上幼儿园老师，工作至今。“旅行时，我有好几次耗尽盘缠，不得不向家人求救。部分出于这个原因，我决定在中国香港找一份全职工作。”

林德尔表示，在中国农村，一年 6 000 美元就够他生活了。但几年前，他的旅游瘾输给了另一强大力量。他遇到了当音乐教师的女朋友燕。两人相遇后不久，她换了学校，林德尔也一同换了东家。他开玩笑说自己永远不退休。“反正我的身体是熬不到退休那天的，”但他承认，“退休规划是件好事儿。”

林德尔想在 70 岁时退休，节俭过日，但燕是不会同意的。“她希望有更多的钱，享受更为舒适的生活方式，”他说道，“所以，我们每年大概需要 4 万美元的生活费。”[4]按第一章介绍的计算方法，要保持等同如今 4 万美元的购买力，假设年通胀率为 3.5%，到林德尔退休时，他的年支出将为 163 913 美元。

假如林德尔继续留在海外，他将没有资格享受固定收益养老金或美国的社保福利。因此，他所需的养老投资组合资金不难估算。他计划支取的退休生活费 163 913 美元应等于更大一笔资金的 4%。研究显示，退休人士可以每年出售其投资组合的 4%而不会耗尽财产。就林德尔的数字，163 913 美元是 4 097 825 美元的 4%。

要得出这个答案，有两个办法：163 913 美元乘以 25 或 163 913 美元除以 0.04。即：

163 913 美元×25＝4 097 825 美元

163 913 美元/0.04＝4 097 825 美元

数额看起来很庞大，但林德尔和燕是可以达到这个目标的。

目前为止，他们的投资账户已累积了 18 500 美元。假如他们再工作 41 年，只要每年往账户投入 16 555 美元而预期收益率平均达 7%，其退休资金目标就可以实现（见图 2.1）。

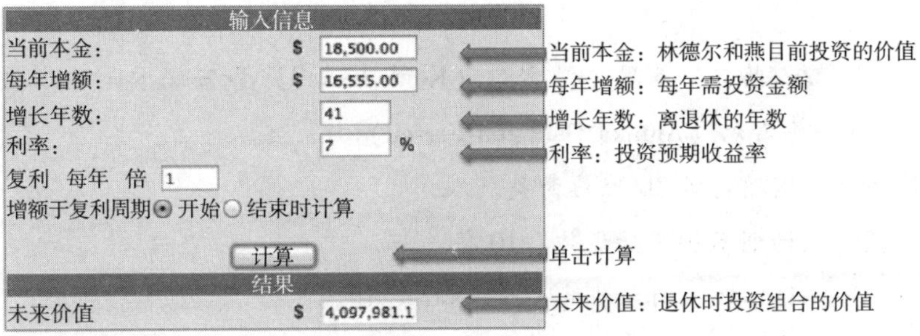

图 2.1　计算林德尔和燕需存多少钱

资料来源：www.moneychimp.com.

林德尔和燕无法控制股票市场的收益，回报率可能较 7%高，也可能较之低。继续运用 Moneychimp.com 的复利计算器，表 2.3 显示了在股票及债券市场的不同表现下，他们每年每月需投资的金额。

表 2.3 林德尔和燕需要存多少钱?

投资收益率	每年需存款金额（美元）	每月需存款金额（美元）
6%	22 270	1 855
7%	16 555	1 379
8%	12 082	1 006
9%	8 610	717
10%	5 920	493

那么他们可以指望得到什么样的投资回报？没有人知道。按以往情况，股票和债券投资组合的年收益率一般会超过 8%：并非每年超过，但在 30 年期间，大部分时间如是。谨慎起见，最好把预期收益率定在低于平均水平。

如果房产也是你投资计划的一部分，情况又如何？假如你不像林德尔，而还有政府退休金或其他固定收益养老金收入，该怎样应用这些计算呢？我们来看下一个案例。

怀揣瑞典-美国梦的夫妇

人物二：基思·费雷尔（Keith Ferrell）和安妮卡·达尔格伦-费雷尔（Annika Dahlgren-Ferrell）

国籍：美国/瑞典裔美国人

计划多少年后退休：10 年

退休收入目标：每年 75 000 美元

经通胀调整后退休收入目标：每年 105 794 美元

股票/债券投资组合总值：30 万美元

目前房产收入（不包含未来主住宅）：每年 25 000 美元

基思和安妮卡在 1994 年就读圣迭戈州立大学时认识，之后在美国教了几年书，两人于 1999 年结婚。为求新体验及提高可支配收入，他们搬到委内瑞拉，在那里教了两年书。“我们刚到的时候，”安妮卡说，“学校主管递给我们一个信封，里面装着厚厚一沓现金，说是我们的‘安家’补贴。当时感觉像什么黑手党交易似的。”

“我们花钱一向很谨慎。”基思表示。他们30岁出头的时候就已经供完在加州的那套房子。搬到新加坡后，俩人的进账更丰厚。现在，42岁的基思和39岁的安妮卡在加州拥有三套房子。两套已全部还清房贷，第三套还剩78 000美元未偿贷款。“我们肯定会在退休前把第三套房子供完。”安妮卡说。两个人都喜欢在新加坡的教学工作，但也希望能在10年后退休。“我们可能会继续工作，”基思说，“如果决定在10年后退休的话，我们希望有足够资源做得到。”[5]

除了教书的薪酬，基思还打算当私人教师。他会将此额外进账按自雇收入类别向美国国税局（IRS）申报。这样做，他可以获得一定的美国社保信用（Social Security credits），从而确保可享受到部分政府退休福利。但他没特别指望这些钱，反而希望可全凭个人资产过退休生活。

从2006年到2013年，他们只靠一份收入在新加坡生活。因为他们的两个孩子凯丹（Kaidan）和基亚娜（Kiana，如今分别是6岁和8岁）出生了，安妮卡需要留在家中照料小孩。即便只有一份收入，两个人仍继续为退休生活储蓄资金，同时也开始为孩子存起可观的教育经费。

2013年，安妮卡重拾全职工作，他们的存款力度更是大大增强。现在他们每年投资88 000美元，这不包括为孩子预留的大学教育基金，也不包括他们马上要在瑞典购房而预留的资金。

他们能在10年后达到财务自由吗？

供完第三套房子后，他们每年从租金上将得到33 600美元的自由现金流，这已扣除了土地税、保养费用及物业管理费用。但退休后，他们会留一套房子，回加州的时候自住，所以这套房子是没有租金收入的。“我们打算每年分别在加州、瑞典和某个热带地区待一段时间。”他们估计，在扣去各种费用后，剩下的两套房子每年能提供大约 25 000 美元的收入。

基思因为在加州的居住时间较长，有资格领取微薄的教师退休金。他没看重这笔钱。每年 25 000 美元的租金收入应该会随通胀上升。但基思和安妮卡每年还缺 5 万美元。假如通胀率为 3.5%，10 年后，要达到同等购买力，这笔钱将是 70 529 美元。

所以他们的投资组合需要每年赚取 70 529 美元的收益。假设每年的可持续提取率为 4%，70 529 美元等于一定投资组合规模的 4%。要算出这个规模，我们可将这笔钱乘以 25 或除以 0.04。即：

70 529 美元×25＝1 763 225 美元

70 529 美元/0.04＝1 763 225 美元

结果显示，10 年后，基思和安妮卡的投资组合目标规模须为 1 763 225 美元。

由于他们目前持有的股票和债券资产总值为 30 万美元，要在 10 年内达到目标需满足两个条件：

1. 他们每年要继续投资 88 000 美元。
2. 其投资预期收益率每年至少要达到 6%。

这种情况下，资产价值将达到 1 766 758 美元，高于他们的目标 1 763 225 美元（见图 2.2）。

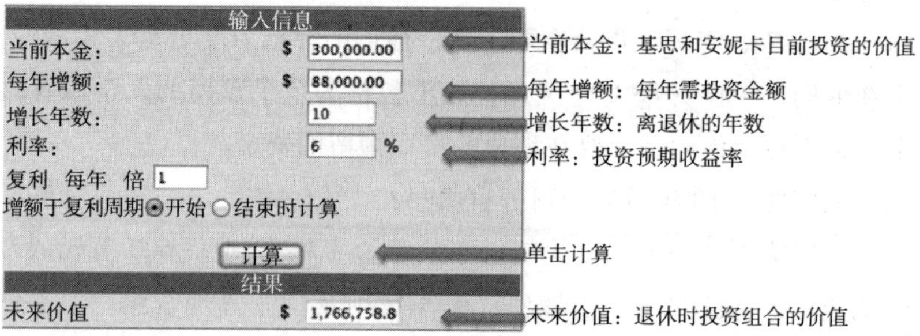

图 2.2 计算基思和安妮卡需存多少钱

资料来源：www.moneychimp.com.

对许多海外侨民来说，每年存 88 000 美元并非不可能，但任务艰巨。然而，基思和安妮卡具备三大优势：高薪，新加坡的所得税较低，而且他们用度节俭。

假如他们在 23 年后基思 65 岁时退休，这些财务数字将大不相同。

此时情况将变为：基思和安妮卡希望按现在年消费 75 000 美元的标准过退休生活。房产租金能提供 25 000 美元，这笔收入会随通胀上升。所缺的 5 万美元以 3.5%的通胀率计算，23 年后，他们需要 110 305 美元才能获得相等购买力。

如此一来，他们的投资组合目标规模要在 23 年内达到 2 757 625 美元。那他们每年需存多少钱？无须 88 000 美元。假如收益率为 7%，他们大概需投资 22 300 美元；若收益率为 8%，则需投资 15 150 美元；若收益率为 9%，只需投资 7 650 美元；假如收益率为 10%，每年投资不到 1 000 美元就够了。

大家应该从中有所领悟。不同的投资收益率会令态势大变。如果我们不必要地多付 2%或 3%的投资费用，退休生活的小船可能就此倾覆。在后面的章节，我会进一步讨论这个问题。

现在，考虑你自己的财务情况。不同于基思和安妮卡，你也许有资格领取政府的退休福利。许多国家提供在线计算器让公民估算这类收入。美国公民可在美国联邦社会保障署的官网上计算。[6]

加拿大公民可在政府提供的在线计算器上估算未来的退休金计划和老年保障金收入。[7]

英国公民可以通过 gov.uk 上的政府养老金计算器估算收入。[8]

假如你的本国提供政府退休金，不妨利用在线计算器估算一下收入。以下案例中的夫妇就是这么做的。

前置型成功故事

人物三：杰夫·史密斯（Jeff Smith）和谢丽尔·史密斯

（Cheryl Smith，非真实姓名）

国籍：美国

计划多少年后退休：13 年

退休收入目标：每年 8 万美元

经通胀调整后退休收入目标：每年 125 116 美元

股票/债券投资组合总值：150 万美元

目前房产收入（不包括未来主住宅）：0 美元

杰夫和谢丽尔夫妇已旅居海外约 9 年，目前居住在中国香港，谢丽尔在国外的前 3 年于一家国际非营利机构任职律师。杰夫是工程师，现于大型跨国企业担任管理层职务。

5 年前，谢丽尔辞掉工作，专心陪伴自己的两个小孩。她考虑等孩子大一点便转换事业轨道。“我已准备好再投入工作，之前那份工作的差旅安排实在令人无法兼顾照料孩子。”

杰夫和谢丽尔旅居过几个地方。“我们在香港已有两年，这个夏天我们很可能会搬到荷兰去，”谢丽尔说道，“来香港之前，我们曾经在英国待了 3 年，在中国珠海也待过 4 年。”

49 岁的杰夫和 38 岁的谢丽尔是攒钱高手。他们在美国拥有一套价值 65 万美元的房子，未偿贷款为 235 000 美元。目前房子用来出租。他们所持的股票及债券资产总值为 150 万美元。

他们也符合资格领取美国社保福利。杰夫从 1985 年至 2006 年一直在缴纳美国薪俸税；他当时最高的薪金收入为每年 11 万美元。谢丽尔则在 1994—2009 年持续向美国社保供款。她在美国的最高薪金收入为每年 72 000 美元。

美国政府的在线社保计算器结果显示，杰夫到 62 岁时每月将收到 1 250 美元的退休金；若推迟至 65 岁领取社保的话，每月金额将为 1 538 美元。而谢丽尔如果在 65 岁时领取社保，每月可拿到 778 美元。

他们希望在 2027 年退休，但他们和不少美国人一样，很怀疑美国政府是否有足够资源兑现这些养老金承诺。所以杰夫和谢丽尔降低了自己的期望，保守估计到2027年两个人每月的社保收入合计为1 200美元，即每年14 400美元。

夫妻俩希望13年后退休，每年生活费按现在的标准是8万美元。假如平均通胀率为3.5%，他们未来的生活费将为125 116美元。我们可以减除其估计可得的社保收入（每年14 400美元）来计算他们需要从股票及债券投资中赚取多少收益——每年110 716美元。

按4%的提取率，110 716美元等于他们投资组合总值的4%。将这笔钱乘以25或者除以0.04便可得出答案。杰夫和谢丽尔的资产组合目标需为2 767 900美元。

从图2.3可以看到，他们的资产组合当前价值150万美元。假如未来13年，投资收益率每年平均能达到4.9%，他们根本不需要再多存一分钱。其投资组合将增值至2 793 653美元。

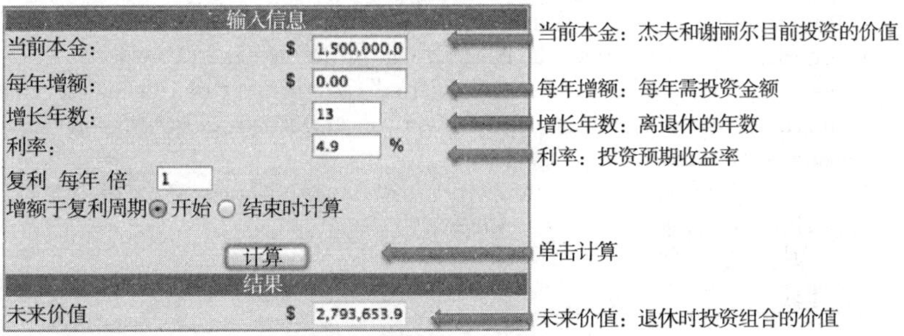

图2.3　杰夫和谢丽尔也许无须再做任何投资便能实现退休目标

资料来源：www.moneychimp.com.

杰夫和谢丽尔显然拥有绝佳的财务状况。但并非所有人都那么幸运，在欧洲、非洲或南美洲的侨民赚钱往往比在中东和亚洲的少得多。

因此，许多人需要从股票市场获取巨大收益才能达到最保守的退休金目标。幸运的是，全球股票市场平均涨幅在7%以上。不过，有个坏消息：大部分投资者的收益回报一直远低于这个水平。在后面的章节，我将解释个中原因，并教大家如何实现股票/债券收益的最大化。

注释：

1. "Global Life Expectancy: Life Spans Continue to Lengthen around the World, WHO Says," *Huffington Post*/Reuters, May 15, 2013. Accessed April 30, 2014. www.huffingtonpost.com/2013/05/15/global-life-expectancy-span-world_n_3281211.html.
2. William P. Barrett, "The Retirement Spending Solution," *Forbes*, April 5, 2011. Accessed April 30, 2014. www.forbes.com/forbes/2011/0523/investing-retirement-bill-bengen-savings-spending-solution.html.
3. Michael S. Finke, Wade D. Pfau, and David M. Blanchett, "The 4 Percent Rule Is Not Safe in a Low-Yield World," *Journal of Financial Planning* 26(6): 46–55; Social Science Research Network. Accessed April 30, 2014. http://papers.ssrn.com/sol3/papers.cfm?abstract_id=2201323.
4. Interview with Lindell Lucy. E-mail interview by author, June 20, 2013.
5. Interview with Keith Ferrell and Annika Dahlgren-Ferrell. Telephone interview by author, April 30, 2014.
6. "Social Security," Official Social Security Website of the U.S. Social Security Administration. Accessed April 30, 2014. https://secure.ssa.gov/acu/ACU_KBA/main.jsp?URL=/apps8z/ARPI/main.jsp?locale=en&LVL=4.
7. "Canadian Retirement Income Calculator," Government of Canada, Service Canada. Accessed April 30, 2014. www.servicecanada.gc.ca/eng/services/pensions/cric.shtml.
8. "Get a State Pension Statement," GOV.UK. Accessed April 30, 2014. https://www.gov.uk/state-pension-statement.

第三章　股票与债券的真相

1992 年，加拿大摇滚乐团“裸体淑女合唱团”（Barenaked Ladies）唱道：“假如我有 100 万。”主唱假想银行账户有 7 位数存款，列出自己的疯狂购物清单，包括一只猴子、一条特制绿裙子和“象人”约翰·梅里克（John Merrick）的畸形遗骨。

相比之下，海外侨民大多拥有更佳的个人品位。但若以为凭着低息账户中的百万存款退休后便无须省吃俭用，那就错了。当然，能有 100 万不是坏事。但退休人士每年从这么一个账户上提取 4 万美元的话（为对抗通胀每年的提取额逐渐提高），15 年后积蓄便可能消耗殆尽。

海外侨民大多承受不起这样的风险。无论是为财富保值还是增值，股票及债券市场提供了远为有效的选择。然而，在详细介绍可购入的投资产品前，我们先看看股票及债券市场为何是合适的选择。

1926 年至 2013 年间，作为世界最大的股票市场，美国股市的年收益率平均达 9.92%。[1]

我将使用标准普尔（简称标普）500 指数来显示美国一般股票的表现。每年，该指数体现了 500 家大型美国公司的平均增长或下滑（包含股息）的情况。你可以购买追踪这一指数的投资产品，所以这并非假设性质的例子。

为投资者打开的万圣节摸彩袋

美国先锋集团于 1976 年 9 月 30 日向投资者首次推出标准普尔 500 指数，这无论在当时还是现在都像是万圣节的摸彩袋。里面充满糖果似的大公司股票投资机会，包括可口可乐、艾克森美孚、苹果、沃尔玛、微软及其他 495 家公司。换言之，购入标普 500 指数基金就等于部分持有美国 500 家最大型企业的股票。期间无须哪位金融奇才来调整股票组合，舍弃绩差股，买入新晋绩优股。这些年来，标普 500 指数的构成几乎没有变化。所以这是对美国股市表现一目了然的指标。

假如你在 1976 年 9 月投资了 1 万美元，到 2014 年 1 月这笔钱应该已涨至 487 321 美元，总收益率为 4 873%（见图 3.1）。

我没举出某热门股票的过往业绩，而是以标普 500 指数说明问题，因为其完全反映了美国一般大盘股在 1976—2014 年的收益。全球股市平均表现也相差不远。

有时，美国股市升幅超过 11%，激发投资者胃口；有时又像坏掉的海鲜餐，令投资者上吐下泻。但放在 30 年或以上的投资周期来看，美国及全球股票的年收益率平均为 9%～11%。耐心的投资者最能得益——前提是投资费用低且不参与投机性炒作。

但是极少有普通人会在 1976 年拥有 1 万美元并投到股票市场里。所以，下面是更为实际的一个例子。

假设你在 1978 年年初向先锋集团的标普 500 指数基金投资 1 600 美元。如果你不管涨跌每月定投 100 美元，那实际就是运用了平均成本法（Dollar Cost Averaging，又名“懒人理财术”或“定期定额投资法”）。不去猜测投资时机的好坏，此举就像把投资调为自动操舵模式。假如你从 1978 年至 2013 年在最初投资 1 600 美元的基础上每月定投 100 美元，表 3.1 所示是这些资金在免税投资账户中的增长情况。

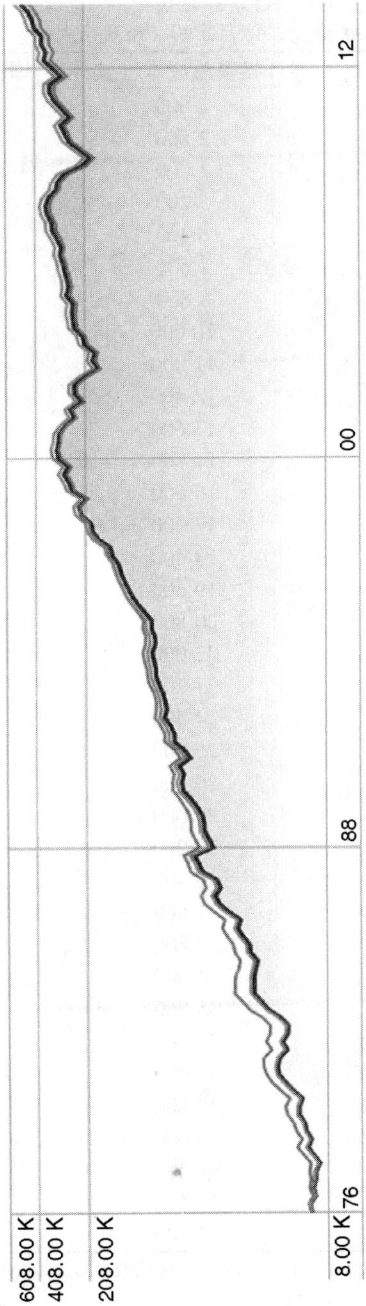

图 3.1　先锋集团标普 500 指数表现——1976 年 9 月投资的 1 万美元到 2014 年增长至 487 321 美元

资料来源：晨星官网。

表 3.1　对标普 500 指数基金进行定额定投
（初始投资 1 600 美元，每月定投 100 美元）

截至该年 12 月 31 日	累计投资总成本（美元）	增长后总值（美元）
1978	1 600	1 699
1979	2 800	3 273
1980	4 000	5 755
1981	5 200	6 630
1982	6 400	9 487
1983	7 600	12 783
1984	8 800	14 863
1985	10 000	20 905
1986	11 200	25 934
1987	12 400	28 221
1988	13 600	34 079
1989	14 800	46 126
1990	16 000	45 803
1991	17 200	61 009
1992	18 400	66 816
1993	19 600	74 687
1994	20 800	76 779
1995	22 000	106 944
1996	23 200	132 767
1997	24 400	178 217
1998	25 600	230 619
1999	26 800	280 564
2000	28 000	256 271
2001	29 200	226 622
2002	30 400	177 503
2003	31 600	229 523
2004	32 800	255 479
2005	34 000	268 932
2006	35 200	312 317
2007	36 400	330 350
2008	37 600	208 940
2009	38 800	265 756
2010	40 000	301 098
2011	41 200	302 298
2012	42 400	344 459
2013	43 600	403 514

资料来源：Burton G，Malkiel，*A Random Walk Down Wall Street*，11th ed.（New York：W. W. Norton，2012）；晨星官网。

在这期间，你定投的资金仅为43 600美元，而账户资产则已增至403 514美元。

平均收益为何并非常态

虽然全球股市升幅平均达9%~11%，但存在一个悖论。收益率若准确落入这个范围实非常态。想从股市里得到恰好9%的年收益率（加或减两个百分点）？你是找不到的。从1926年到2013年，美国股市仅出现3次年升幅恰为9%~11%。在1968年，升幅为11%；1993年为10.1%；2004年为10.9%。其余年份，股市有时飙高，有时下降，有时起伏不定。

美国股市在1926—2013年平均上涨9.92%，但单年表现则变化极端。其年收益率有24次出现负值，也有24年取得25%或以上的年收益率。请参考表3.2中显示的逐年回报情况。股市波动是正常的，永远都是这样。

国际股票市场也存在这样的悖论。长期来看，年化收益率平均为9%~11%。而单年的利润少有处于这一范围。在我有生之年也只出现了两次。全球股市在2005年和2007年分别上涨10%和9.6%。[2]

然而，正如第一章提及的，货币购买力会随着时间推移而减弱，股票经历飙升、下坠，再反弹后，回报能否超越通胀？

股市重击通胀

在表3.3中，我列出12个国家。可以看到它们在1900—2012年股市平均涨幅超越通胀的程度。例如，假设澳大利亚1900—2012年的平均年通胀率为4%，又假如其股市年收益率平均为5%，那么澳大利亚股市扣除通胀后的实际年收益率为1%。幸而，澳大利亚股市表现完胜通胀：实际年收益率达7.2%。从表3.3，你

表 3.2　1926—2013 年标普 500 指数的年收益率

收益率	年份	收益率	年份	收益率	年份
11.62%	1926	(35.03%)	1937	5.50%	1948
37.49%	1927	31.12%	1938	18.79%	1949
43.61%	1928	(0.41%)	1939	31.71%	1950
(8.42%)	1929	(9.78%)	1940	24.02%	1951
(24.90%)	1930	(11.59%)	1941	18.37%	1952
(43.34%)	1931	20.34%	1942	(0.99%)	1953
(8.19%)	1932	25.90%	1943	52.62%	1954
53.99%	1933	19.75%	1944	31.56%	1955
(1.44%)	1934	36.44%	1945	6.56%	1956
47.67%	1935	(8.07%)	1946	(10.78%)	1957
33.92%	1936	5.71%	1947	43.36%	1958
11.96%	1959	6.56%	1978	33.36%	1997
0.47%	1960	18.44%	1979	28.58%	1998
26.89%	1961	32.42%	1980	21.04%	1999
(8.73%)	1962	(4.91%)	1981	(9.10%)	2000
22.80%	1963	21.55%	1982	(11.89%)	2001
16.48%	1964	22.56%	1983	(22.10%)	2002
12.45%	1965	6.27%	1984	26.68%	2003
(10.06%)	1966	31.73%	1985	10.88%	2004
23.98%	1967	18.67%	1986	4.91%	2005
11.06%	1968	5.25%	1987	15.79%	2006
(8.50%)	1969	16.61%	1988	5.49%	2007
4.01%	1970	31.69%	1989	(37.00%)	2008
14.31%	1971	(3.10%)	1990	26.46%	2009
18.98%	1972	30.47%	1991	15.06%	2010
(14.66%)	1973	7.62%	1992	2.11%	2011
(26.47%)	1974	10.08%	1993	16.00%	2012
37.20%	1975	1.32%	1994	32.39%	2013
23.84%	1976	37.58%	1995	9.92%	平均收益率
(7.18%)	1977	22.96%	1996		

注：括号内百分比为亏损数字。

资料来源：Bogleheads. org.

可以了解澳大利亚及全球其他 11 个国家的股市扣除通胀因素后的表现。这种经通胀调整后的收益率被称为实际收益率。

表 3.3　1900—2012 年含通胀股市（实际）收益率

国家	超通胀水平
澳大利亚	7.2%
加拿大	5.7%
丹麦	4.9%
芬兰	5.0%
爱尔兰	3.7%
日本	3.6%
荷兰	4.8%
新西兰	5.8%
南非	7.2%
瑞典	6.1%
英国	5.2%
美国	6.2%
世界股市平均水平	5.4%

资料来源：《瑞士信贷全球投资回报年鉴 2012》。

自 1900 年以来，全球股市收益率平均超过通胀 5.4%。这一优势会否持续，是个未知数。但长远来看，股市一直是占上风的。因此，投资股市是明智的。

股市近年对你有何贡献?

过去几年，一些投资者质疑，近来股市对自己有何贡献。假如你的投资像个游手好闲的男友，而不像虽情绪化但肯努力提高生活品质的男主人，可归咎为：高费用，投资组合选择不智，或兼而有之。假如你的资金在 2004—2014 年按 1 年期、3 年期、5 年期及 10 年期分散投资于全球股市，你的获利情况将如表 3.4 所示。

表 3.4　1 万美元投资于美国及国际股票市场的收益情况　　（单位：美元）

时间段	初始投资	增值至（美国股市）	增值至（国际股市）
1 年期（2013—2014 年）	10 000	13 334	11 504
3 年期（2011—2014 年）	10 000	15 650	11 612
5 年期（2009—2014 年）	10 000	23 580	17 642
10 年期（2004—2014 年）	10 000	21 577	20 148

资料来源：晨星官网；先锋整体股票市场指数；先锋国际股票市场指数。

透析股票的“五十度灰”

你可能不明白资金是怎样通过股票市场增值的。其实，这些利润有两个来源：资本升值及股息。我用一个故事来解释。

想象你刚创立名为“五十度灰”的一家公司，设计并生产性感男女内衣。在签下麦当娜和麦莉·赛勒斯作性感代言人后，各年龄层女性顾客销量直线上升。但作为公司的 CEO（首席执行官），你发现一个问题。年长的婴儿潮一代男性顾客销量低下。只有一个明智的解决方法：跟史泰龙签下长年广告代言合约。他可以在拳击台上身穿“五十度灰”男装内裤重锤击向巨型草莓和苹果状沙袋。

这样的广告应该会提升销量。接着，为满足需求，你得提高产量，建立新厂房及新的分销网络。这么做成本不低。为增加盈利，你需要投入更多资金。

所以，你请人联系美国纽约证券交易所，马上就有投资者愿意向你的公司投资。他们买入你公司的部分股份，或称股票。你不再是公司的唯一股东，然而，通过向新股东出售部分公司资产，你可以使用股东资金扩大并更有效经营你的内衣生意。

你的这家企业变为公开上市公司，意味着股东们有权向其他买家出售手中的“五十度灰”股份。上市公司的股份在股票市场公开买卖时，交易行为本身对于公司业务的影响是微乎其微的。所以，你可以集中精力研制行业内最性感的内衣产品。股东们不会干扰你的事务，因为一般来说，少数股东对于公司的日常运作并无任何影响力。

你公司的内衣热销全球，股东们很满意。但他们并不满足于纽约证券交易所或所在地证券经纪行发出证明其为“五十度灰”公司股东的一纸凭证，他们要分享公司的利润。这也是合理的，毕竟公司股份持有人严格来说就是公司的股东之一。

所以董事会成员（通过股东投票选出）决定每年给股东们分发一定比例的利润，称为红利或股息。计算方法为，假设“五十度灰”每年卖出价值100万美元的产品，扣除税费、员工薪酬及商业成本后，公司每年利润为10万美元。董事会决定把其中的5万美元作为红利分给一众股东，这就是所谓的股息。

余下的5万美元利润将被再投资到公司的扩展经营上——购买更大型、更高级的设备，开发新产品，增加广告投入，产生更高利润。

用于再投资的利润使得“五十度灰”进一步提升盈利。结果，在接下来的一年，公司利润翻倍至20万美元，股东红利也得以增加。

这当然令有意投资的人垂涎三尺。他们也希望购入这家畅销内衣企业的股份。所以现在，想买入股票的人比想卖出的多。

这形成了对你公司股票的需求，其于纽约证券交易所的股价因而上升。无论是房地产、黄金、石油、股票或是债券，任何资产的价格都建立在供求关系上。假如买家多于卖家，价格上涨；假如卖家多于买家，价格下跌。

随着时日推移，“五十度灰”的股价经历波动：有时攀升，有时下跌，视乎投资者情绪。假如公司的相关新闻引起公众兴趣，市场对其股票的需求会上升。另一些时候，投资者可能悲观看淡，令股价低迷。

但多年来你的公司盈利规模持续扩大。长远来看，当公司利润提升，股价一般也会上涨。

股东可以通过两个方式兑现收益。他们可以接受股息（股东现金分红一般每年4次），兑现利润，或者他们可以等待股价大幅上升至某一水平后卖出部分或全部股份。

以下是理论上投资者如何通过持有“五十度灰”公司股份每年获取10%的收益。

股神巴菲特看中你的公司，决定以每股10美元的价格投资1万美元买入股份。一年后，假设股价上升至10.5美元，意味着股价上升了5%（10.5美元比巴菲特购入时的10美元高5%）。

假如巴菲特收到500美元的股息，那么他还另赚了5%，因为这500美元是他最初投入那1万美元的5%。

所以，假设他所持股份因股价上升而升值5%，加上从股息中获取的额外5%收益，一年后巴菲特便能从所持股份赚取10%的回报。当然，只有这5%的股息落入其口袋，成为已实现的利润。股价升值而得的5%“利润”，只有在巴菲特出售手中“五十度灰”股票时才会实现。

然而，巴菲特并非是靠投机短炒而跻身世界首富之列的。研究显示，一般而言，买卖进出频繁的股票投资者获利水平往往低于长线持股者。而且，为实现利润最大化，投资者应把分红再投资购入新股份。

这样做可以增加所持股份。持有股份越多，将来可获得的红利收入会越高。《纽约时报》旗下网站About.com的财经作家约书亚·肯农（Joshua Kennon）计算过红利再投资的价值有多大。他假设一名投资者在1962年6月购入1万美元的可口可乐公司股票。假如他没有把分红再投资购入可口可乐的股份，到了2012年，最初的1万美元将为其赚取136 270美元的现金分红，而所持股份将升值至503 103美元。

但是，如果他当初把这些现金分红再投资的话，这1万美元可能已增至175万美元。[3]

假设巴菲特持有“五十度灰”股份时选择分红再投资。有些年，股价上升；也有些年，股价下跌。但公司利润持续增长，所以长远来说股价总会上升。通过红利再投资购入额外股份会令巴菲特笑到最后，因为股价上涨所得利润加上红利，平均年化收益率估计可达10%。

股市明星最是弄人

选择投资哪家公司并非易事，即便你以为自己已掌握其盈利前景。长远来看，股价升幅直接与公司盈利挂钩。但短期来看（在股市，10年仍算短期），一切皆可发生。正因为如此，著名基金经理肯尼斯·费雪（Kenneth Fisher）曾形容股市是最爱戏弄人的“伟大羞辱者”。[4]放在几年内看，公司盈利可能年增8%而股价停滞不前，或者盈利勉强年增4%，但公司股价却被推高13%。

然而，这样的脱节状态从来不会长久。最终，公司股价升幅会反映其盈利增长状况。假如股价升幅超过盈利增幅，股价将持平或下降，直至与盈利水平看齐。

假如公司盈利增长超过股票升幅，股价会在某一刻大幅上涨，最终与盈利水平看齐。

股价与企业盈利在长期（15年或以上）关联紧密。但短期来看，市场是疯癫的，因为人们是不理智的。

想买入个别股票的投资者需要做两方面的预测：公司的盈利前景及人们对于那些盈利的反应。举例说，假设金融分析师及个人投资者觉得来年谷歌的盈利可上升15%，而后来谷歌实际增长为13%，许多股东就会抛出手头股份。这并非理智的行动，但是大众就是非理性的。这样的抛售会导致谷歌股价下降，尽管其盈利已增长13%。

预测股市大方向也同样困难。即使紧盯经济动态，在短期，影响股价的是人们的投资情绪，而非政府政策或经济数据。买家多于卖家令需求增加，股价因而上升；卖家多于买家则令供应增加，股价下降。就是这样：不多不少。股市并非自主个体，不能像神秘权杖般自如飞升沉降。相反，其动态反映的是短期内人们的行为。买入还是卖出？我们推动着股价的变化：你、我、全球机构投资者的行为集合体。我们的群体思维太难预测了，所以经济学家们大多无法断定市场的方向。要准确预言，他们必须成功预测人类行为。但他们做不到。

然而，长期来看，企业盈利和股价总是直接关联的。曾任巴菲特老师的哥伦比亚大学教授本杰明·格雷厄姆指出，在短期内，股市就像投票机器或人气竞赛，但长期来看则是一台称重机。[5]企业盈利和股价上升是两回事。但长远来说，两者都反映同一结果。举例说，假如一家公司在30年内利润上升1 000%，其股价，包括股息，也会有类似表现。

股市整体而言亦如是。假如股市内一众公司的30年利润增幅平均达1 000%（每年8.32%），股市也会反映出这样的增幅。长期来看，股市一般能反映上市公司的盈利状况。但论短期表现，股市是疯狂的。

高增长经济可能带来弱收益

在各新兴市场（印度、泰国、印度尼西亚等），因为农村劳动力往城市迁移，人们找到更好的工作，消费力有所提高，经济增长迅速。但在这些市场，监管及企业治理在一些方面不健全，可能导致股东利润受损。

正如耶鲁大学金融学教授大卫·斯文森（David Swensen）在所著的《机构投资创新之路》（*Pioneering Portfolio Management*）一书中提到的："在许多亚洲国家，一个尤为普遍的问题是，家族控股企业为满足家族利益而不顾外部少数投资者的意愿。"[6]

全球大部分旅居侨民都意识到新兴市场有些企业存在行贿枉法

的现象。这样的私相授受也是强劲经济增长不一定能反映在股市表现的原因之一。

在过去25年，新兴市场经济增长虽然超越美国，但发达国家股市却轻易跑赢新兴市场的总回报率。

世界银行旗下国际金融公司的数据显示，在1985年（新兴市场数据可寻的最早年份）投资10万美元随机买入新兴市场各种股票的话，到2006年这笔钱将增值为108万美元。而同样金额的投资在美国市场则可增值至130万美元。如果投资在除美国以外的发达国家股市，平均能增值至116万美元。[7]

没有人知道今年或接下来的10年哪个股市会有出色表现。有时候新兴市场一片兴旺，有时发达国家股市占上风。

许多人聘请顾问专家进行预测。但投机推测是愚蠢的，我们将在后面的章节详谈。与其听信信口开河的“预言者”去猜测牛市所在，还不如以最低费用把资金分散投资于各领域。

遗憾的是，许多侨民没有这样做，结果在退休生活上付出了代价。

债券是飞跃者的安全网

除了投资股票，聪明的投资者还会选择债券。投资债券意味着个人以固定利率贷款给政府或企业。债券收益不如股票，并非每年或每10年如是，但长期来说是这样的。然而债券的波动性没有股票大。举例说，一名投资者将其大部分资金用于买入某发达国家政府发行的债券，假如股票指数（简称股指）下跌一半，他/她也不会蒙受高达50%的投资损失。某些情况下，这样的投资者甚至会在一片跌市中获利。

由股票和债券构成的投资组合比单纯投资股票更多元化且波动性低，所以这样的投资组合更稳健。

在短期内，供求关系对投资造成影响。股票需求特别高的时候

（买家大大超过卖家），股市飙升。股市上涨如此厉害定然是人们大肆买入的结果。但他们是从哪里获得这些资金买入股票的呢？许多人是从储蓄账户、床垫下（假如他们是疯子）、黄金、房产及债券所得收入中提取资金的。假如大量资金从黄金、房地产及债券市场抽走，这些资产类别的价格将下降，出现供过于求的现象。

股市飙升之时，抛售债券的投资者可能导致债券价格下跌。永远谨记，资产类别的短期波动是供求关系的结果。若债券卖出比买入多，供大于求，债券价格因而下降；若买入比卖出多，债券价格上升。

债券分几种不同类型，而我会用一个故事来解释最普遍的一种债券。假设你有一位名叫詹姆斯（James）的怪叔叔，他希望你好好存钱，所以跟你谈妥交换条件。假如你交给他 1 万美元，他会按自己的意愿来投资。你让他代管这些资金 5 年，同时，他承诺给你收益率为 5%的现金利息。这被称为利率为 5%的债券息票。此情形下，孳息也是 5%。詹姆斯叔叔答应每年给你 500 美元，分两次支付，每次 250 美元。

5 年期满，詹姆斯叔叔向你退还 1 万美元。你将收回这 1 万美元，另外詹姆斯给你管钱期间，你每年还赚取了 500 美元。

但如果不满 5 年你提前问他要回那 1 万美元，情况又如何？詹姆斯叔叔的怪脾气正显现于此。他可能只还你 9 800 美元，也可能给你奖赏，递上 10 300 美元。

詹姆斯叔叔保证只有当他代管资金至约定期限才会给你如数退还本金。如果你提前索回，这位怪叔叔给你退还的钱则可能多于或少于你的本金。

更怪异的还在后头。假设你向他投资 1 万美元，1 年后，你朋友艾米（Amy）想加入。她跟怪叔叔接洽，谈妥条件。“艾米，你可以按同样条件买入，但 4 年后到期，也就是说你只有 4 年时间来赚取利息，不是 5 年。我会在 4 年后还回所有资金——你的

(假如你选择投资)以及你朋友的。”但因为银行上调利率，艾米开始犹豫还要不要向怪叔叔投资，毕竟他承诺的利率现在已不及她在别处可赚取的高。“这样子吧，”詹姆斯叔叔对她说，“你只需投入 9 500 美元，我也给你每年 500 美元的利息(等于 1 万美元本金的 5%)，4 年期满后，我还你 1 万美元，而不是 9 500 美元。”

这种情况下，投资的是面值为 1 万美元而息票率为 5%的债券。利率跟你之前向叔叔投资 1 万美元时一样。但艾米的投资收益更高，因为她以折扣买入而每年仍可赚取 500 美元。她投资 9 500 美元，每年利息收入为 500 美元，4 年后可取回 1 万美元。所以她的投资回报率实际为每年 5.3%。

假如银行利率下调，詹姆斯叔叔则有另一套不同做法。意识到自己的条件优于下调的银行利率，他可能会告诉艾米：“你可以投资进来。你会得到面值为 1 万美元而利率为 5%的息票，但你需要支付 10 500 美元，而不是 1 万美元。所以，孳息为 4.8%，而非 5%，因为我退还的本金将比你投入的少。当然，你还是有钱可赚的，毕竟每年你会收到 500 美元的利息。不过利润会减少。”

假如你看懂了这个奇怪的小故事，那么你也就明白了债券是怎么一回事了。新发行债券附有到期日及固定利率。投资者在这类债券发行时购入，拿到同样的息票和孳息。假如每年所获利息为 3%，这便是投资者持有债券至期满时每年可赚取的收益。假如他们提前卖出债券，所得可高于也可低于当初投入的资金，视乎当前债券市场价格水平。假如他们持有债券至到期日，他们会收回当日投资的本金，不多也不少，另外就是他们每年已赚取的两次派息。

其他投资者可以在债券发行后加入投资。但如果债券的需求高，他们则需付出高价买入。所以收益率将低于债券发行时宣称的息票率。假如债券的需求较低(银行利率上升时)，债券价格则下跌。同一债券此时买入的话收益会更高。

投资债券会亏钱吗?

买入财务状况岌岌可危的公司发行的低评级企业债券当然可致亏损。为吸引投资者，这些公司提供的利率会高于平均水平。举例说，假设一家新成立的科技公司为筹集研发资金可以发行息票率为10%的债券，这比一般利率高得多。但如果公司破产，投资者可能损失部分或全部的本金，资金与这家公司的未来一起付诸东流。

同样地，投资者购入长期债券也可能实际上有所损失。谨记，实际回报是计算通胀因素后所获的利润。假如投资者买入息票率为3%的20年期债券，利润往往被通胀吞噬。当然，他们还是能每年赚取3%的投资利息。但如果通胀率平均为4%，投资者的实际收益则为负数。这样的利息收入根本追不上通胀。

债券价格有可能下降。但即使如此，高质债券从来不会像股票那样崩盘。再者，跟股票一样，我会告诉大家如何分散投资于不同债券，无须担心亏本或长远跑输通胀的问题。

图3.2的曲线图显示债券波动性低于股票。最上面那条起伏不定的曲线代表标普500指数。你可以看到股市在1987年、2002—2003年、2008—2009年的几次暴跌崩盘。下面的三条曲线代表的是美国三大债券指数（简称债指）的总回报表现，包含分红再投资。

虽然媒体头条新闻不时预言债券市场或股市将面临暴跌，但对于债市崩盘的预测，我们应保持清醒看待。债券价格有时会下跌，但在市况糟糕的年头，债券跌幅与股价跌幅相比根本不足为道。

耐性、分散投资、低投资费用，这些是在股市和债市获取丰厚利润的关键。然而，要得到这样的回报，投资者必须躲过投资界设下的陷阱。我来教大家怎么做。

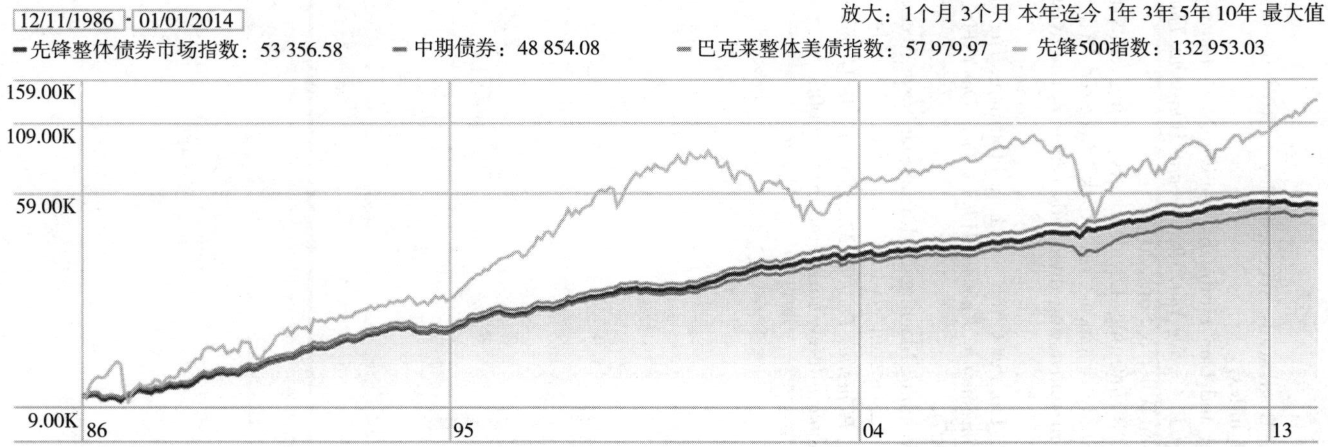

图 3.2　债券比股票稳健

资料来源：晨星官网。

注释：

1. "S&P 500 Index," Bogleheads. Accessed May 1, 2014. www.bogleheads.org/wiki/S%26P_500_index.
2. Kenneth L. Fisher and Lara Hoffmans, *Markets Never Forget (but People Do): How Your Memory Is Costing You Money—and Why This Time Isn't Different* (Hoboken, NJ: John Wiley & Sons, 2012).
3. Joshua Kennon, "Reinvesting Dividends vs. Not Reinvesting Dividends: A 50-Year Case Study of Coca-Cola Stock." Accessed May 1, 2014. www.joshuakennon.com/reinvesting-dividends-versus-not-reinvesting-dividends-coca-cola/.
4. Kenneth L. Fisher, Jennifer Chou, and Lara Hoffmans, *The Only Three Questions That Count: Investing by Knowing What Others Don't* (Hoboken, NJ: John Wiley & Sons, 2007).
5. "The Voting and Weighing Machines," Morningstar News. Accessed May 1, 2014. http://news.morningstar.com/classroom2/course.asp?docId=142901&page=7.
6. David F. Swensen, *Pioneering Portfolio Management: An Unconventional Approach to Institutional Investment* (New York: Free Press, 2000).
7. 同上。

第四章　别跟自动扶梯较劲

小时候，你也试过朝着下行的自动扶梯往上跑吧？这当然比爬楼梯累，但乐趣在于那种打败机器怪物的痛快感。

遗憾的是，大多数侨民在自己的投资问题上终日与一台“自动扶梯”较劲。

我可以用世界任一股市来说明问题。但为表我对英国烤牛肉、约克郡布丁及豌豆糊的敬意，我们就以英国为例吧。

截至2013年的10年间，英国一般股票的收益率为132%。[1]

这意味着投资1万英镑买入普通英国股票，资金最终可增值至23 200英镑。英国投资者大多能得到这样的收益吗？远非如此，他们大多反而把收益拱手让给金融经纪人，为其奢华生活埋单。

假如英国市场上所有股票被卖出，直接得益者大多为养老基金、单位信托基金（共同基金）、大学捐赠基金及对冲基金。这些资金然后会被分配至持有此类产品的投资者手中。因为市场上大部分资金是由专业机构管理的，假如某个10年期内英国的市场回报为132%，这意味着专业基金在扣除费用前的平均收益率为132%。

这一前提也适用于其他国家的股市。由于机构投资及单位信托基金的资金占投入市场资产的绝大部分，机构投资者及单位信托基金作为一个整体获得的收益率（平均来说，扣除费用前）等于市场平均水平。威廉·夏普（William F. Sharpe）在获得诺贝尔经济学奖后的一年，即1991年，在《金融分析师期刊》上解释过这一点。[2]

不难构想这样一个故事。想象在某家名为“单位信托基金”的学校里有100名学生。假设这100人全部参加一场考试，而学校还从学区外邀请了四五名学生一同参加考试。假如考试平均分为80分，“单位信托基金”学子的平均分应该就是接近80%，那四五名外部学生的成绩对整体平均分的影响甚微。

同样道理，因为机构投资及单位信托基金的资金构成了英国股市的几乎所有资产，股指回报与英国专业投资机构在股市的平均表现将相去不远。你们家托比（Toby）叔叔和英国富翁理查德·布兰森（Richard Branson）等个人也许会自己买点股票，但相比机构投资者，他们投入的资金微不足道，因此对市场的影响微弱。他们就像“单位信托基金”学校邀来的那四五名外部学生一样，其成绩对其余100名考生的平均分无甚影响。

对的，金融区爱你！

就算不是斯蒂芬·霍金（Stephen Hawking），你也该知道那些在英国金融区上班的不是免费义工。相反，他们是英国最高薪的一族。谁给他们支付薪水？当然是英国投资者了。假如你投资某个养老基金或单位信托基金，你正是给他们发薪水的人。

零售投资者大多会买入主动管理型（又译积极管理型）单位信托基金。在北美，这类基金被称为主动管理型共同基金。在多数情况下，人们通过中介性质的理财顾问或券商购买。然后券商把资金投入一个共同基金中，如此一来，你家露西（Lucy）阿姨、你朋友鲍勃（Bob）和那整天捣弄望远镜的奇怪宅男等不同投资者的资金都集中到了一起。

基金经理然后用单位信托基金汇集的资金买卖股票。大型券商会对每次交易收取佣金。但无论是基金经理还是其公司，都不会那么大方自掏腰包支付这些佣金。相反，这些成本会从共同基金的收益中扣除。能看到成本最终落在谁身上了吧？

券商还会产生其他费用成本：员工薪酬、研究经费、电费、广告费、租金，还往往要给成功推销投资产品的经纪人提供佣金。这些钱从何而来？全得从投资资产中抽取过来。听见那自动扶梯的啸声了吧？

还记得截至2013年的10年间英国股市总收益率为132%吧，这意味着英国的专业投资者赚取到与此相差不远的收益。但那是在扣除费用前。

加上诸多成本开支后，自动扶梯开始冒烟了。一般的零售投资者所得收益肯定达不到股票平均回报水平，即市场平均水平。无论是在加拿大、美国、欧洲还是澳大利亚，投资者都在不知不觉间为金融服务业贡献良多。这些成本威胁着投资者的未来。

当然，这些费用大多不会显现在你的投资对账单上。但费用是真实存在的，而且高昂伤人，也令许多人感到愤怒。

全球投资者任人宰割

巴菲特说过："其他领域的全职专业人士，比如牙医，给外行人带来许多好处。但总的来说，专业理财顾问却没给投资者带来什么利益。"[3]耶鲁大学的捐赠基金投资总监大卫·斯文森表示，政府需要阻止共同基金行业对个人投资者的剥削。[4]

哈佛大学的捐赠基金总监杰克·迈耶（Jack Meyer）表示："投资金融界是个巨型骗局。在交易开支及费用上每年抹掉数十亿美元。"[5]

也许你正在摇头。"这些是美国人，"你会想，"我们都知道华尔街就爱骗美国老百姓。"

那么在其他国家，投资者也负担这样的费用吗？答案是否定的。大多数非美国投资者所付费用高昂得多。

在牛津大学出版社于2008年发表的一份研究中，研究人员阿贾

“谈谈讽刺！”

插画家：乍得·克劳（Chad Crowe）；经许可印刷。

伊·科拉纳（Ajay Khorana）、亨利·瑟维斯（Henri Servaes）、彼得·图法诺（Peter Tufano）比较了各国的基金费用，包括对销售费用的估算。相比在美国，英国投资者所付的费用高出51%。加拿大人更是高出近100%。[6]

明白费用造成的影响是很重要的。假如你的资金管理费用每年为2%，你可能觉得那只是九牛一毛。但其实不然。假如某一年市场收益率为6%，而你需支付2%的费用，那么实际上你就向金融服务业贡献了自己利润的33%。

表4.1显示了各国投资者每年支付的费用。更重要的是，留意假如来年市场收益率为6%时投资者年度收益将承受的损失。

在股市低迷的年头，你更是被金融服务业夺走大部分的利润。假设德国股市在某一年的收益率为3%，而德国基金投资者通常支付1.97%的年费，这种情况下，共同基金（单位信托基金）的一般投资者实际每年拱手让出了65.6%的利润。

表4.1　市场收益率为6%时，投资者被金融业吸走的单年利润

国家	估计总费用率(包括销售费用)	投资者损失的年度利润份额
荷兰	0.82%	13.6%
澳大利亚	1.41%	23.5%
瑞典	1.51%	25.1%
美国	1.53%	25.5%
比利时	1.76%	29.3%
丹麦	1.85%	30.8%
法国	1.88%	31.3%
芬兰	1.91%	31.8%
德国	1.97%	32.8%
奥地利	2.26%	37.6%
英国	2.28%	38.0%
爱尔兰	2.40%	40.0%
挪威	2.43%	40.5%
意大利	2.44%	40.6%
卢森堡	2.63%	43.8%
西班牙	2.70%	45.0%
加拿大	3.0%	50.0%

资料来源：Ajay Khorana, Henri Servaes, and Peter Tufano, "Mutual Fund Fees around the World," *Review of Financial Studies* 22, no. 3 (2009): 1279-1310. http://faculty.london.edu/hservaes/rfs2009.pdf.

高费用形成了"进两步退一步"的低效困局。幸运的是，有别的路可走。海外侨民可以通过这个方式减少对金融服务业的贡献，把利润多留给自己。

在下一章，我将告诉大家如何避免跟下行的自动扶梯较劲。

注释：

1. "MSCI UK Index," iShares UK. www.ishares.com/uk/individual/en/products/253739/ishares-msci-uk-ucits-etf.
2. William F. Sharpe, "The Arithmetic of Active Management," *Financial Analysts Journal*, 1991. Accessed May 4, 2014. www.stanford.edu/~wfsharpe/art/active/active.htm.

3. Warren Buffett and Janet Lowe, *Warren Buffett Speaks: Wit and Wisdom from the World's Greatest Investor* (New York: John Wiley & Sons, 1997).
4. David F. Swensen, *Unconventional Success: A Fundamental Approach to Personal Investment* (New York: Free Press, 2005).
5. "Online Extra: Husbanding That $27 Billion (Extended)," *Bloomberg Businessweek*, December 26, 2004. Accessed May 4, 2014. www.businessweek.com/stories/2004-12-26/online-extra-husbanding-that-27-billion-extended.
6. Ajay Khorana, Henri Servaes, and Peter Tufano, "Mutual Fund Fees around the World," *Review of Financial Studies* 22, no. 3 (2009): 1279–1310. Accessed May 4, 2014. http://faculty.london.edu/hservaes/rfs2009.pdf.

第五章　客户的游艇在哪里？

一位来自城外的游客正跟随导游参观纽约曼哈顿金融区。来到炮台公园时，导游指着停泊在远处的靓丽游艇，说道：

“看，那些就是银行家和金融经纪人的游艇。”

“他们客户的游艇又在哪里？”天真的游客问道。

——弗雷德·施维德（Fred Schwed），

《客户的游艇在哪里？》[1]

假如你没读过投资方面的书籍，很可能就从未听说过指数基金。你的理财顾问是不怎么可能跟你提及这种基金的。对大多数理财顾问来说，指数基金就如鱼子酱佳肴上的苍蝇。站在他们的立场，根本没理由向客户推销这类基金。销售指数基金产品会使其利润减少。销售主动管理型共同基金的话，他们则可获得更丰厚利润。真的就是这么简单。

然而，大多数侨民总应该为自己的退休生活筹划投资，而非给别人贡献钱财。

“Index”* 一词指的是某种集合体。想想通常在一本书的末尾体现书中内容的关键词索引表。指数基金也大致相同——代表某一股市的

* 可解释为“指数”，也有“索引”的意思。——译者注

股票集合体。

比如，澳大利亚综合股票指数是代表该国股市整体情况而汇集的一系列股票。举例说，假如某一指数基金囊括了所有澳大利亚股票，而没有人买卖这些指数基金份额（因而避免了交易成本），那么，投资者从该指数基金获得的回报在扣除费用前将完全等同于澳大利亚股市的收益。换言之，投资者从澳大利亚股市的综合指数基金中获取的回报大致等于澳大利亚股票的平均收益。

全球投资者因同一剑刺而滴血

现在，加入专业基金经理（接受过专业训练，管理某一基金，选取最优股票做投资的人）这一人物来考虑问题。遗憾的是，上述基金的表现很可能低于大市水平。大部分主动型基金都如此。不管在哪个国家，主动管理型基金都在同唱一首悲歌。

从上一章我们便可知原因所在。由专业机构管理的资金占了投资市场总资金的绝大部分。结果，基金管理公司的平均回报与市场收益水平相等，但那是在扣除费用前。加上成本后，我们就像朝着下行的自动扶梯奔跑而上。

看看英国市场。据牛津大学出版社发表的研究《全球各地共同基金费用》，在英国，主动管理型基金平均年费率为 2.28%，包括了销售费用。[2]不管是哪里的市场，专业管理基金普遍低于大市表现，相差的水平正是等于基金管理机构收取的费率。

英国保险公司劳合社的前任总裁罗恩·桑德勒（Ron Sandler）为《经济学人》做的一份研究显示，在英国，主动管理型基金的年收益平均比英国大市水平低 2.5 个百分点。而英国一般单位信托基金（共同基金）向英国投资者收取的年费率恰恰接近 2.5%，这绝非偶然巧合。[3]

标准普尔的数据显示，在加拿大，从 2005 年至 2010 年，97.5%的主动管理型股票基金收益率低于大市水平，高昂的管理费用是主因。[4]

在南非，据 Satrix 40 ETF 数据显示，截至 2010 年的 5 年内，近 90%的主动管理型单位信托基金收益率低于南非股指市场水平。[5]

在澳大利亚，据“标准普尔指数与主动投资业绩对比”（简称 SPIVA）的数据，截至 2012 年的 3 年间，72%的主动管理型基金收益率低于指数基金基准水平。[6]

对于旅居海外的美国侨民来说，在回报上，凭主动管理型基金打败指数型基金投资组合的概率几乎等于长出第三只眼睛那么低，尤其是在计算税费后。

美国侨民陷于裸跑

跟其他国籍的大多数侨民不一样，美国侨民难以合法避免资本利得税。主动管理型共同基金的收益税率还特别高。美国有两类资本利得税，一种是短期的，另一种是长期的。短期资本利得税按投资者的一般所得税率征收。非延税账户中的获利投资在购入 1 年内出售时，就必须缴纳这种税费。

我知道你在想：“我不是每年都卖出自己的共同基金，所以基金获利也不会产生这样的税费。”遗憾的是，假如你是投资主动管理型共同基金的美国侨民，你未必意识到自己的基金已被出售。基金经理在其管理的基金中买卖股票时便实际替你出售了资产。对于非税收优惠账户，这构成了很重的税负。

斯坦福大学经济学家乔尔·迪克森（Joel Dickson）和约翰·朔文（John Shoven）研究过 62 只主动管理型共同基金的长期表现。1962—1992 年投资的 1 000 美元在税前增值至 21 890 美元。在扣除利得税和股息税后，应税账户中同样的 1 000 美元则仅增值为 9 870 美元。[7] 而且海外美国侨民必须把大部分资金投资在应税账户中，我将在下一章进一步解释。

由于指数基金不涉及活跃交易，所以只会在投资者卖出时才引起极少的利得税，而且，税率是按远为宽松的长期利得税标准来计算的。

在《纽约时报》2009年的文章《指数基金再次取胜》中，马克·赫伯特（Mark Hulbert）引述，总部在美国波士顿的威翰资本管理公司总裁兼CEO马克·克里兹曼（Mark Kritzman）曾对指数基金及主动管理型基金的税后收益做过为期20年的追踪研究。他发现，一般而言，主动管理型基金的税费前一年收益要比指数基金的高4.3%，才能在实际收益上追上指数基金的表现。[8]

但要主动管理型基金的税前收益在投资周期内比指数基金投资组合的税前收益高4.3%，那简直是天方夜谭。研究人员理查德·费里（Richard A. Ferri）和亚历克斯·本克（Alex C. Benke）在其2013年发表的论文《推荐指数基金投资组合之理由》中指出，2003年至2012年间，仅有少数投资组合的税前表现打败指数基金，每年高出的幅度仅为0.29~0.54个百分点。[9]而且，那还是税前的情况。

为何金融经纪人想让巴菲特噤声

大多数理财顾问都想让业界的智者噤声，这些智者包括著名商学院的教授、诺贝尔经济学奖得主、（罕见的）正直理财顾问，以及像巴菲特这样的亿万富翁。专家闭嘴的话，金融经纪人获利更大。

伯克希尔-哈撒韦公司主席巴菲特被誉为史上最伟大的投资者。他批评共同基金行业，并指出："持有普通股的最佳途径是买入指数基金。"[10]

巴菲特在自己公司2006年的年报中曾针对理财业界写下一则寓言，讲的是"高德洛斯"* 一家的故事。[11]

这家人买下了美国股市上的所有股票股份，一分也没留给他人。

于是这家人分享到上市企业生成的全部利润。但他们没法和气摊分这些利润，而是人如其名，傻傻地花钱请来助手帮忙分配那些

* 此处为音译，原文为Gotrocks，含讽刺意味，暗指愚笨。——译者注

收益。这些助手当然就是金融经纪人、共同基金销售人员及金融服务公司。他们从高德洛斯家应得的财富中扣走费用。

这则寓言跟威廉·夏普所撰《主动管理的算术》主旨一致。[12]这位诺贝尔经济学奖得主在文中证明，股市投资者的费用前收益平均等于大市回报水平。而扣除费用后，投资者整体收益短了一截。巴菲特把金融服务业喻为寄生行业，叹谓："经过专业基金经理之手，人们的投资可谓颗粒无收。"[13]

诺贝尔奖得主夏普解释道，大多数人（及大多数理财顾问）认为投资收益可在长期超越大市水平，这是痴心妄想。2007 年，他在接受《金钱》（*Money*）杂志专栏作家杰森·茨威格（Jason Zweig）采访时表明其观点：

> 夏普：要确保获得更高的预期回报，唯一的方式是买下市场的所有股票。
>
> 茨威格：通过简单而廉价的指数共同基金就可轻松做到，为什么大家不这样投资呢？
>
> 夏普：希望常在。虽然我们大多以为自己优于常人，或以为自己能挑选出优于常人的助手（来管理我们的资金）……然而，也有人会对理财顾问说："谢谢，但不必了。"然后自行投资指数基金。[14]

另一著名诺贝尔奖获奖经济学家丹尼尔·卡尼曼（Daniel Kahneman）在 2012 年接受《明镜》周刊采访时也表达了同样的看法：

> 在股市……专家预测基本是没用的。想投资的话，最好选择指数基金，这种基金跟踪的是特定股指而不涉及任何选股天才的干预……我们希望把资金交给专业在行的人来管理，但统计数字显然表明这些人实际甚为无能。[15]

1990 年诺贝尔经济学奖得主默顿·米勒（Merton Miller）表示，即使是政府或者企业的资金管理专员，也不该妄想自己的表现能打败指数基金投资组合的收益：

> 养老基金经理若不把大部分资金（我指的是其投资组合里的70%~80%）用于被动投资的话，基本可视为渎职、不作为或某种恶意作为！对他们大多数人来说，以被动（指数）投资为策才是明智之举。[16]

在纪录片《被动投资：基金管理业不愿你看见的证据》中，全球多位顶尖经济学家及金融学者均表示不值得购买主动管理型基金。但正如片名所示，大部分理财顾问希望你永远看不到这部纪录片。[17]

理财顾问大呼“地球是平的！”

你的金融投资知识是对在全球忽悠侨民的那群理财顾问们最大的威胁。所以，他们纷纷给本该投资指数基金的人们洗脑，阻止其了解金融界的真相。

证据驳斥利己歪论

从竭力自保油水的理财顾问口中，你最常听到的论调是：

> 指数基金是危险的，就怕股市下跌。而投资主动型基金的话，万一市场崩盘，我们也可以保护你的资金。

这是销售人员的危言耸听，也在暗示，主动型基金经理能在市场下跌前快速抛售股市资产，而在市况转稳后（销售人员所说的），共同基金经理将再次购入股票，让你乘股市复苏之机赚取新一轮利润。

这样的烟幕弹是有问题的。首先，谁都不该把自己所有资金投资在单一股指基金上。投资者需要一个组合：国内股指基金代表的是本国股市的表现，国际股指基金能提供接入全球市场的机会，而投资债市指数基金则更添稳定性。（债券就像是投资组合的降落伞，是投资者通过固定利率贷款给政府或企业。）假如全球股市在某年下跌 30%，分散在股指及债指基金上的投资组合则不会有同样的损失。

不妨逗一下那些自诩金融界预言家的人。问问他们，最近一次股市大跌是在哪一年？他们会说是 2008 年。再问，在 2008 年，大多数主动管理型基金有否打败综合股指的表现？假如他们的答案是肯定的，那绝对就是谎言。《华尔街日报》在 2009 年引用了标准普尔的研究数据，显示在 2008 年，绝大多数主动管理型基金的表现依旧落后于股指基金。显然，主动型基金经理未能及时弃市止损。[18]

巴菲特在 2008 年押注 100 万美元设下赌局，就为揭露更多证据证明费用高昂的资金管理实际效益低下。几年前，这位伟大的投资者声称，没有人能选取一组对冲基金并保证其在未来 10 年跑赢美国股市指数。

对冲基金就像是主动管理型共同基金中的古弛、普拉达、劳力士名品。要投资对冲基金，你必须是“被认可投资人士”——拥有高收入或高资产净值的投资者。对冲基金经理把自己包装成业内最优秀的专业投资人。他们当然具有极大的灵活性。对冲基金无论市况升跌都能赚钱（推销言辞是这么说的）。对冲基金经理可随心所欲投资任何资产类别；他们甚至可以逆市押注，此谓“做空”，即基金经理押注市场会下跌，若市况真如所猜，他们便获利。

对冲基金不敌对手

在 2008 年，纽约的资产管理公司“门徒合伙公司”（Protégé Partners）接过巴菲特的战书，跟这位史上最伟大投资人打赌，认为未来 10 年，其精挑的 5 只对冲基金将打败标普 500 指数（美国股市的一大指数）。门徒合伙公司挑选的是 5 只管理妥善且一直表现优秀的对冲基金。但以往的业绩甚少在未来再现，从 2008 年至 2013 年，门徒公司的这几只基金上升了 12.5%，但依然不敌股指，后者升幅为 43.8%。

假如这些对冲基金经理能预见 2008 年的股市暴跌，他们会通过做空来大赚一笔。但这并没有发生。巴菲特的赌局已进行了 6 年，股指收益比门徒公司精选的对冲基金高 31.3%。[19]

截至我撰写本书时，赌局只剩几年便可揭晓。但假如你读过西蒙·拉克（Simon Lack）所著的《对冲基金暴利真相》，你肯定会押注在指数上。拉克在书中显示，包含美国股指及债指的一个投资组合在 2003、2004、2005、2006、2007、2008、2009、2010 及 2011 年会打败一般对冲基金的表现。[20]对冲基金在 2012 年及 2013 年继续跑输，10 年间两者的差距达 75 个百分点，见图 5.1。[21]对于金融大鳄们来说，这样的差距太大了，即便他们愿意免费服务投资者（不收取常规的 2%年费加上 20%的收益佣金），这些对冲基金的收益依然低于指数基金！

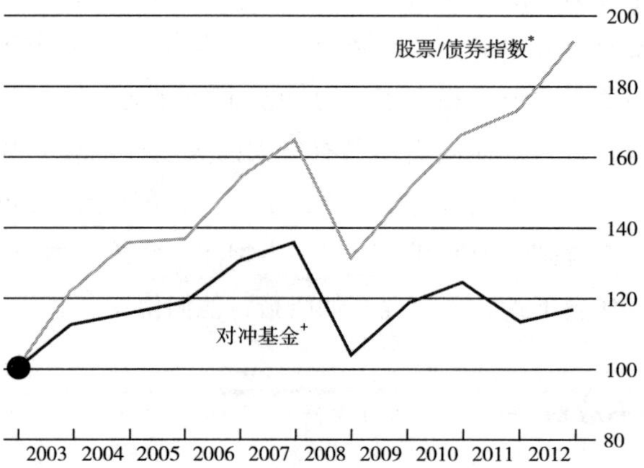

图 5.1　对冲基金回报与包含 60%股指加 40%债指的投资组合回报对比

＊加权指数：标普 500 指数（60%）和全球政府债指（40%）。

† HFRX 全球指数。

资料来源：Hedge Fund Research；Thomson Reuters；*The Economist*；Matthew O'Brien, "Don't Invest in Hedge Funds," *The Atlantic*, July 10, 2013. Accessed May 5, 2014. www.theatlantic.com/business/archive/2013/07/dont-invest-in-hedge-funds/277697/.

想想为什么对冲基金业无法打败股指债指投资组合。如果连它们也赢不了，你的理财顾问又有多大机会做得到呢？假如你的顾问拥有奥运选手般的耐性，他可能会说：

> 指数基金跑不赢大市，只能为你带来一般的收入。既然我们有一群精英专才替你挑选最优质的基金，为何还甘于平庸？

假如一般的共同基金不涉及任何费用成本，销售人员所言不差。一只综合股票指数基金的回报将非常接近市场的平均水平。长远看，全球约半数的主动管理型基金可打败全球股市指数，约半数基金也会败于其下。但投资者要享受到这样的成果，就必须活在一个幻想世界中，在那里全球银行家、理财顾问及财务规划师都免费为你服务，而且他们的公司都必须是慈善基金会。

假如你的理财顾问比分时度假房产的销售人员还要厚脸皮，你可能会听到他说：

> 我可以给你介绍许多曾经打败指数基金的共同基金。我们只会替你买入最好的基金。

研究证实，根据不凡往绩挑选共同基金是天真幼稚的。晨星公司是共同基金评级机构，对表现优于对手基金及对应指数的共同基金给出五星评级，而以往业绩不怎么样的基金评分则可能低至一星。

据晨星公司的数据，从1999年至2009年，72%的投资者选择购买四星或五星评级的基金。这是理所当然的，无论是你自己挑选共同基金还是请顾问来做，很自然都会选择往绩优秀的。但讽刺的是，这是如同喝海水一样的“明智”之举。

晨星评级时刻变化，某一期间获评五星的基金很少能在之后的年头保持顶级评级。

蒂姆·考特尼（Tim Courtney）是美国理财规划公司“布恩斯顾问”（Burns Advisory）的投资总监。对于许多客户坚持让其挑选五星评级的主动管理型共同基金，他渐感厌烦。对截至2009年的10年间获晨星高评级的基金做回溯测试后，他发现这些基金在获五星评级后通常表现会变差，大多不但下滑至低于其基准指数，而且低于主动管理型共同基金的平均业绩。[22]

但是，假如你的顾问留意着晨星评级的变化，及时把你的资金从评级下滑的基金转移至新近攀升至五星高位的基金呢？这样的细致服务是不太可能的，也幸好如此，因为这实为下策。

《赫伯特金融摘要》是对其他财经简报上的基金业绩预测进行评级的投资简报。对1994—2004年获晨星五星评级的美国基金进行研究后，《赫伯特金融摘要》发现，假如投资者持续以五星评级为导向转移持有的共同基金，非最高评级的基金不要，那么10年后，其业绩会比综合股指低45.8个百分点。对于美国侨民来说，其应税的普通投资账户上赤字会更大。扣除税费后，晨星的顶级基金业绩比美国股市指数表现低64.2个百分点。[23]

往绩意义不大。连晨星公司研究部总监约翰·勒肯萨乐（John Rekenthaler）也承认这一点。在2000年《先锋》财经简报的秋季刊上，他表示："老实说，我也不认为你需要太在意晨星的评级。"[24]

所以，连晨星也无法洞悉基金的明日之星，你的理财顾问又有多大机会能做到呢？况且他们往往只会拿着基金的往绩来忽悠你。

这些预测之所以恼人是因为，在某一年排名前100的基金中，仅7%能在下一年留在榜内。图5.2中由指数基金顾问公司（IFA）提供的图表，显示了这令人震惊的现实。

假如销售人员不屈不挠，如足疣般顽固，他会接着如此回应道：

> 我是专业人士，有能力根据全球经济走势及热门基金经理的业绩替你及时转换投资不同基金，轻易能打败包含不同指数基金的投资组合。

可悲的是，许多投资者就此沦为其顾问过度自信的牺牲品。他们并非打造指数基金多元投资组合，而是买入许多主动管理型基金

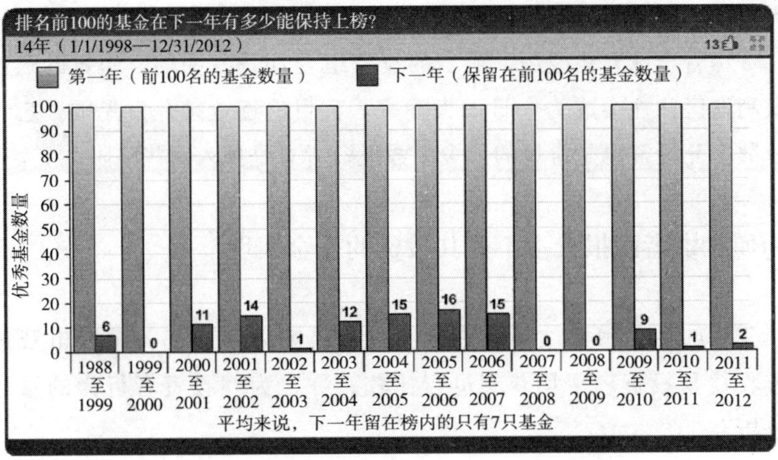

图 5.2　排名前 100 的基金在下一年有多少能保持上榜?

资料来源：2013 指数基金顾问公司（IFA）；晨星官网。经允许转载。

中的明日黄花——有时是往绩强劲的一系列共同基金，有时是集中买入来自近期大热地区的基金。结果往往是灾难性的。

旅居迪拜的英国人亚当·扎加尔（Adam Zargar）曾有过类似的体验，其委托的是莱斯基亚公司（Royal Skandia）的投资顾问。在2010 年 10 月 29 日，该顾问为其买入大幅倾向印度、泰国、中国等新兴市场的基金投资组合。如此一来便违反了投资界的黄金定律——多元化。把资产分散投入多个市场及资产类别可令投资更稳健。我们不该抱有赌徒心态，以为那些来自特定区域或资产类别（黄金、石油、大宗商品等）热可炙手的基金会因近期佳绩而继续火热下去。

但那正是大部分人的投资做法，亚当的顾问也不例外。在这位顾问为亚当挑选基金前的 12 个月，新兴市场的涨幅约为 25%。他所持的全球商品物料基金上升了 40%——在他替亚当买入该基金前。这位顾问看着“后视镜”来给客户挑选基金，没有做到多元分散投资。3 年后，亚当的投资组合完全坠入阴沟。[25]

当然，没有人可以每年持续获利。但在 2010 年（亚当构建投资组合）后的 3 年时间，英国股票市场涨了 43%，先锋全球股指（世界股票市场的平均指数）上升了32%，美国股票市场则跃升了61%。

尽管全球升势凌厉，亚当的投资组合却是亏损的。昨日的热门获利地区往往会成为今日的大输家。盲目追逐业绩是常见的，忘记分散多元投资也是常见的。大多数投资者总是掉入这些陷阱。

为何投资者回报大多不如其投资的基金表现

总部在美国芝加哥的达尔巴金融研究公司曾把美国股市及债市收益与投资者平均获利进行比较，称之为“投资者行为的量化分析”。

在1990年至2000年间，美国股市投资者的平均年收益率为3.83%。相比之下，美国股指的年涨幅为9.14%。见图5.3。

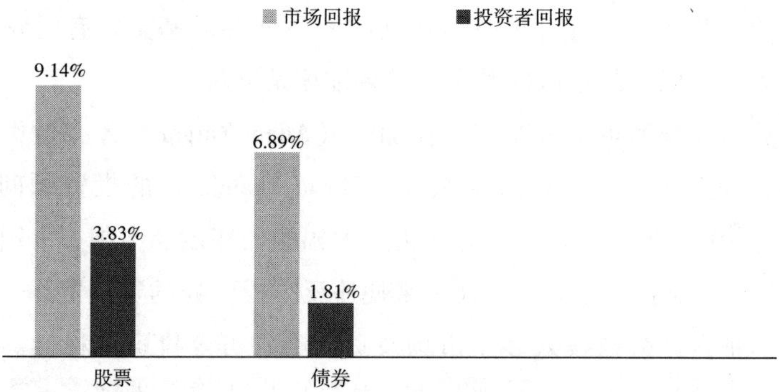

图5.3　1990—2010年美国股市及债市回报与投资者回报对比
资料来源：达尔巴集团。

债券市场也存在类似的收益差距。在同样的20年间，美国债市投资者平均年收益率为1.81%，而美国债市指数的年涨幅为6.89%。

像亚当·扎加尔的顾问那样，人们大多觉得投资到最近价格上扬的市场是对的，推测着这样的升势会持续至未来。但股市就如地震一样难以预料。当市场下挫，许多投资者会抛售股份或至少不再买入。如此屯着高价买入的资产，低价时又不及时入货，最终会变成高买低卖。

明智的投资者是不会如此愚笨的。意识到市场具随机性，他们会低价买入代表全球市场机会的投资产品。他们不管市况升跌，定期且多元化投资，不做投机买卖。持有全球性投资产品比预测未来容易得多（见图 5.4）。

一身行头，让你相信他可以预测未来。两者装扮不同，性质无异。

图 5.4　理财顾问无法预测未来

插图画家：乍得·克劳；经许可印刷。

下次理财顾问煽动你买入热门基金或投资某个热炒经济领域的时候，让他烧自己的钱，别拿你的资金作祭品。

如果你拿出证据驳斥理财顾问的豪言壮语，他们可能会惊慌起来。被逼到绝处，他们也许会说：

我们运用专业指引来判断哪一经济领域具发展前景。通过专业人士的力量，我们可以打败指数基金的表现。

政府养老基金及企业年金基金的管理者，多为全球财经界的顶尖才俊。我说的不是那些专坑侨民的可疑高价境外养老基金产品。政府养老基金和企业年金基金的管理费用非常低，只是一般理财顾问公司服务费的一小部分。然而，指数基金的费用更低。

大多数养老基金会按60/40的比例进行不同投资：60%投资股票，40%投资债券。咨询公司“未来指标”（Future Metrics）对1988—2005年美国192只大型企业年金基金做过研究，其中只有不到30%的基金在收益上能超过含60%标普500指数加40%中期企债指数的投资组合。[26]也就是说，每年只花不到一个小时的时间，投资到多元化的指数基金组合上，你可以打败70%的养老基金经理。

掌握了这些信息，你应该可以击退向你兜售低效投资产品的理财顾问了。作为侨民，你的未来取决于此。

但万一你的雇主仍被蒙在鼓里呢？这是许多外派侨民面临的问题。其雇主不懂得避免金融服务产品的陷阱而把一心盘剥自利的销售代表请进了自己公司。这些人往往会提供一些境外养老金（offshore pension，又译离岸养老金）投资计划。而这些产品非常昂贵，是一般费用的10倍以上；这些投资产品并不灵活，若在指定日期前提取资金，罚金相当重；而且，毫不意外的是，牵涉的佣金之高，足够让人过上苏丹王侯般的奢侈生活。

明智创新的企业如何避免其员工的利益被榨取？谷歌公司给我们做出了榜样。

2008年发表于《旧金山》杂志上的一篇文章中，马克·杜维（Mark Dowie）称，谷歌的进步性远远不止体现在万维网上：

2004年8月，谷歌准备在证券交易所上市。数百名年轻的谷歌员工将自动成为千万富翁。但高级副总裁乔纳森·罗森伯格（Jonathan Rosenberg）想保护员工利益免受华尔街那些经纪人及理财顾问的蚕食。公司创始人谢尔盖·布林（Sergey Brin）、拉里·佩奇（Larry Page）及 CEO 埃里克·施密特（Eric Schmidt）一致同意。

他们请来专家给员工宣讲，其中包括诺贝尔经济学奖得主比尔·夏普、富传奇色彩的普林斯顿大学经济学教授伯顿·麦基尔（Burton Malkiel），还有被《财富》杂志誉为20世纪四大投资巨人之一的约翰·博格。

所有这些专家都表达了同样的观点：当时不停向谷歌公司推销的金融服务机构代表目的只有一个——为自己和公司赚取费用及佣金。专家们都建议谷歌的员工别听信这些机构，而是投资低费用的指数基金组合。[27]

遗憾的是，少有全球性公司会教育员工如何正确选择投资产品。许多公司更是无意中送羊入虎口，使员工落入本该躲开的投资陷阱。与舌灿莲花的投资中介同眠共枕，后果不堪设想。

注释：

1. Fred Schwed, *Where Are the Customers' Yachts? Or, A Good Hard Look at Wall Street* (New York: John Wiley & Sons, 1995), 1.
2. Ajay Khorana, Henri Servaes, and Peter Tufano, "Mutual Fund Fees around the World," *Review of Financial Studies* 22, no. 3 (Oxford University Press, 2008). Accessed May 4, 2014. http://faculty.london.edu/hservaes/rfs2009.pdf.
3. "Actively Cheated," *The Economist*, July 13, 2002. Accessed May 5, 2014. www.economist.com/node/1224513.
4. "S&P Indices Research and Design Year End 2010," Standard & Poor's Indices versus Active Funds Scorecard (SPIVA Canada). Accessed May 5, 2014. www.spindices.com/documents/spiva/spiva-canada-year-end-2010.pdf.
5. Maya Fisher-French, "The ETF vs Unit Trust Debate," M&G Online. Accessed May 5, 2014. http://mg.co.za/article/2010-06-03-the-etf-vs-unit-trust-debate.
6. S&P Indices versus Active Funds Scorecard (SPIVA Australia). Accessed May 5, 2014. www.spindices.com/documents/spiva/spiva-australia-mid-year-2012.pdf.
7. Burton G. Malkiel, *A Random Walk Down Wall Street: The Time-Tested Strategy for Successful Investing*, 11th ed. (New York: W.W. Norton, 2012), 399.
8. Mark Hulbert, "The Index Funds Win Again," *New York Times*, February 21, 2009. Accessed May 5, 2014. www.nytimes.com/2009/02/22/your-money/stocks-and-bonds/22stra.html.

9. Richard A. Ferri and Alex C. Benke, "A Case for Index Fund Portfolios." Accessed May 5, 2014. www.rickferri.com/WhitePaper.pdf.
10. Warren E. Buffett, "Chairman's Letter—1996." Accessed May 5, 2014.www.berkshirehathaway.com/letters/1996.html.
11. "Berkshire Hathaway Inc., 2006 Annual Report," Berkshirehathaway.com. Accessed May 5, 2014. www.berkshirehathaway.com/2006ar/2006ar.pdf.
12. William F. Sharpe, "The Arithmetic of Active Management," *Financial Analysts Journal* 47, no. 1 (January/February 1991): 7–9. Accessed May 4, 2014. www.stanford.edu/~wfsharpe/art/active/active.htm.
13. Warren Buffett and Janet Lowe, *Warren Buffett Speaks: Wit and Wisdom from the World's Greatest Investor* (Hoboken, NJ: John Wiley & Sons, 2007), 151.
14. Jason Zweig, "The Man Who Explained It All," CNNMoney, July 6, 2007. Accessed May 5, 2014. http://money.cnn.com/2007/05/21/pf/sharpe.moneymag/index.htm?postversion=2007070616.
15. "Spiegel Interview with Daniel Kahneman: Debunking the Myth of Intuition," Spiegel Online. Accessed May 5, 2014. www.spiegel.de/international/zeitgeist/interview-with-daniel-kahneman-on-the-pitfalls-of-intuition-and-memory-a-834407-2.html.
16. Peter Tanous, "An Interview with Merton Miller," Index Fund Advisors, February 1, 1997. Accessed May 5, 2014. www.ifa.com/Articles/An_Interview_with_Merton_Miller.aspx.
17. *Passive Investing: The Evidence the Fund Management Industry Would Prefer You Not See* (documentary), Sensible Investing. Accessed May 5, 2014. www.sensibleinvesting.tv/ViewAll.aspx?id=8B9BC346-E853-475D-9050-889E41CE0289.
18. Andrew Hallam, *Millionaire Teacher: The Nine Rules of Wealth You Should Have Learned in School* (Singapore: John Wiley & Sons (Asia), 2011), 126.
19. Alex Crippen, "Buffett Has Big Lead in Bet against Hedge Funds," CNBC.com, February 6, 2014. Accessed May 5, 2014. www.cnbc.com/id/101394085.
20. Simon Lack, *The Hedge Fund Mirage: The Illusion of Big Money and Why It's Too Good to Be True* (Hoboken, NJ: John Wiley & Sons, 2012), 175.
21. "HFRX Indices," HFRX Hedge Fund Indices, HFRX Global Hedge Fund Index. Accessed May 5, 2014. https://www.hedgefundresearch.com/hfrx_reg/index.php?fuse=login&hi.
22. Sam Mamudi, "Five-Star Mutual Funds Don't Live Up to Their Past," MarketWatch, May 28, 2010. Accessed May 5, 2014. www.marketwatch.com/story/five-star-mutual-funds-dont-live-up-to-their-past-2010-05-28.
23. John C. Bogle, *Don't Count on It!: Reflections on Investment Illusions, Capitalism, "Mutual" Funds, Indexing, Entrepreneurship, Idealism, and Heroes* (Hoboken, NJ: John Wiley & Sons, 2011), 382.
24. "An Interview with Morningstar Research Director John Rekenthaler," *In the Vanguard*, Fall 2000. Accessed May 5, 2014. www.vanguard.com/pdf/itvautumn2000.pdf.
25. Interview with Adam Zargar. E-mail interview by author, June 14, 2013.

26. Larry E. Swedroe, *The Quest for Alpha: The Holy Grail of Investing* (Hoboken, NJ: John Wiley & Sons, 2011), 134.
27. Mark Dowie, "The Best Investment Advice You'll Never Get," *Modern Luxury/San Francisco*, January 18, 2008. Accessed May 5, 2014. www.modernluxury.com/san-francisco/story/the-best-investment-advice-youll-never-get.

第六章　别与油嘴滑舌的推销员共枕

投资主动管理型基金就像沿下行的自动扶梯逆行而上，抗衡的不止地心引力。而许多侨民在面对这一艰巨挑战的同时，还背负着40千克重的大背囊。投资产品销售人员向他们推销蚕食资金的境外养老金投资计划，也就是所谓的“投资连结寿险”（Investment-Linked Assurance Schemes，简称ILAS）。假如你旅居海外，你或你认识的人很可能已掉入这些产品的圈套。

推销这类产品的顾问承诺你可得到免税高回报。美国人通常不是受惠者，因为他们必须向美国国税局申报在全球所得收入。对他们来说，“免税”这一销售噱头让人想起艾尔·卡彭（Al Capone）——这位美国著名黑帮分子被关进恶魔岛监狱，罪名并非走私或谋杀，仅仅是因为逃税。

来自欧洲、加拿大、澳大利亚、新西兰、亚洲、南美、非洲的旅居侨民，则是油腔滑调的金融骗子眼中的香饽饽。假如他们居住的国家不要求其申报国外投资收入（请向你的税务会计师查询），许多侨民便可合法投资无须缴纳利得税的境外金融产品。然而，许多人没有意识到，要享受这样的好处，除了购买高昂且不灵活的境外养老金产品外，其实还有别的选择。

理财顾问通过销售这类养老金产品赚取天价佣金，投资者上当受骗还全然不知。

这类投资通常是主动管理型共同基金加保险成分的组合。一般来说，无论是所谓的投资还是其中的保险，都不值其价。

老实说，推销境外养老金产品的顾问不一定都了解其总费用。当你提及费用问题，他们也许要翻查基金的宣传册子，然后告诉你费率是 1.5%或更低。或者，他们会信口宣称费用低廉，根本不清楚背后隐藏的真实洗劫。境外养老金产品的年费率一般为 4%或以上。

正如美国作家厄普顿・辛克莱（Upton Sinclair）曾说的："一个人若因不明某内情而获得收入，那么他就不会想去了解这个内情。"许多理财顾问在推销苏黎世国际（Zurich International）、友诚（Friends Provident）、忠利国际（Generali International）、英杰华（Aviva）和莱斯基亚等公司的境外养老金产品，而没有意识到他们的客户通常承担了 3 层费用：管理年费、基金费用、隐藏的共同基金管理费。

驻泰国曼谷的特许金融分析师（CFA）和注册理财规划师（CFP）佩吉・科拉弗菱（Peggy Creveling）表示，这类产品承诺动听，但收益微薄。

"在你答应购买后，销售资料上没有注明的条件会渐渐浮现。你的投资被多层扣费，收益大大减低，每年可能少获利 30%~40%。"[1]

他所言不假，实际情况甚至更糟糕。假如未来 10 年，全球股市表现令投资者失望，年收益率仅为 4%，许多境外养老金投资者在支付 4%的费用后根本毫无收益可言。

这是基于斯坦福大学论文《主动管理的算术》的主旨而推论的。该论文的作者，诺贝尔经济学奖得主威廉・夏普指出，一般主动管理型基金的收益低于大市回报，差额与投资机构收取的费用成正比。[2]

投资者完全没必要支付 4%的年费率。大部分侨民投资者可以投资指数基金组合，而年费率最低仅为 0.2%。4%和 0.2%两个费率之差为 3.8 个百分点。这差距有那么重要吗？这就取决于你希望退休后吃鱼子酱还是猫粮了。

指数基金投资组合与境外养老金（ILAS）投资产品之间存在3.8%的年收益差意味着，15年后，指数基金的投资者会多获利39%，20年后多获利57%，25年后多获利79%，30年后多获利105%，35年后多获利137%，见表6.1。在海外侨民的整个投资生涯中，这一收益差额会超过100万美元、100万英镑或100万欧元，并非小数目。

表6.1　若全球股市及债市年收益率平均为9%，1万美元投资的回报对比

投资期限	指数基金组合费用后平均收益率为8.8%	境外养老金产品费用后平均收益率为5%	每年少付3.8%的费用可多获利
15年	314 470美元	226 574美元	39%
20年	544 283美元	347 192美元	57%
25年	894 646美元	501 134美元	79%
30年	1 428 797美元	697 607美元	105%
35年	2 243 141美元	948 363美元	137%

细看暴利

国际金融理财师托尼·诺托（Tony Noto）曾在一家向外籍侨民销售境外养老金产品的公司工作。越是深入了解这些产品，他越觉可疑。细致分析过这些产品，他两周后便辞职，之后自立门户，转而为客户投资指数基金组合。

“这些境外养老金产品之所以热销，是因为其诱人的前端佣金，往往等于投资者参与计划头一年的供款总数。那些说服你投资25年每年投入15 000美元的销售人员，在你签约后随即可从保险公司得到约15 000美元的前端佣金。毫无疑问，为此埋单的正是投资者本人。”[3]

2013年9月，本杰明·罗伯逊（Benjamin Robertson）在《南华早报》上撰文《投资连结保险计划，粗心投资者的陷阱》，揭露了金融经纪人收取佣金的情况。经纪人若成功游说客户签下每月供款1 000美元（每年12 000美元）的20年期保单，前端佣金可达10 800美元，由这位经纪人及其雇主瓜分。

25年期的保单佣金则更高。可按一个公式计算：保单年数×12（一年月份数）×每月供款数×4.2%。25年期每月供款1 000美元的保单可为经纪人带来12 600美元的佣金。[4]

意识到眼前的是大奖彩票，许多为外籍侨民理财的顾问就只推销这类产品。在锤子的眼中，一切都像钉子。结果，这些昂贵而不灵活的投资产品就在全球侨民中瘟疫般蔓延。

成功理财顾问的十大习惯……真的吗？

曾为外籍侨民担任理财顾问的弗兰克·弗内斯（Frank Furness）为业内人士制作了一系列培训视频。其中一个视频名为“成功理财顾问的十大习惯”。这里面没有一项是与投资者福祉有关的。相反，视频列出的是向外籍人士提供理财顾问服务并从中赚取数以百万美元佣金的策略。如弗内斯所说：“对我来说，这是全世界最好的工作。跟客户会面，喝他们的咖啡，吃他们的蛋糕，走的时候口袋还添上5 000美元，还有哪里能这样？没别的行业可以。”[5]

与汽车推销员十分相似的是，他们许多是以谈成多少保单来衡量业绩的。在视频中，弗内斯采访了在新加坡理财公司“国际金融服务”（International Financial Services）任职的斯蒂夫·杨（Steve Young），此人被形容为区内顶级理财顾问——“业内真正猛虎”之一。他说，团队会把潜在客户带来他面前，“让我来做我擅长的，也就是说服客户签单完成交易”。

杨还补充道：“要是能把文书工作都交由手下做就好了，我就只想坐收客户支票。”他的销售业绩彪炳，曾一个月签下198名新客户，据称因而创下世界纪录。弗内斯在采访视频的末尾对镜头总结道：“如果你生活在亚洲，特别是在新加坡，而希望得到顶级高手的顾问意见，何不联系斯蒂夫?"[6]遗憾的是，“顶级”销售顾问不一定就是客户的最佳顾问。

当你的顾问是销售突击队员

2014 年 4 月，网络刊物《国际顾问》引述了道格·塔克（Doug Tucker）的新书《销售突击队：释放您的潜力》（*Sales Commando: Unleash Your Potential*）的内容。塔克曾是境外养老金产品销售人员，他表示，要发展客户，“你必须采用正面攻击的模式。这意味着大规模行动。要做到这一点，你需要制定策略和攻击计划，还要坚信自己会赢”。

塔克向顾问们建议，在潜在客户对产品提出异议之前，“想象每一质疑就像从客户嘴里跳出的小怪兽。对它稍加留神，便是向其提供能量，因为这小怪兽最爱别人鼓励关注，你越给它存在感，它越是茁壮成长”。[7]

丰厚的前端佣金诱使人们采用这类咄咄逼人的“胜者全取”策略。在某些情况下，理财顾问会游说客户投资高于其承受能力的产品。汇丰银行前职员薛伟龙（音译）就是如此。他曾说服相对低收入的客户投资每月供款额极高的产品。幸而他被发现了，中国香港的监管机构对其做出判罚，吊销其金融产品销售资格 3 年。[8]

引鲨入池

外籍侨民的雇主机构甚少了解境外养老金的运作模式，但许多雇主随便就把鲨鱼请进了公司的海豹池中。新加坡的美国人学校校监奇普·金博尔（Chip Kimball）说：“许多国际学校没有任何形式的监管，对于销售人员在校园里推销金融产品少有甚至没有审批或监督程序。”一些学校接受费用高昂且不灵活的境外养老金产品供应商，并鼓励员工购买。“这是危险的，”金博尔补充道，“高费用、高佣金买来差劲的产品，这令教师们损失惨重。”[9]国际学校的外籍教师们不是唯一面对这类风险的侨民。

过程往往是这样开始的，券商经纪人会瞄准机会打入职场推销。他们几乎一致声称产品费用低廉且透明。常见销售境外养老金产品的券商包括德维尔集团（deVere Group）、蒙彼利埃财务顾问公司（Montpelier Financial Consultants）、奥茂咨询公司（Austen Morris Associates）、全球眼财务规划公司（Globaleye Financial Planning）、亨励投资咨询集团（Henley Group）、金边国际金融服务公司（Gilt Edge International）、瓦里克·曼国际金融顾问公司（Warrick Mann International）、亚历山大·比得集团（Alexander Beard Group），SCI 集团有限公司（SCI Group Ltd.）及硕富麟集团（Sovereign Group）。

推销经纪人会说服目标机构的管理层向员工推荐其金融产品，从而获得现成的客户群。这样的经纪人其实是境外养老金产品供应商的中介，而这些供应商的总部大多设立在英国海峡群岛、卢森堡或马恩岛。

一些常见的养老金产品供应商包括苏黎世国际、友诚、忠利国际、英杰华和莱斯基亚。举例来说，当德维尔集团的顾问成功推销一份友诚养老金产品，他便可以从友诚保险公司获得相应的前端佣金。

为弥补该佣金支出，友诚必须尽量长期拴住投资者的资金。这样做可使公司随时间推移从客户费用中获利更多。随着投资者投入更多资金，公司收取的费用也不断增加。当投资者意识到费用庞大时，他们已陷入进退两难的困局。提前赎回的话，罚金可能是投资者总收益的 80%或以上。

乔恩·威廉姆斯（Jon Williams）是一名英国人，曾在迪拜从事 IT 工作，他解释这些境外养老金是如何潜入职场机构的。“我的一个朋友把我的联系资料给了一个在‘专业投资顾问’（Professional Investment Consultants）公司工作的理财顾问。那是德维尔集团的子公司。”乔恩在自己家里和这位销售代表见面。“我希望他给我一份费用细目表，”乔恩说道，“那位顾问答应第二天发给我。”

但有交换条件，他要求乔恩把 10 名朋友或同事的名字及联系方式给他。“我好像着了魔一样就按他说的做了。”第二天，乔恩收到了费用明细，在输入具体数据计算后，他被最终的费用吓到了。“我没买那产品，即便那位销售代表说要给我绝无仅有的特别优惠——需要马上签单才能得到的优惠。”无论是购买金融产品还是分时度假房产，但凡听到“限时一次性优惠”，你就该警觉起来。乔恩也尝试阻止这位顾问联系他的朋友。“我有幸得以逃脱，但我的许多朋友没那么幸运。”[10]

投资者受误导而付出代价

高佣金产品往往诱使理财顾问隐瞒真相。销售境外养老金产品的人员应向客户清楚说明提前赎回的解约罚金。但遗憾的是，他们往往没那么做。

印度人阿拉·饶（Alla Rao）在阿布达比工作的时候遇到一位中介向其推销苏黎世国际一款“远景境外养老金”产品。他解释道：“那位顾问死缠着我，给我看各种图表，显示投资回报巨大，最终我买了。对于提前赎回的实际解约罚金他只字不提。他告诉我，这份苏黎世国际的保单是随时可以卖出的，解约费用最多是 1%或 2%。买入并持有这份养老金计划的 4 年半时间里，尽管全球股市上涨（升幅为 40%），我的投资却下跌了 10%。后来我才知道，卖出保单的解约罚金是已投资资金的 33%。那位顾问向我推销时绝对没提这样的费用。”[11]

加拿大投资者的受榨个案

不止阿拉·饶遇到这样的情况。史蒂夫·巴彻勒（Steve Batchelor）在 2007 年移居海外时对境外养老金产品也毫无认识。这位39岁的加拿大人知道自己在中国北京工作时是不能向加拿大退休金计划供款的，所以对投资私人养老金产品很感兴趣。

其雇主也推波助澜，但不是给员工提供有关正确投资及相关费用方面的教育，而是把一些如饥似渴的境外养老金产品推销员请进了公司。“我们得知，”史蒂夫说道，“假如员工投资其中的养老金公司，雇主会提供一定比例的供款赞助。”

史蒂夫迎来了友诚养老金产品的销售代表。他向史蒂夫描述该计划的福利，说10年后就可以获“长期客户奖赏”。他还告诉史蒂夫，可转换投资的基金而无须缴纳额外费用，这些资金将在境外不断增值，且免缴利得税。

理财顾问对所售养老金产品内部运作的解释令史蒂夫感到很迷惑：这里一个比例的扣费，那里另一个比例的扣费，这儿减免费用，那儿获得奖赏。看起来一片混乱，但史蒂夫听信了那位顾问。“我当初真的为这个投资感到自豪，”他说道，“那时候我能像现在这么了解内情就好了。”[12]

史蒂夫的资金被投入主动管理型共同基金，每年平均费用为1.97%。不但基金的费用高昂，而且他在前面18个月投入的资金须持续25年按高费率缴纳费用。

史蒂夫在开始的一年半投资了9 266美元。他投资的“友诚尊享高级计划”在头18个月收取费率为7.2%的年费，还需另加费率为1.97%的外部共同基金费用。结果，在起初的一年半时间里，他付出的投资年费率是惊人的9.17%。[13]即使这段时间其投资年化收益率达9%，史蒂夫还是会亏钱。

合同里写明，友诚将在18个月后把史蒂夫的投资年费减低6个百分点。但最初投入的9 266美元在25年的投资期内将一直按9.17%来计算年费。假如史蒂夫在前18个月投入的这些资金持续25年获得9.17%的年化收益（费用前），那么投资回报与成本打平。他这最初的9 266美元成了企业吸血鬼的血液源泉。

有人给慈善事业捐款，也有人把财富馈赠家人。极少人甘愿把金融企业列为自己的捐赠对象。

你需要止血贴吗?

第10年后，友诚会对史蒂夫的投资给予每年0.5%的长期客户奖赏。但那是给滴血伤口贴上的小止血贴。头18个月后，史蒂夫的投资总年费率是这奖赏的6倍。而前18个月投入的资金年费率还将继续维持在9%以上，那是友诚在10年后提供的“0.5%奖赏”的18倍还多。

投资者若购入年费率仅为0.2%的指数基金投资组合（我将教你如何做到），同样的25年后很可能会比史蒂夫获得更大收益。有别于史蒂夫的情况，他们可以随时灵活出售投资而不涉及任何罚金。而且，只要侨民投资者的原国或居住国不对其境外收入征税，他们就无须缴纳资本利得税。我将在后面的章节对此再做解释。

身故保险金幻术大师

然而，境外养老金产品的推销员或会以“身故保险金”做招徕，往往又是一番花言巧语。这是史蒂夫听到的：

> 在保单生效期间，当被保人身故（保单被保人不止一人时，当最后生存被保人身故），受益人可获得该保险计划的101%退保金。

保单随附的资料对此没有任何解释。所以我有个疑惑：这意思是说，身故者除了保单上投资组合的实际价值，还另得101%的红利吗?

我分别向正在销售友诚养老金产品的4位顾问致电查询，只有一人勉强尝试给我解释保单的内容。他说，假如保单持有人（投资者）身故，其继承人将接收账户上的收益，或者当账户价值低于投入的资金时，生存受益人（保单上指定的配偶、兄弟姐妹等）将获得等于身故者已投入资金的101%收益。

操纵数字是一门艺术。合同上声称受益人将收到“101%的退保金”，但仔细想想，假如我借给你5美元，你还我5美元，那就是还了当初借款的100%。友诚给出101%的“退保金”，实际就是在退还投资金额的基础上多给了1个百分点：不是每年1%，而是总值的1%。而且没有就通胀上调金额。假如年均通胀率为3.5%，10年后，万一投保人身故而其投资组合价值低于所投入资金，保单上的这一承诺等于让投保人蒙受超过40%的实际损失（含通胀因素）。

免费转换基金并非福利

销售代表也宣称，客户若对投资的基金表现不满意可以免费转换到别的基金上。转购其他基金的成本被称为“销售费用”（sales loads，又译申购手续费）。彭博社在2012年登载的文章《给共同基金的最糟交易算账》（*The Worst Deal in Mutual Funds Faces a Reckoning*）中，本·斯蒂夫曼（Ben Steverman）写道：“为巨额销售费用埋单的是那些最穷和最不精明的投资者。”[14]只有天真的投资者才会相信有免费转换基金这等好事。想躲过销售费用就跟跨越3米宽的沟渠那么难。

这些费用甚至已被澳大利亚及英国禁止收取。[15]

但是，一心牟取佣金的销售代表不单瞄着外籍侨民的职场觅食，他们有些人会为扩大客户群不择手段。冰岛人劳伦斯·格雷厄姆（Lawrence Graham）在旅居海外三四个月后收到奥茂咨询公司一位销售代表的电话推销。

“我不知道他是怎么找到我的电话号码的，”格雷厄姆说道，“那位销售代表给我解释未来几十年的预期回报，听起来都挺不错的——头几年的预期回报较低，但到后期收益会呈指数增长，因为那时已投入较大量资金。但是有很多东西他们没有告诉我，我完全不知道费用会蚕食多少利润。我在前 18 个月投入的资金必须由那家公司代管 30 年。若提前提取就必须支付沉重罚金。在我签字购买前，他们根本没有告诉我这一点。”[16]

从大众身上搜刮百万暴利

既然金融经纪人能通过这类产品获取巨额佣金，其销售热潮是不太可能在一时三刻内减弱的。英国广播公司的电视时事节目《广角镜》曾对境外养老金产品的最大销售商德维尔集团做过调查，发现该公司的顶级销售经纪人在 2010 年的头 3 个月平均赚到 22 万英镑，最厉害的经纪人年收入有望超过百万英镑。

彭妮·哈斯拉姆（Penny Haslam）在《广角镜》的特备纪录片《谁动了我的养老金?》中报道了这样的调查结果。向养老金产品供应商收集费用数据后，她揭露了在英国最昂贵的退休金。

假如投资者在40 年内供款12 万英镑，费用计算如下：法通保险（Legal and General）的“共同基金投资组合养老金”通过费用吸掉61 000 英镑，英国合作银行（Co-operative Bank）的“个人养老金”会扣掉95 900 英镑费用，而汇丰的“全球精选个人养老金”总费用则为99 900 英镑。[17]

该纪录片在计算费用时包括了管理费用，但未包括养老金产品本身所含主动管理型基金的费用。把这个也算上的话，总扣费将翻倍，堪比境外养老金的费用成本。

数字游戏忽悠大众

虽然境外养老金产品供应商各有微妙差异，大部分都以承诺“长期客户奖赏”作饵引诱投资者，但那只是一道烟幕障眼术。

为演示个中原理，我将虚构一个比境外养老金产品提供的任何奖赏高得多的红利平台，看起来非常丰厚，但别上当。

> “哈勒姆境外养老金”承诺为你的无上限投资提供50%的奖赏。假如你每年投资1万美元，我们会给你添上50%，令你每年的投资资产增至15 000美元。
>
> 管理年费仅为1.5%，而且每年坐收50%的红利，你怎么可能亏钱？

在这个虚构的情境中，我没有算上主动管理型基金的费用。假如外加这些基金的年费用，即2%，该账户每年的总费用将增至3.5%（1.5%的管理费加上2%的共同基金费用）。

但是，那50%的红利貌似比这相对低的3.5%年费要强吧？真的如此？

注意，没有任何境外养老金公司会提供50%的年度奖赏。即使有，投资者依然吃亏。以数字游戏欺诈蒙骗是一门艺术。相比之下，不提供奖赏而年费率仅为0.2%的投资组合，其回报大得多。

表6.2是上述虚构奖赏养老金和某指数基金投资组合的对比。

表6.2　奖赏不抵费用（投资者每年投入1万美元）

	带50%奖赏的虚构境外养老金	低费用的指数基金投资组合
客户每年投资金额	10 000美元	10 000美元
每年投资金额可得奖赏	50%	0
加上奖赏后的年度投资总额	15 000美元	10 000美元
假设全球市场平均回报率	10%	10%
投资组合总年费率	3.5%	0.2%
扣除费用后的年化收益率	6.5%	9.8%
30年后该投资组合的总价值	1 379 838美元	1 739 129美元

没有任何境外养老金产品供应商为无上限投资账户提供每年50%的奖赏。即使有，投资者依然可能少赚数十万美元。

监管者正发力作为

“奖赏”或“费用减免”这类诱人的推销字眼已引起中国香港金融管理局的关注。2011 年 3 月，香港金融管理局银行操守部总裁戴敏娜向香港的投资连结寿险产品销售商发出一份备忘录。境外养老金产品的相关投诉已令监管者着手制定法规监管这些产品。

尽管如此，对于所涉费用、奖赏、承诺的解释还是五花八门。结果，监管法规难以起效。[18]

中国香港金融管理局制定的限令如下：

> 关于使用礼品或承诺日后减免费用：
>
> 为避免分散客户对投资连结寿险（境外养老金）产品性质及风险的注意力，认可机构（authorized institutions）不应提供财务优惠或其他激励手段（例如礼品）推销此类产品。费用折扣、为品牌推广而提供任何礼品、关系拓展或其他目的……

奖赏及费用减免优惠可能令客户忽略残酷的费用实情。然而，销售代表没有明说的或许比已经明示的危害更大。

> 锁定期
>
> 认可机构应披露并解释投资连结寿险（境外养老金）产品规定必须持有一段中/长时期，提前断保可能需要缴纳沉重的罚金，这些机构还应明示罚金的水平。

我在自己的博客上（www. andrewhallam. com）分析境外养老金产品的内部运作机制时，数以百计投资该类产品的人士留言称，之前没有人跟他们解释过在保单期满前出售投资可能产生的罚金。对此信息不做披露也许有助销售代表们成功哄得客户签单，但需要提前赎回投资款项的一众投资者则因而受损。

费用

费用——认可机构应披露并解释产品本身以及内含投资资产上的各层收费，并告知客户，由于收取的费用，该投资连结寿险（境外养老金）产品的整体收益或将低于所含投资的回报。

许多销售代表没有提及总费用：投资组合的管理费用加上基金本身的费用等隐藏成本。许多推销员只告诉客户费率为1.5%，但实际的年费率通常超过3.5%。有谁敢向投资者透露，长期下来这3.5%的年费率会怎样拖累投资回报？尽管中国香港的监管机构发布了上述限制，但似乎未得以全面执行。

会哭闹的投资者能赎回资金？

虽然这类高佣金投资产品的不当销售行为不大可能消退，但会哭闹的投资者偶尔能引来关注。

2010年10月24日，24岁的曾秀明（Sau Ming，音译，朋友们叫她“迪安”）通过康宏证券投资服务有限公司（Convoy Investment Services）投资。

康宏的理财顾问向她出售苏黎世国际的远景境外养老金产品，内含一份附带高费用投资平台的保单。她本来坚持不买那份保单，但这位顾问劝服了她，还建议她把年薪126 000港元的28.6%用于投资。

在最初的18个月，她投资了54 000港元，到了2013年年中，她的投资总额达93 000港元。在那段期间，美国股市上涨了50%；全球股市平均升幅为25%。但因为沉重的管理费、高额基金费用及错误选择基金，迪安的投资收益率不足1%。

由于不满自己投资账户的表现，加上意识到所支付的费用高昂，她有意出售其投资保单，于是就此查询。虽然对账单上显示其账户总值为93 500港元，苏黎世国际却只能给她支付43 000港元，其余的 50 500 港元将作为提前赎回投资的罚金而被扣除。

满心懊恼的她联系了梁颂燕（Leung Chung-yan，音译），后者曾通过媒体成功为自己的境外养老金投资维权。[19]

虽然在梁的个案中，涉及的投资机构没有向其道歉并承认过失，但她最终得到了全额退款。

这一退款先例令许多人怀抱希望，包括迪安。

另一创下先例的投资者是旅居西班牙阿利坎特附近的一位 59 岁的英国人。他在 2010 年 6 月购买了德维尔集团提供的境外养老金产品，却发现自己的存款转眼从 89 000 英镑骤减至仅剩 2 万英镑。他想提取账户剩下的资金，但被德维尔集团告知，在扣除费用后他只能拿到 11 000 英镑。愤怒的他在英国理财博客网站“This Is Money”上披露了这一投资经历。媒体压力令德维尔集团让步，最终向他全额退回 89 000 英镑。[20]

假如投资者不能取回所失

这是许多遭遇同样困境的投资者会问的。他们该赎回投资（承受重击）还是继续向计划供款并接受高费用的盘剥？

许多投资者会在保单到期前提前卖出基金，自愿挨拳。他们认为，这样做可把剩下的资金投资到低成本平台，收益还是可以赶超的。

我们用迪安的情况为例。她的保单费用结构特别混乱，总年费率（包括基金本身的费率）大概为 3.8%。

假如全球市场回报率为 9%，只要她的理财顾问能明智配置基金，她大概可以得到 5.2% 的收益率。也就是说，她最初投入的 93 500 港元加上之后 22 年每年投入的 35 280 港元将增至 1 748 608 港元。

但提前卖出保单也许是个更好的选择。假如她支付 50 500 港元的解约罚金，她可以取回余下的 43 000 港元。如果她转投年费率为

0.2%的产品，当全球市场回报率为9%时，她投入的那43 000港元将可获得每年8.8%的收益率。每年供款35 280港元，22年下来，账户总值可增至2 622 854港元，见表6.3。

表6.3　迪安提前断保是否明智？

	迪安支付赎回费并重新投资剩余的资金	迪安维持高费用的投资现状
投资价值	43 000港元（扣除赎回罚金后所剩资金）	93 500港元
每年供款额	35 280港元	35 280港元
预计扣除费用后的年收益率	8.8%	5.2%
22年后投资组合的价值	2 628 190港元	1 748 608港元

虽然提前断保须支付50 500港元的解约罚金，她可以把剩下的资金投入费用较低的投资产品，而结果还比原本的投资多获利将近100万港元。

如果你为自己的境外养老金产品投资困境踌躇不安，利用如www.moneychimp.com上的复利计算器来好好算一下账。先弄清楚全部费用包含些什么，还有哪些可享受的红利奖赏。有些资金是可以免费提取的，所以问清楚你的理财顾问，赎回费用有哪些是可以减免的。之后，你就得考虑是继续投资这份保单，还是提前断保赎回资金，或者在保单允许的情况下通过减低新增供款额（或不再供款）来止损。

当高费用遇上神枪手

遗憾的是，高费用并非境外养老金产品的唯一问题。许多销售这类产品的理财顾问在打造投资组合时未能做到多元化配置。分散投资更有保障。把太多鸡蛋投入同一篮子使风险大增，当篮子倾覆（所有篮子总会在某个时刻如此），里面的投资组合便全部坠地碎裂。

境外养老金产品的销售人员大多并非注册理财规划师。这一资格确保理财顾问训练有素，能为客户分散投资在多个资产类别及地域的产品上。许多境外养老金产品销售人员拥有的是其他资格头衔，都是3个字母缩写的，听起来特别厉害，但实际上这些资格用不到3周时间就可以到手。

前经纪人肖恩·王（Shawn Wong）表示：

> 想销售投资连结寿险产品的人无须经过任何严格的财经专业训练。我曾就职的公司通常销售友诚、苏黎世国际及标准人寿的产品，因为这些公司提供高佣金而且准入要求低。高中毕业生花上几周时间就可以考过指定的执业资格考试。这些考试不难，考点甚少在于如何配置投资组合及运用再平衡手段分散投资。不出所料地，许多客户的投资组合配置不够多元化。销售人员把重心放在了销售及佣金的问题上，负责任地构建投资组合沦为次要考虑。[21]

通过注册理财规划师进行投资，则不大可能因缺乏多元配置而蒙受损失。但CFP也非圣人，拥有这一资格的顾问也可能因追逐丰厚佣金而把你的资金推入境外养老金产品的陷阱。然而，CFP更可能为客户分散投资在全球股市及债市，而不是把一切押注在小范围内。

遗产遭掠夺

西班牙人米格尔·德尔加多（Miguel Delgado，化名）不幸地请了这么一位孤注一掷的理财顾问。米格尔任教于越南一家国际学校，他通过SCI集团的一位理财顾问投资了25万欧元。

米格尔母亲刚刚去世，这笔资金是母亲留给他的遗产，他希望能用于保守投资。已经失去了母亲，要是连她的血汗钱也亏掉，那是他无法承受的。遗憾的是，那位顾问说服了他把整笔遗产加上他和妻子的5万欧元存款投资到PDL公司的“国际人士保护资产TEP基金”（简称PATF）中。不做分散投资就像撑剪刀跳高一样。《你的投资经纪人欠你钱?》（*Does Your Broker Owe You Money?*）的作者丹尼尔·索林（Daniel R. Solin）说过，经纪没有充分为客户分散投资，这足以成为一场官司的诉讼缘由。[22]

米格尔的顾问称，那是一份基金养老保险计划，并承诺投资面广、波动性低、回报稳定。问题是，米格尔不知道何谓养老保险。这位顾问天花乱坠游说一番后，米格尔完全被其甜言蜜语打动，不知不觉地把这场悲剧推向更深的深渊。“我还说服了哥哥把他那份遗产也投资进来。”

按销售人员的说法，这一投资应该比一般的股市基金稳健，就算股市下跌，收益也不会减少。这一点对米格尔来说极具吸引力。母亲留下的遗产是神圣的，他不想亏掉这笔钱。

但在2008年，其投资崩盘，12个月内下跌了35%。美国是那场金融危机的催化剂，但就连美国股市也没下跌那么多。换成欧元计算，美国股市下跌了约30%，而且随后便回升，到了2014年，美国股市已比金融危机前的水平高50%。[23]

遗憾的是，PDL公司的PATF却没有此番业绩。截至2014年1月，该基金还未完全收复2008年以来的失地。[24]

米格尔解释：“这基金开始回升时我们就卖掉了，这本应保守稳健的基金令我们损失了8万欧元。”但他说总算吃一堑长一智，“虽然推销员的花言巧语让你以为有些高回报是没有风险的，但这是不可能的。重要的是对自己所投资的产品要有全面了解”。

史蒂夫·巴彻勒，我之前介绍过的那位旅居中国的加拿大人，也是因为投资不够多元而蒙受损失。他通过一家公司购入友诚的境外养老金产品。

史蒂夫从2007年年末开始其境外养老金产品投资。该计划不涉及投资美国股市或欧洲股市，也没有投资于债券市场。史蒂夫的这种投资组合就像玩攀岩的人不系安全绳索——也许很刺激，但极不负责任。

该投资组合侧重投资黄金、其他贵金属，以及新兴市场股票，如巴西、印度和印度尼西亚。自史蒂夫在2007年开户以来，该组合从没分散投资在全球各地股票市场及债券市场上。留意图6.1显示其投资组合分别在2009、2010、2011及2012年的简况。

史蒂夫的账户叠加了各种不必要的费用。更甚者，没有债券投资，也没有投资于美国及欧洲股市，该投资组合是不平衡且高风险的。

雪上加霜的是，其顾问在2011年年末为史蒂夫大幅增持黄金，正好赶上黄金大跌28%。到了2012年4月，史蒂夫的投资组合里黄金及其他贵金属占了50%。到2013年10月，这一比例上升到79%（未显示在图中）。

对账单上显示，从史蒂夫在2007年开户那天到2013年10月期间，其投资总值下降了20.68%。假如不是过分侧重投资某一资产类别，史蒂夫能适当分散投资的话，情况又会怎样？若是那样，他就不会经历如此重创。假如投资组合融入美国股指、国际股指、债指的成分，史蒂夫的资金本可上升35%而不是下跌20.68%，见表6.4。

在损失20.68%后，史蒂夫的投资组合要再获得多少回报才不至亏本？直觉回答是20.68%，但实际上数字更大。一个投资组合或需经年才能扭转巨额损失，见表6.5。

2009—2012年史蒂夫·巴彻勒的投资组合简况：

日期： 2009年8月28日

请按以下比例投资我的未来供款：

编码	基金名称	百分比%
M082	黑石GF世界黄金	20.00
P047	天达GS环球能源	20.00
P058	邓普顿新兴四强	20.00
R051	首域中国增长	20.00
N/AR072	CASTILESTONE等分贵金属	20.00

日期： 2010年7月22日

请按以下比例投资我的未来供款：

编码	基金名称	百分比%
J052	CIPTADANA印度尼西亚成长	20.00
M082	黑石GF世界黄金	20.00
P047	天达GS环球能源	15.00
P058	邓普顿新兴四强	15.00
R051	首域中国增长	15.00
N/AR072	CASTILESTONE等分贵金属	15.00

日期： 2011年12月7日

请按以下比例投资我的未来供款：

编码	基金名称	百分比%
J052	CIPTADANA印度尼西亚成长	25.00
M082	黑石GF世界黄金	25.00
P047	天达GS环球能源	25.00
R069	DWSNOOR贵金属证券	25.00

日期： 2012年4月13日

请按以下比例投资我的未来供款：

编码	基金名称	百分比%
J052	CIPTADANA印度尼西亚成长	25.00
M082	黑石GF世界黄金	25.00
P047	天达GS环球能源	25.00
L029	百达（CH）贵金属——实体黄金	25.00

图 6.1　不负责任的投资配置

表 6.4　非多元投资组合损失惨重（2007 年 9 月 31 日至 2013 年 10 月 5 日）

史蒂夫的非多元投资组合	先锋目标退休基金 2025（30%投资美国及国际债券，70%投资美国及国际股票）
-20.68%	+35%

资料来源：史蒂夫·巴彻勒的账户对账单；晨星官网。

表 6.5　抵销亏损所需的收益

投资组合的损失	抵销亏损所需的收益
−10%	+11.1%
−20%	+25.0%
−30%	+42.9%
−40%	+66.7%
−50%	+100.0%
−60%	+150.0%
−70%	+233.3%

史蒂夫亏损的20.68%需要投资组合获取26.07%的收益才能抵销。仅6年的时间，其投资组合的表现比投资股指及债指的多元化组合低超过55个百分点。那位境外养老金产品推销员令这一加拿大投资者损失惨重。

英国老师交学费领教训

许多人希望理财顾问为自己打造负责任、多元化的投资组合，但不一定能如愿。苏珊·普罗克特（Susan Proctor）因其顾问的过分自信而付出了代价，情况类似上述个案。

苏珊是在阿曼首都马斯喀特工作的英国教师，她对推销境外养老金产品的顾问表示："我绝对不要高风险的投资。"但这位顾问没有替她分散投资在全球股票和债券上，而是置其要求不顾，赌了一把。"我最后研究了他给我买入的每一只基金，几乎所有都是高风险或中度风险的，而且里面连一只债券基金都没有。"[25]

股市下跌时，债券就像降落伞一样，可以为投资组合提供缓冲，实现软着陆，是负责任的投资组合的重要构成部分。但苏珊和史蒂夫·巴彻勒一样，都没有持有任何债券投资。

像群蜂逐蜜般踢足球

苏珊的投资组合大多集中投资在泰国、印度尼西亚、巴西、印度及拉美股市的新兴市场基金。她的投资没有涉及英国股市或欧洲市场，仅含少量美国市场成分。新兴市场在2003—2007年回报显赫，但苏珊是在2008年才开始投资的。

像个5岁孩子踢足球那样，她的顾问只懂朝着球滚过的地方跑。大多数精明的球员（以及投资者）会在场上分布定位，而非群蜂逐蜜般追着球跑。

左路、右路、中场全无配置进攻或防守队员，苏珊错过了不少极佳获利机会。英国股市在5年内上升了43%。但作为英国人的苏珊，其投资组合里没有英国股市成分，也就等于没有一个球员能接球射门。

5年的时间里，苏珊的投资组合表现比全球股市平均水平低接近40个百分点，比英国股市表现低超过25个百分点，比包含全球股票及债券的保守投资组合也低22个百分点，见表6.6。

表6.6 苏珊·普罗克特的投资组合5年表现对比

苏珊的投资组合增长（不包括境外养老金产品所涉费用）	先锋全球股市综合指数	英国股市指数（安硕ETF）	含50%全球股指及50%国际债指的投资组合
+26.66%	+55.7%	+43%	+38%

注：按美元计算。

资料来源：苏珊·普罗克特的账户对账单；先锋美国；安硕美国。

"我要是能向我的理财顾问提出异议就好了，"她说道，"但是，他向我出售这个养老金产品后几年便因涉及庞氏骗局被缉捕，已逃到国外去了。"本书截稿前，这位名为小伯纳德·马多夫的金融经纪人依然在逃。

高费用已经够麻烦的，而投资者或理财顾问们的投机之举更是加重了问题。缺乏专业训练及操守的顾问往往把资金侧重投向近期表现优秀的地区版块，而不是恰当分散投资。投资者和顾问们着眼昨日赢家来配置今日投资组合，丰盛的退休生活成了一纸空谈。

投资者大多疯狂

我之前也提过，但还是值得再次强调。美国股市在1990—2010年的年收益率为9.14%（见图6.2），但美国股市的一般投资者每年仅获利3.83%。[26]显然，两者相差的这5.31个百分点不能完全算在费用上。美国一般的股市基金收取1.5%的年费率，但美国一般投资者的收益率却跑输大市5.31个百分点。

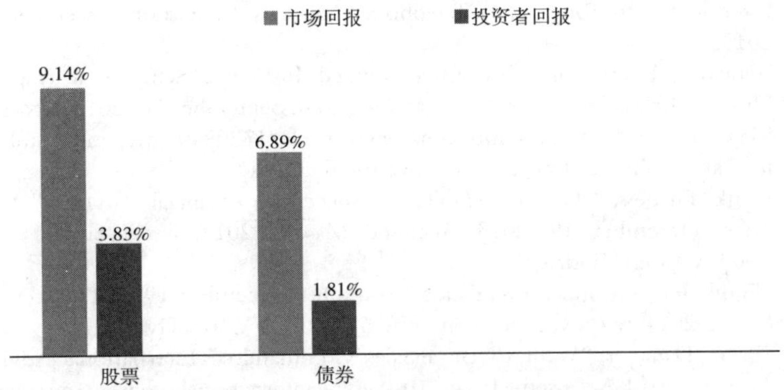

图6.2　1990—2010年美国股票及债券市场回报与美国一般投资者收益对比

资料来源：达尔巴集团。

美国股市上升时，投资者（及其顾问）纷纷跟风赶浪头。但当同样的股市停滞不前或下跌时，投资者则不会如此大幅投入资金。他们会抛售手上的投资，也有人会去寻找心目中更具潜力的市场。这样的行为是不理智的。总部在芝加哥的达尔巴集团定期记录了这些行为的结果。

美国普通投资者的收益表现如此差劲（再算上每年1.5%的共同基金费率），你觉得一般境外养老金产品的投资者收益又会如何？要知道，这些平台收取的费用是前者的两倍以上。

海外侨民及其雇主需要负起责任。一些投资产品是彻头彻尾的骗局，也有一些是稳健的产品。但若投资者和雇主们不懂两者的区别，损失便在所难免。

注释：

1. Peggy Creveling, "Five Things to Consider Before Buying Offshore Pension Schemes," *Creveling & Creveling Private Wealth Advisory* (blog), January 31, 2011. Accessed May 6, 2014. http://crevelingandcreveling.com/blog-list/48-five-things-to-consider-before-buying-offshore-investment-schemes.html.
2. William F. Sharpe, "The Arithmetic of Active Management," *Financial Analysts Journal* 47, no. 1 (January/February 1991): 7–9. Accessed May 6, 2014. www.stanford.edu/~wfsharpe/art/active/active.htm.
3. Interview with Tony Noto. Telephone interview by author, December 22, 2013.
4. Benjamin Robertson, "Investment-Linked Insurance Schemes a Trap for Unwary Investors," *South China Morning Post*, September 30, 2013. Accessed May 6, 2014. www.scmp.com/news/article/1320840/investment-linked-insurance-schemes-trap-unwary-investors?login=1.
5. Frank Furness, "The 10 Habits of Successful Financial Advisors," YouTube, December 19, 2013. Accessed May 6, 2014. www.youtube.com/watch?v=jOgIMDdAwdg.
6. "Frank Furness and Steve Young," YouTube, December 19, 2013. Accessed May 6, 2014. www.youtube.com/watch?v=kEQVV2B9hGw.
7. Simon Danaher, "Want to Be a Sales Commando?" International Adviser, April 10, 2014. Accessed May 6, 2014. www.international-adviser.com/news/sales-commando-a-former-devere-adviser.
8. Kanis Li, "Three-Year Suspension for Agent Who Mis-Sold ILAS Products," *South China Morning Post*, June 20, 2013. Accessed May 6, 2014. www.scmp.com/business/banking-finance/article/1264579/three-year-suspension-agent-who-mis-sold-ilas-products.
9. Interview with Chip Kimball. E-mail interview by author, April 20, 2014.
10. Interview with Jon Williams. E-mail interview by author, April 15, 2013.
11. Interview with Alla Rao. E-mail interview by author, February 12, 2013.
12. Interview with Steve Batchelor. E-mail interview by author, September 15, 2013.

13. "Premier Advance," Friends Provident. Accessed May 6, 2014. www.fpinternational.com/common/layouts/subSectionLayout.jhtml?pageId=fpint%2FSitePageSimple%3Asavings_premier_advance.
14. Ben Steverman, "The Worst Deal in Mutual Funds Faces a Reckoning," Bloomberg.com, May 1, 2012. Accessed May 6, 2014. www.bloomberg.com/news/2012-04-30/the-worst-deal-in-mutual-funds-faces-a-reckoning.html.
15. Rudy Luukko, "Embedded Mutual Fund Commissions Hurt Investors," Thestar.com, June 15, 2013. Accessed May 6, 2014. www.thestar.com/business/personal_finance/investing/2013/06/15/embedded_mutual_fund_commissions_hurt_investors.html.
16. Interview with Lawrence Graham. E-mail interview by author, November 21, 2013.
17. "Pension Plans & Hidden Charges": "BBC *Panorama* P1—Who Took My Pension?" YouTube, October 11, 2010, accessed July 1, 2014, www.youtube.com/watch?v=rS36OlVCY5s; "BBC *Panorama* P2—Who Took My Pension?" YouTube, November 3, 2010, accessed May 6, 2014, www.youtube.com/watch?v=gajTHiHW8iA.
18. Meena Datwani, Hong Kong Monetary Authority, March 14, 2011. Accessed May 7, 2014. www.hkma.gov.hk/media/eng/doc/key-information/guidelines-and-circular/2011/20110314e1.pdf.
19. "Hong Kong Consumers Angry After Being Sold Complex Insurance Product ILAS," *South China Morning Post*. Accessed July 1, 2014. www.scmp.com/business/money/investment-products/article/1262327/hong-kong-consumers-angry-after-being-sold?page=all.
20. Adam Uren, "Expat Gets Pension Restored by This Is Money After It Fell £80,000," This Is Money, February 28, 2014. Accessed May 6, 2014. www.thisismoney.co.uk/money/pensions/article-2570171/Expat-gets-pension-restored-This-Money-fell-80-000.html.
21. Interview with Shawn Wong. E-mail interview by author, May 20, 2014.
22. Daniel R. Solin, *Does Your Broker Owe You Money?* (New York: Penguin Group, 2006).
23. "Vanguard Total Stock Mkt Idx Inv." (VTSMX), Fund Performance and Returns. Accessed May 6, 2014. http://performance.morningstar.com/fund/performance-return.action?t=VTSMX®ion=usa&culture=en-US.
24. "Protected Asset TEP Fund," Asset Fund Management. Accessed May 6, 2014. www.pdlinternational.com/products/protected-asset-tep-fund-plc/fund-price-history.aspx.
25. Interview with Susan Proctor. E-mail interview by author, June 28, 2013.
26. "Quantitative Analysis of Investor Behavior," Dalbar Group. Accessed May 6, 2014. www.qaib.com/public/default.aspx.

第七章　自命大师与原始人智商

千万年前，你的祖辈在森林中一路披荆斩棘寻找食物。一只老虎从后袭击，一人成其午餐。成功逃命的把事件告诉其他村民。某女子也说过同样的故事。于是，村民们意识到一个模式。老虎吃人，最好避开它们。

又有一次，你的祖辈辨别区分出有毒、致泻、可安全食用的各种莓子。为了生存繁衍，他们学会各种模式：哪些莓子会致命，哪些能催情，哪些会破坏一顿完美野餐。

人类天生会追寻这样的模式。虽然有利求生，但这种追寻模式的习惯也导致我们成为不智的投资者。我们会推想，假如某东西价格上升，升势会持续，假如其价格下跌，跌势会持续。但股票市场并非老虎，也不是丛林野莓。

回顾起来，股票投资的最佳时机包括 1929—1930 年股市大跌后的 1931 年；1973—1974 年，即股市大跌超过 40% 后的那段时间；1987 年 10 月，市场的单日跌幅曾超过 20%；2000—2002 年，市场一度下跌 40%；还有 2008—2009 年，当时全球股票跌幅过半。许多投资者没趁机捡便宜，只知惊惶失措。

当股市下跌，许多人担心市场永无反弹之日，所以他们不再投资。也有人尝试猜测市场何时见底然后买入。对他们来说，买入暴跌的股票就像是接住高处坠下的刀子一样。

杰森·茨威格在其出色的书作《金钱头脑》（*Your Money and Your Brain*）中详细讨论了这种认知失调的现象。[1]你不必是脑外科医生或神经心理学家，才能明白股市的机制，只需记住“洛奇”电影系列。全球股市跟史泰龙在这电影里的拳击手角色洛奇·巴布亚（Rocky Balboa）很相似。当你分散投资于全球各地股票市场，会有部分投资不时处于挨打状态。但总的来看，这些投资永远能爬起来。不但恢复升势，而且最终会攀上新高。并非每个股票市场都能随即反弹，但最大的回报往往随最大的跌幅而至。可惜，我们很少着眼长期轨迹。相反，我们的大脑会因恐惧心理和寻求即时满足而认定某些短期模式。

为何大部分投资者应期望市场下跌

股市下跌时你是否惊慌失措？假如你是在职人士而且可以在未来 5 年继续投资股票市场，你应该为股市下跌而高兴。

史上最伟大的投资者巴菲特为了让大众了解股市价格的奥秘，提出了以下测试问题：

> 假如你计划一辈子都吃汉堡包，而你不是牛肉厂商，你应该希望牛肉价格变高还是变低？同样道理，假如你经常需要购买汽车，但你不是汽车制造商，你应该希望汽车价格上升还是下跌？当然，答案是不言自明的。且看最后一个问题：假如你估计自己在未来 5 年是净存者，那你应该希望股市在这段时期上升还是下跌？许多投资者会给出错误的答案。即便他们在未来多年是股票的净买方，对于股价，他们还是喜升厌跌。实际上，那等于眼看自己将买的“汉堡包”升价而欢欣雀跃。这样的反应是不合情理的。只有打算在短期内沽盘的投资者才该为股价上升而高兴。打算买入的人更应喜跌才对。[2]

股市就像个神奇杂货店，充满了不会腐坏的商品。其价格下跌时，你该多多买入。价格肯定会回升。假如你喜欢豆罐头，而那杂货店这周打八折，选择权在你手上。你可以凭直觉猜想下周的折扣会否更大，或者不胡猜乱想，现在就把这些豆罐头买下。假如之后价格进一步下跌，你可以购入更多。但如果现在不行动而错过这次优惠（因为你猜测以后会更便宜），那你就错失了这个降价机会。

股市下跌也是同样的情况，但大部分投资者对跌市避之不及。业余股民和专业操盘手在听到跌市预测时往往会抛售手上的股票投资。但是，股市是难以预料的。假如你（或理财顾问）按这些市况预测来调动资金，你的财富终将受损。

重要的不是掐准时机买卖，而是留守市场多久

有些精明人（还有些不太精明的人）认为自己可以掐准时机进出股票市场。这看似简单。在市场上涨前入市，在下跌前抛出，这被称为“市场时机”。但大多数专家在其投资生涯中能掐准市场时机的概率，比跑赢牙买加飞人博尔特的可能性还低。

先锋集团的创始人约翰·博格被《财富》杂志喻为20世纪四大投资巨人之一。有关市场时机，他有此一说：

> 置身投资业界近50年，我没有见过有谁能一贯成功预测市场时机。我甚至也没有听说谁认识能一贯成功预测市场时机的人。[3]

世界最伟大的投资者巴菲特在伯克希尔-哈撒韦公司1992年的年报中提道：“我们一直觉得，股市预测的唯一价值在于让算命先生还显得不错。”[4]

股市名嘴们当然也尝试预测。他们在《华尔街日报》或美国CNBC新闻频道发表见解时，说得头头是道，但预测甚少与未来现实吻合。就看失业率数字吧，假如你看过一些投资节目，大概也听过专家们预言，当失业率上升，股市便大“势”不妙。听起来完全有道理，

是吧？那就错了。遗憾的是，短期市况波动是不按套路出牌的。

高失业率和股市高回报

基金经理肯恩·费雪（Ken Fisher）所著的佳作《市场从不善忘》（*Markets Never Forget*）给我们带来了一番思想激荡。他解释说，回顾历史，高失业率之后，股市曾出现高回报。[5]我并非提议等施食善堂的数目比星巴克咖啡店还要多的时候你才入市，费雪也不是这个意思。这是一个随机现象，其再现的概率参半。但你能想象媒体会弄出什么样的标题吧？“股市明年将飙升，因失业率已升至新高！”

假如看完表 7.1，你只想预测哪一刻我们将踏入失业高峰的前半年，那是舍本逐末。你无法预测这一点，就跟你无法预测鼻子上何时冒出另一颗青春痘一样，而且这样的模式不太可能持续。打赌笼

表 7.1　高失业率和标普 500 收益

失业率升至最高点前的 6 个月	之后 12 个月的标普 500 收益
1932 年 11 月 30 日	+57.7%
1937 年 12 月 31 日	+33.2%
1946 年 7 月 30 日	−3.4%
1949 年 4 月 30 日	+31.3%
1954 年 3 月 31 日	+42.3%
1958 年 1 月 31 日	+37.9%
1960 年 11 月 30 日	+32.3%
1971 年 2 月 26 日	+13.6%
1974 年 11 月 29 日	+36.2%
1980 年 1 月 31 日	+19.5%
1982 年 6 月 30 日	+61.2%
1991 年 12 月 31 日	+7.6%
2002 年 12 月 31 日	+28.7%
2009 年 4 月 30 日	+38.8%
平均	+31.2%

资料来源：Bureau of Labor Statistics; Global Financial Data Inc., S&P 500 total return as of 05/01/2011.

中那与你对峙的老虎会把你吃掉，这赢率很高。而要预测股市和青春痘，则基本不可能。

然而，你会反驳，专家们当然可以预测股市。许多人也希望你这么想。但5岁小孩和家中小宠物也往往比他们强。2012年，英国报纸《观察家》专门找来一批选股专家、一群小孩及一只名为奥兰多（Orlando）的猫进行了历时一年的选股竞赛。猫咪的成绩最佳，获利10.8%，专家们获利3.5%，小孩则亏损2.9%。（奥兰多通过把玩具鼠扔向数字格，选出数字对应的不同公司。）[6]先锋集团的英国股市指数表现又如何？其回报为17.4%，打败三者。[7]

2002年，《金融时报》报道了在一名5岁小孩、一位占星家和一名专业投资组合分析师之间展开的一场选股大战。最终小孩胜出，打败专业分析师52%。[8]

我知道你在想什么，我只不过是专挑那些非常规个案大做文章而已。非也，大数据公司“CXO顾问”对世界几十位最著名金融预言家所做的分析测试可以证实，在那些所谓专家公开对股市走势预测时，CXO顾问会追踪其准确性。假如你认为CNBC或《华尔街日报》的名嘴之谈值得一信，很抱歉，测试的结果会让你很失望。在2005年至2012年间，CXO顾问收集了68名专家的6 584个预测。在股市预测上，他们的准确率仅为46.9%。抛硬币也比他们强。[9]

2009年3月5日，喜剧演员乔恩·斯图尔特（Jon Stewart）在其主持的《每日秀》上讽刺了CNBC的一些最著名的股市预言家，其中包括CNBC节目《疯狂金钱》的主持人吉姆·克莱姆。[10]

克莱姆自打嘴巴的预言视频比比皆是，斯图尔特完全不乏开刷素材。[11]

斯图尔特没料到的是（本来更具可观性），克莱姆的预测长期被CXO顾问跟踪验证。其间，克莱姆的预测准确率仅为46.8%。[12]

与其听信大师推荐（或请教你家猫咪）买入某些美国股票、英国股票或亚洲股票，还不如考虑全部买入。通过购入指数基金，你将打败大多数专业投资者。

猜测错误可能令你错失什么？

在之前的一章，我介绍了两位投资境外养老金产品的人士（史蒂夫·巴彻勒及苏珊·普罗克特），他们的投资收益低于全球股市指数表现。史蒂夫和苏珊不但需要支付高昂的费用，其顾问还替他们把资金押注在自以为前景兴旺的经济领域上，导致这两位侨民损失惨重。

预测股市动向是近乎不可能的，就连回顾解释也不容易。杰里米·西格尔（Jeremy Siegel）也认同。西格尔是宾夕法尼亚大学沃顿商学院的商业学教授，著有《股市长线法宝》（*stocks for the long run*）一书，他曾回溯测试自1885年以来股市最大的走势变动（着重于单日升跌幅在5%或以上的交易时段）并尝试将其与某一世界大事联系解释。[13]

75%的情形，他无法找到合理的解释。回顾历史把大市变动与全球新闻事件配对这样的马后炮也难以打响。假如像西格尔这样的全球知名财经教授也无法找出关联，又有谁能根据经济事件或将发生的事件来预测市场未来动态？

假如有人游说你按其股市短期预测投资买卖，别管他。若真听他们的，你可能损失不少。举个例子，我们来看看美国股市从1982年到2005年12月的情况。

那段时期，股市年升幅为10.6%。但如果你在其中10个最佳交易日没有持股的话，你的平均回报就会下降至8.1%。若错过了50个最佳交易日，你的平均收益则仅为1.8%。[14]市场波动难以预料且瞬息万变。把资金抽出一天、一周、一个月或一年，你可能就错过了10年里的最佳交易时段。你或你的经纪人都无法预料。

碰巧猜中一两次（如同猫咪奥兰多那样）也许是祸不是福。就像第一次去赌场便赢得几千美元，你得狠狠吃亏才明白自己的所谓技巧只是运气而已。

我已两次举出达尔巴公司对投资者行为的研究例子，说明预测有多傻多损人。这项研究对比了标普 500 指数的回报和美国股市投资者在 20 年里的平均收益。我们知道这 20 年是波动显著的，市场经历了大起大落，牛市熊市更替出现。冷静的投资者会把资金定期投入低成本的指数基金上，收益不俗。但一般投资者没有这样做。

表 7.2　1990—2010 年美国股市回报与美国普通投资者收益对比

初始投资金额	投资标普 500 指数，升值至	投资美国股市，平均升值至
10 000 美元	57 501 美元	21 205 美元

该数据是有力的。如果你问大部分投资者他们的顾问（及其投资技巧）是否高于一般水平，许多人会点头。结果就跟你问大多数人是否自认比常人聪明或漂亮一样。乐观是盲目的。

因此，假如你在 1990—2010 年投资 1 万美元，有一半的概率是最终所得低于 21 205 美元。

投资者及顾问自作孽

想象某人开车上路前在加油站给自己的汽车轮胎放掉一半气。这疯子旁边是另一个怪人，正把一升的可口可乐倒入自己汽车油缸里。听起来很傻吧？当然了。这样做的话，汽车会一路吭哧，甚至熄火。大多数人对自己投资账户的破坏比上述疯子之举糟糕得多。

据基金评级机构晨星公司的数据，全球基金在最近 10 年的年化收益平均为 9.95%。这是扣除了费用后的数字。但这些基金的一般投资者平均只获利 6.84%。

追究我们自己的责任显得有点尴尬，不妨以约翰为例进行讨论。他是个普通人（拥有 2.2 个孩子、白色屋篱，驾驶的是沃尔沃汽车）。假设他在 2003 年 1 月 1 日至 2013 年 1 月 1 日期间持有某国际股票市场共同基金的投资份额。

约翰或其顾问在2003年发现了一只往绩不错的基金。2003—2007年，该基金升势凌厉。因对其表现感到满意，约翰不断增持该基金，而忽略手头其他表现不理想的基金。这是完全正常的行为，但“正常”恰恰是灾难性的。

从2007年至2009年，约翰的基金开始下跌。前一年，约翰心甘情愿付出高价增持，而现在该基金中的股票价格降了，他却不愿意买入。这样的行为是正常的，但也是愚蠢的。2009年，该基金表现不错。而约翰有点战战兢兢，观望迟疑。2010年中，该基金价格攀升，约翰不假思索再次买入。

这就是为何约翰的基金原本可获9.95%收益而他却只赚到6.84%。他对于该基金的态度是，喜高价恶低价。

相反，假如持续每月定额定投，他或许可获高于9.95%的收益。每月定额定投的话，在基金价格飙升时买到的基金份额较少，价格下跌时买到的份额则较多。

大部分人不会定额定投买入同一基金。他们宁愿追高避跌。结果是，据晨星公司的数据，2003—2013年，若投资1万美元购入一般的全球共同基金，本可升值至24 782美元。但对买入这些基金的普通投资者而言，同样的投资金额仅增值至19 379美元。[15]

基金收益与投资者收益之间的这种业绩差距普遍存在于各大资产类别的投资上。人们喜欢跟风随大流，大大损害了自己的收益。

约翰·博格在2008年5/6月号的《指数期刊》上分析过人们究竟已烧掉多少钱。他的文章《基金回报和股东回报之间的巨大差距》以1996—2005年美国200只热门基金为样本分析，发现一般基金的年化收益率平均为8.9%。但买入这些基金的投资者每年一般只获得2.4%的收益。[16]

假如一位理财顾问建议你买入某投资产品是因为“其当前表现非常好”，你最好拔腿就跑，远离这笨蛋。近期佳绩甚少昭示未来佳绩。在大多数情况下，结果恰好相反。正如第五章里详列的数据，大多数获顶级评级的共同基金最终会走出光环，之后多年的表现均不如普通基金。一时拥有佳绩的地区板块基金也是如此。

以2011年在股市上表现最佳的国家为例。据《商业内幕》的报道，前11名的国家中有9个是发展中国家。[17]

这些国家是委内瑞拉、蒙古、巴拿马、牙买加、伊朗、坦桑尼亚、特立尼达和多巴哥、博茨瓦纳、菲律宾，它们2011年的平均回报为25%。追寻模式的人很可能垂涎这回报率。眼见这些地区的股票创下佳绩，之后，许多投资者大量买入新兴市场基金。这样做是不智的。相反，他们应保持分散投资于全球股票市场的基金组合。

在《商业内幕》上述文章发表后的20个月内，全球股市的平均表现比新兴市场股票指数高出25%。[18]

热门股表现不佳

部分投资者曾尝试自行选股，但打败低费用指数基金表现的概率极低。短期来看（10年或以下），任何人都可能凭运气取得佳绩。但论长线投资，命运还是偏爱指数基金。有些人也许不以为然，坚信只要买入主流大盘股便可打败简单的指数基金。遗憾的是，说易行难。

以美国的十大企业为例。截至2013年8月，以下是其规模排名：

1. 苹果公司
2. 埃克森美孚公司
3. 谷歌公司
4. 微软公司
5. 伯克希尔-哈撒韦公司
6. 强生公司
7. 通用电气
8. 沃尔玛

9. 雪佛龙公司

10. 富国公司

乍看之下，谁也无法反驳，这些公司完全能满足最保守的投资者需求。但股市的十大股票时刻变换。投资者若全部押注在那些最大型企业的股票上，收益总是微薄。1926—2006 年，美国的十大股票在 1 年后的表现低于美国股票平均水平 2.9%。3 年后，表现落后 11.1%；5 年后，落后 17.7%；10 年后，比标普 500 指数低 29.4%。81 年的研究数据显示，十大企业的整体表现从来没有超越标普 500 指数的水平。海外侨民没有资本承受如此差劲的表现。

上述研究在 2006 年结束。平均来说，这些企业先驱中 10 家有 7 家表现低于美国大市。我查找了 2007 年以来一些市值最大的股票数据，并将其总体表现与标普 500 指数做对比。截至 2013 年 4 月，2007 年美国 10 家最大企业中有 7 家的股票表现低于大市水平。能打败股指收益的只有沃尔玛、宝洁及雪佛龙公司。这些赢家能继续打败大市吗？概率显示不然。[19]

那些新登场大热又如何?

我刚搬到新加坡时，在某个商业活动中，一位加拿大女士把我拉到角落悄悄提及一个绝佳的新投资机会。“在一新兴国家有这么一家新的手机公司，”她说道，“是某知名手机品牌的一名前任雇员经营的，我有机会在这公司下个月上市时买入其股份。”

这就是所谓的首次公开募股（IPO）。当一家私人公司公开上市，在股票交易所上第一次出售股份，需要的是大量的造势宣传。股票经纪人吹嘘其潜力，令男男女女（像我碰见的那位女士）心焦期待那股票的预期收益。

人们很容易为宣传声势而倾倒。许多人会想，若是 1986 年微软首次公开募股时自己买入股份，现在该是进账了多少。那时的投资者瞬间成了千万富翁。

但成功的投资者还会考虑概率问题。急匆匆地投入某个热销 IPO 的怀抱通常是件坏事。

2012 年 6 月，我在《加拿大商业杂志》上发表过一篇文章《脸书 IPO 买家活该亏钱》。在里面，我解释了为何热门新股通常都是灾难性的。当时，脸书的投资者正处于亏蚀状态。之前的造势令许多人认为其 IPO 是抢手大利。但跟投资于热销新股的大多数投资者一样，他们随即为之受伤。脸书的股票上市不久便下跌 30%。若在公开募股时投资 1 万美元买入，仅两个半月后就已经损失 5 000 美元。

以下是我那篇文章的节选：

> 佛罗里达州大学金融学教授杰伊·里特（Jay Ritter）曾多年研究 IPO 表现。他的研究结果显示，IPO 买家就像用破损绳索攀岩的人。他研究了 1988—1993 年的 1 006 只 IPO 股票，发现配股后 3 年内其表现中位数比罗素 3000 小盘股指数（美国小型公司股票的平均水平）低 30%。到最后，这里面 46% 的股票已跌至低于 IPO 时的发行价格。派杰公司（Piper Jaffray）为美国合众银行做过类似的研究，审视了 1988 年 5 月至 1998 年 7 月间发行的 4 900 只 IPO 股票。这 10 年间大市畅旺：标普 500 累计上涨了 472%。但新股 IPO 却没跟上这步调。到这 10 年期末，这些新上市企业中只有不到 1/3 是股价高于当初 IPO 发行价的。
>
> 有些人会以为 IPO 赢家的业绩足以抵消输家的影响。毕竟有微软的成功故事，自 1986 年首次募股以来，该公司的股价已上升接近 31 000%。然后还有谷歌，据晨星公司的数据，自 2004 年上市后，谷歌的股价已上升超过 400%。但梦想着买入热销 IPO 股票并以此达到财务自由的人实际是只见树木不见森林。
>
> 正如沃顿商学院金融学教授杰里米·西格尔所说的，巨额 IPO 收益是罕见的。在针对 1968—2003 年金融行情的一项研究中，西格尔发现，IPO 的表现在 33 年里有 29 年均低于小盘股指

水平（小型公司股票的一个指数）。在其著作《投资者的未来》中，西格尔表示："投资 IPO 跟买彩票非常相似。"跟踪研究过近 9 000 只 IPO 后，他的结论是，IPO 对承销的投行来说是极佳的交易，而对一般投资者而言则往往以亏本收场。

这是个长期态势。西格尔指出，上述期间，他研究的 IPO 中有 80%在配股后表现低于小盘股指水平。实际上，IPO 投资者的年收益比标普 500 低 2~3 个百分点。而且表现最差的新股往往就是投资者当日寄予厚望的那些公司。

事实上，全球利润最高的 IPO 并非微软或谷歌这类传奇公司，而是一些没有在招股价上故弄玄虚且平平无奇的公司，例如提供建筑材料的快扣公司（Fastenal）。该公司比微软晚一年上市，而自 1987 年首次公开募股后，其股价累计升幅比微软还高 1 000%。

所以，下一次某 IPO 热炒眼前时，你需要理会吗？我觉得没必要，除非你喜欢用破烂绳索攀岩走壁。[20]

天才也失策

个人选股者大多自以为技术高明。即使所选个别股票的表现低于对应股指水平，获利减少，但没有服务费用上的损失。比如几个志趣相投的朋友一起研究股票，凑份投资而组成投资俱乐部。

布拉德·巴伯（Brad M. Barber，加州大学戴维斯分校金融学教授）和特伦斯·欧迪恩（Terrance Odean，加州大学伯克利分校哈斯商学院银行与金融学教授）运用某大型券商的数据研究了 166 个投资俱乐部从 1991 年 2 月至 1997 年 1 月的投资表现。结果发表在《金融分析师期刊》上，显示在扣除交易费用后，一般的投资俱乐部业绩比标普 500 指数每年低 4.4 个百分点。[21]

门萨投资俱乐部的结果更是有趣。门萨是聚集高智商天才的著名社团，智商须达全球顶尖2%才有资格成为其会员。据《精明理财》杂志2001年6月刊的报道，门萨投资俱乐部在之前15年的投资收益率仅为2.5%，每年跑输标普500指数近13个百分点。[22]

假如你正为自己的退休生活构建股票及债券市场投资组合，还是别押注在个别股上为妙，也别听所谓的股市预测。循规蹈矩的投资法才是正道。以下章节将为大家进行详解。

注释：

1. Jason Zweig, *Your Money and Your Brain: How the New Science of Neuroeconomics Can Help Make You Rich* (New York: Simon & Schuster, 2007).
2. Warren E. Buffett, "1997 Chairman's Letter," Berkshirehathaway.com. Accessed May 6, 2014. www.berkshirehathaway.com/letters/1997.html.
3. John C. Bogle, *Common Sense on Mutual Funds: New Imperatives for the Intelligent Investor* (Hoboken, NJ: John Wiley & Sons, 2010), 28.
4. Warren E. Buffett, "Chairman's Letter—1992," Berkshirehathaway.com. Accessed May 6, 2014. www.berkshirehathaway.com/letters/1992.html.
5. Kenneth L. Fisher and Lara Hoffmans, *Markets Never Forget (but People Do)* (Hoboken, NJ: John Wiley & Sons, 2012).
6. Mark King, "Investments: Orlando Is the Cat's Whiskers of Stock Picking," *The Observer*, January 13, 2013. Accessed May 7, 2014. www.theguardian.com/money/2013/jan/13/investments-stock-picking.
7. "Vanguard UK Equity Index," Vanguard UK. Accessed May 7, 2014. https%3A%2F%2Fwww.vanguard.co.uk%2Fuk%2Fmvc%2FloadPDF%3FdocId%3D2034.
8. Daniel R. Solin, *Does Your Broker Owe You Money?* (Bonita Springs, FL: Silver Cloud, 2004), 141.
9. "Guru Grades," CXO Advisory RSS. Accessed May 7, 2014. www.cxoadvisory.com/gurus/.
10. "About *Mad Money*," CNBC.com. Accessed May 7, 2014. www.cnbc.com/id/100000946.
11. Jon Stewart, "CNBC Financial Advice," *Daily Show*. Accessed May 7, 2014. www.thedailyshow.com/watch/wed-march-4-2009/cnbc-financial-advice.
12. "Guru Grades," CXO Advisory RSS. Accessed July 1, 2014. www.cxoadvisory.com/gurus/.
13. Jeremy J. Siegel, *Stocks for the Long Run: The Definitive Guide to Financial Market Returns and Long-Term Investment Strategies* (New York: McGraw-Hill, 2008), 217–218.

14. Kenneth L. Fisher, Jennifer Chou, and Lara Hoffmans. *The Only Three Questions That Count* (Hoboken, NJ: John Wiley & Sons, 2007), 279.
15. Morningstar.com, February 4, 2013. Accessed May 7, 2014. http%3A%2F%2Fnews.morningstar.com%2Farticlenet%2Farticle.aspx%3Fid%3D582626.
16. John Bogle, "The Yawning Gap between Fund Returns and Shareholder Returns," *Journal of Indexes*, May/June 2008; *JOI* Articles, April 30, 2008. Accessed May 7, 2014. www.etf.com/publications/journalofindexes/joi-articles/4040-bogles-corner.html.
17. Eric Platt, "The 11 Best Performing Stock Markets of the Year," *Business Insider*, December 27, 2011. Accessed May 7, 2014. www.businessinsider.com/11-best-performing-stock-markets-2011-2011-12?IR=T&op=1#!J4p9R.
18. "Vanguard Emerging Markets Stock ETF," Morningstar.com. Accessed May 7, 2014. http%3A%2F%2Fquote.morningstar.com%2FETF%2Fchart.aspx%3Ft%3DVWO%26region%3Dusa%26culture%3Den-US%26ops%3D%26cur%3DUSD%26lan%3Den-US%26productcode%3DCOM.
19. Andrew Hallam, "With Stocks, Bigger Isn't Better," *Canadian Business*, October 15, 2013. Accessed May 7, 2014. www.canadianbusiness.com/investing/with-stocks-bigger-isnt-better/.
20. Andrew Hallam, "Facebook IPO Buyers Deserved to Lose," *Canadian Business*, June 11, 2012. Accessed May 7, 2014. www.canadianbusiness.com/investing/facebook-ipo-buyers-deserved-to-lose/.
21. Brad M. Barber and Terrance Odean, "Too Many Cooks Spoil the Profits," *Financial Analysts Journal*, January–February 2000. Accessed May 7, 2014. http://faculty.haas.berkeley.edu/odean/Papers%20current%20versions/FAJ%20JF00%20Barber%20and%20Odean.pdf.
22. Larry E. Swedroe, *The Quest for Alpha: The Holy Grail of Investing* (Hoboken, NJ: John Wiley & Sons, 2011), 53.

第八章　雇主的最大挑战

艾丽卡·霍尔特·弗索瓦（Erica Holt Fursova）是莫斯科英美学校及圣彼得堡英美学校的人力资源总监。她是众多致力鼓励员工学习金融投资知识的侨民领袖之一。“我们计划提升员工的金融意识，”她说道，“我准备提议在下一学年成立员工‘财富累积’俱乐部，作为一项员工福利活动——基本上就是让有兴趣的员工聚在一起（像读书会那样）研究讨论投资策略。”[1]

艾丽卡带头成立了委员会，核批为员工提供金融服务的供应商。但这样的决策是艰难的，其员工有的是美国人，也有其他国籍的人士，而投资公司的产品一般为特定国籍人士而设。还有就是费用的问题，投资公司通常自称费用低廉及高度透明，但大多绝非如此。

莫斯科英美学校的非美国籍员工一般选择“忠利远景计划”（Generali Vision Plan，一款境外养老金产品）或全盛集团（Meridain）旗下的共同基金。

低费用是关键，忠利远景计划的收费高且混乱。我曾致电向其销售人员咨询，但他们连对所涉费用也解释不清。投资者如同陷入流沙，挣扎难起。费用说明是这样的：

> 在初始期定期投入的保费份额单元将被100%拨供保费缴付期内的管理费之用。具体的拨款时限显示在投保明细单上，取

决于投保计划的保费缴付期长短。[2]

看懂了没？确定看懂了？该公司接着提供一个表格，显示投资者有多少个月的供款会被纳为初始费用。投资25年的话，前23个月的供款将落入费用魔兽的血盆大口。投资30年的话，前28个月的保费会被忠利吞掉。

那是否意味着，过完初始期，投资公司就吃够放手了呢？还远着呢。据忠利的条款，还有额外2%的管理费需要一直支付到保单满10周年。第10年后，该费用将减至0.3%。公司还提到一个1.5%的管理费用，“每年按投资计划内供款单元扣除”。还有主动管理型基金的费用呢？我们不要忘记还有这些费用。算上的话，每年又另加上2%的费用。结果，忠利远景计划的投资者（平均）可能每年需要支付超过4%的费用。[3]

提前赎回份额的投资者将受到重罚。跟境外养老金的惯常做法一样，提前赎回费可能导致大份额收益被吞噬。

我们想象有这么一位极度慷慨的雇主。假设你的这位雇主愿意为你的投资供款另添20%，即你可用4万美元进行48 000美元的投资，见表8.1。

表8.1　赞助供款可否减轻痛楚？

	投资者1：没有赞助	投资者2：有20%赞助
每年投入金额	40 000美元	40 000美元
所获赞助金额	0美元	8 000美元
每年实际投资	40 000美元	48 000美元
市场回报率	9%	9%
总费用率	1%	4%
扣除费用后投资收益率	8%	5%
投资期限	20年	20年
最终价值	1 976 916美元	1 666 524美元

听起来极好，但问题是你每年得支付4%的投资费用。以下是两种情形的计算对比：

投资者 1：投资费用率为 1%，雇主不予以任何投资赞助。

投资者 2：投资费用率为 4%，雇主额外赞助供款 20%。

正如所见，即使加上 20% 的赞助，看似微小的年费差异造成的收益差还是非常大的。在上述例子中，获雇主赞助 20% 投资供款的投资者（但费用率高 3%）在 20 年后收益会相对少 310 392 美元。

幸运的是，莫斯科英美学校还向非美国籍的外籍教工提供另一更相宜的选择：MFS 全盛系列基金。老师们买入该公司的 B 系列产品，无须支付佣金。但若在 6 年期满前提前赎回的话则需要支付后端费用。但这些赎回费与一般境外养老金产品的同类收费相比根本微不足道。

MFS 全盛系列基金的费用信息可在晨星公司的英国官网上查找。其股市基金费用率大多约为每年 2%。全盛的“欧洲核心基金”及“美国增长基金”的费用率均为 2.05%；其“全球密集基金”费用率为 2.9%，“美国价值基金”的费用率则为 1.19%。[4]

费用——多少算太贵？

总部在美国的许多公司会为员工提供投资计划，被称为“401（k）养老金福利”。雇主一般会按员工薪金的一定比例为其养老金投资账户注入部分供款。假如该计划的费用低廉，而雇主供款比例高，401（k）会是绝佳的投资方案。

但部分这类投资计划因费用过高而备受指责。专家们指出，当费用高于一定水平便属于过高，具金融意识的全球雇主从而有例可循。那么，投资费用多少算是合理？

《华尔街日报》的专栏作家凯利·格林（Kelly Greene）在 2013 年 10 月发表了《401（k）费用：多少算太贵？》一文。[5]文中提到总部在旧金山的公司“个人资本”（Personal Capital）推出了一个 401（k）计划的在线分析器，能让美国人计算其雇主赞助退休投资计划的年费是否过高。

费用将被分类划区，包括共同基金费率、佣金、平台费用。总费用低于1%的会被个人资本公司归入绿区，那是好事。年费在1%~1.99%的属于黄区——颇像黄色火险预警。超过2%的显然在红区——谁也不敢在此划火柴。

迈克·阿尔弗雷德（Mike Alfred）是圣迭戈“明视”（Brightscope）金融信息公司的首席执行官。《华尔街日报》的一篇文章引用其言论称，当总投资费用率为2%或以上，“就很难积累财富了”。[6]

莫斯科英美学校老师们选择的MFS全盛系列基金比一般境外养老金产品的费用低得多。但是否真的划算？

记住诺贝尔经济学奖得主威廉·夏普提及过有关费用的一个大前提。总的算来，专业投资机构赚取的收益在扣除费用前等于大市获利水平。扣除费用后，收益损失与费用成正比。[7]部分基金的短期表现不一定如此。但以整个投资组合而论，低费用的定然打败高费用的。

以MFS全盛系列基金的5年回报为例（见表8.2）。它们有5只股票基金可供我们直接与先锋集团同样资产类别的指数基金做对比：新兴市场股票、欧洲核心、全球股票、美国增长、美国价值。按美元计算，截至2014年4月30日，MFS全盛系列基金的5只基金中有4只低于对应的低费用先锋基金。同样的资金投资到先锋的低费用基金，仅5年后收益便高出17.6个百分点。长期来看，这一优势只会更显著。

表8.2 MFS全盛基金与先锋集团指数基金5年表现对比（按美元计算，截至2014年4月30日）

资产类别	MFS全盛	先锋
新兴市场股票	+8.60%	+10.49%
欧洲核心	+18.02%	+15.60%
全球股票	+16.09%	+17.52%
美国增长	+14.60%	+18.03%
美国价值	+14.66%	+20.21%
平均年收益	+14.39%	+16.37%
总收益	+95.8%	+113.4%

资料来源：晨星英国；MFS全盛；先锋美国。

这类比较结果并非偶然：费用较低的投资组合与高费用的组合相比，前者的收益优势与两者的费用差成正比。在例子中，MFS全盛系列基金的年费用率比先锋的基金高接近2%。这一费用差反映了两者的收益差别。

我也曾在加拿大《环球邮报》上撰文披露同样的现实。我调查过多家投资机构的主动管理型基金的10年回报，包括富达、加拿大皇家银行、多伦多道明银行、加拿大帝国商业银行、国联克莱灵顿（IA Clarington）及宏利金融，将之与对应的低费用指数基金做比较。

正如所料，低费用指数基金投资组合表现胜于对应的主动管理型基金，收益差基本等于费用差。

全球雇主的解决方案是什么?

全球雇主应提出更多要求。友诚、苏黎世国际、忠利国际、英杰华和莱斯基亚提供的境外养老金产品是差劲的选择，费用率为2%或以上的任何投资平台都一样，并非佳选。

有更好的解决方案。例如，总部在美国的“资产构筑”（Asset-Builder）公司已为雇有美国侨民的公司提供各种低费用的指数基金产品。国际学校或跨国企业只需联系它们，这些员工们便可像经济学教授那样投资，而非任由销售人员摆布操纵的傀儡僵尸。投资总费用率甚至不到0.7%。

瑞杰金融服务公司（Raymond James Financial，见第十二章）会在客户的要求下构建指数基金投资组合——仅限美国籍的国际教师客户。这类投资组合的费用率略高于1%。

亚历山大·比尔德公司（Alexander Beard）又如何？嗯……别急。这是总部在英国的一家公司，提供面向侨民的投资产品。“我们的投资产品在一定时期的总费用相信会低于其他境外养老金产品供应商。”部门主管珍妮特·詹金森（Janet Jenkinson）说道。[8]

该公司提供6款分散投资全球的主动管理型投资组合。总部在法国的“世界集团”（La Mondiale Group）为亚历山大·比尔德公司打造及再平衡这些投资组合。产品包含保守至高风险的组合可供选择。*

亚历山大·比尔德公司的平台费用率为每年1.5%，不包括买入产品时的5%佣金。投资者还需要支付500美元的初始费用。想在投资期满前中途套现买房、买车、买游艇？没门儿，除非是在退休前遭遇意外永久致残。“普通客户在55岁前是不能从账户提钱的。”詹金森表示。

资产构筑公司的全球混合投资组合则费用低廉得多。不像亚历山大·比尔德公司，资产构筑公司不收取佣金或初始费用。它们也不限制投资者出售未到期投资。

比较这些公司在2008年6月至2013年6月间的5年回报，结果很有趣。在2008年6月，全球股市急挫。以此暴跌为起点，5年后，费用更高的亚历山大·比尔德投资组合收益会更高吗？还是费用较低的资产构筑投资组合胜出？

费用永远是关键。在史上最深重的股灾之际，通过亚历山大·比尔德公司投资1万美元的投资者一刻喘息机会也不得。佣金吞掉500美元，初始费用又另扣500美元。一开始就落后了1 000美元，亚历山大·比尔德公司的投资者根本追不上来。事实上，资产构筑公司提供的低费用基金更进一步拉大了两者的收益差。扣除费用后，亚历山大·比尔德公司的6个投资组合全部跑输资产构筑公司对应的低费用基金组合。如表8.3所示，两者差距还不是一般的大。

资产构筑公司目前只向美国侨民提供投资产品。但到2016年，该公司很可能拓展服务各国侨民。“就像我们在美国所做的，”该公司的CEO肯农·格罗斯（Kennon Grose）说道，“我们希望打破高费用的惯例，给旅居海外的投资者带来我们的简单投资模型。”[9]

---

* 美国公民购买这类非美国境内基金可能面临美国政府的重税或重罚。

表 8.3　通过不同投资平台投资 1 万美元的 5 年回报对比（资产构筑公司与亚历山大·比尔德公司基金，2008 年 6 月至 2013 年 6 月）

亚历山大·比尔德公司基金	资产构筑公司基金	亚历山大·比尔德公司基金	资产构筑公司指数基金
短期（保守型）	7 号投资组合（保守型）	10 737 美元 +7.3%	13 155 美元 +31.55%
中期（防守型）	8 号投资组合（防守型）	11 367 美元 +13.67%	13 212 美元 +32.12%
中期（谨慎型）	9 号投资组合（谨慎型）	11 079 美元 +10.79%	13 267 美元 +32.67%
长期（均衡型）	10 号投资组合（均衡增长型）	10 863 美元 +8.63%	13 157 美元 +31.57%
超长期（均衡型）	12 号投资组合（均衡增长型）	10 512 美元 +5.12%	13 303 美元 +33.03%
最长期（进取型）	14 号投资组合（激进增长型）	10 242 美元 +2.4%	13 405 美元 +34.04%

注：回报按美元计算，扣除佣金费用、基金费用、平台费用及初始费用。
资料来源：世界集团；亚历山大·比尔德公司；资产构筑公司。

雇主无论选择哪个投资平台，也不应该强迫员工加入投资计划。负责这类决策的人力资源部职员也许不清楚这些产品的详情，他们也可能未参考对比其他供应商的产品。赞助员工通过某些平台投资的雇主在选择时需再三考虑，不然，可能招致具金融意识的员工不满。

为雇员提供投资赞助的雇主不应因为所选投资平台的不同而改变行动。无论雇员是通过理财顾问公司投资还是自行投资，只需向雇主提交供款证明便可。

假如你正考虑不请顾问，自行投资，你会惊讶地发现，原来那是如此简单的一件事。每年只需几分钟时间，你的收益足可打败那些高费用投资机构的业绩。但要成为高效的投资者，你就不该凭直觉行事，也不应关注媒体上那些投资大师的言论。当然，这听起来有违直觉。继续看后面的章节，我会证明这一切。

注释：

1. Interview with Erica Holt Fursova. E-mail interview by author, May 24, 2014.
2. "Generali Vision," Generali. Accessed July 2, 2014. www.generali-intl.com/media/28546/gi_vision_brochure_final_26_11_13.pdf.
3. 同上。
4. "Share Prices | Fund Prices and Data | Morningstar," Morningstar UK. Accessed July 2, 2014. www.morningstar.co.uk/uk/.
5. Kelly Greene, "401(k) Fees: How Much Is Too Much?" Total Return, *WSJ*. Total Return RSS, October 1, 2013. Accessed July 2, 2014. http://blogs.wsj.com/totalreturn/2013/10/01/401k-fees-how-much-is-too-much/.
6. 同上。
7. William F. Sharpe, "The Arithmetic of Active Management," *Financial Analysts Journal* 47, no. 1 (January/February 1991): 7–9. Accessed July 2, 2014. http://web.stanford.edu/~wfsharpe/art/active/active.htm.
8. Interview with Janet Jenkinson. E-mail interview by author, June 5, 2014.
9. Interview with Kennon Grose. E-mail interview by author, July 1, 2014.

第九章　沙发土豆投资法

想象某人一副“沙发土豆”的姿态*瘫躺着看球赛，肚子上搁着一杯啤酒。除非是他支持的队伍赢了，或者看到有人在赛场上裸奔，不然他绝不起来。

说来也许难以置信，但有一种以树懒为灵感的投资策略能大胜多数的专业管理投资组合。循此策略的投资者每年只需花不足 1 小时处理投资事务。他们无须关注经济行情，也不读《华尔街日报》，没有订阅投资网刊，不必聘请理财顾问。此懒人投资法名为“沙发土豆”法。

源于《达拉斯晨报》前任专栏作家斯科特 · 伯恩斯的构想，原本的沙发土豆投资法是把资金对半投资于股指和债指的组合。其省心程度堪比平头发型。假如你每月投资 1 000 美元，即 500 美元投在股指上，500 美元投在债指上。一年后，你可以看到自己在股票或债券上的资金更多。假如股票获利更多，你可以卖掉部分股指，用所获资金买入债指。这样做可令投资组合的比例回复原本的配置：50%股票，50%债券。斯科特 · 伯恩斯说过，任何人只要会呼吸，懂除以二，都做得来。

---

* 通常指久坐沙发看电视慵懒度日的人。——译者注

债券不会拖后腿吗？

许多激进的西部牛仔型投资者觉得债券沉闷乏味，赚不了大钱，认为不应纳入投资组合。尽管他们勇猛过人，幸好政府养老金、企业退休金或大学捐赠基金不是由这些西部牛仔来管理。负责任的个人和专业投资者深知债券在多元投资组合中的重要性。

第一世界短期政府债券或高质量的短期企业债券，并无大利可图，但胜在稳健。购入一篮子这些债券的最简便方法是，通过购买债券市场指数基金。

这是雾水情而非真爱？

你该会想，为什么选择投资短期债指，而不选长期的？假如买入年收益率为4%的10年期债券，通胀总会销蚀购买力。即使债券年收益率为4%，但若汽车油费年涨6%，你就亏大了。

正是出于这个原因，买短期债指（如1~3年的债券）通常比买长期债指明智。当短期债指内的某一债券到期，另一债券将取而代之。假如通胀上升，新购入的债券将提供更高的收益，买入短期债指的投资者因而能超越通胀。

长远来看，债券不如股票利润丰厚。但债券对投资组合起稳定作用。而且债券有时还会出众人所料，表现更胜股票。请看表9.1中2000—2009年这10年的情况。

表9.1 2000—2009年美国股票和债券收益情况

资产类别	年化收益率
股票	-1.0%
债券	+7.7%

资料来源：Craig Rowland and J. M. Lawson. *The Permanent Portfolio：Harry Browne's Long-Term Investment Strategy*（Hoboken，NJ：John Wiley & Sons，2012），89.

美国股票在那10年血流不止。债券则获得平均7.7%的年收益率。沙发土豆投资者不但因表现更佳的资产类别（债券）保存完肤，他们还得以低买高卖。回顾是怎样做到的（三步走）：

1. 投资者每年一次检查自己的投资组合。
2. 看组合中股票还是债券上的资金较多。
3. 假如那一年股票打败债券，卖出部分股票买入债券；若债券打败股票，则卖出债券买入股票。

通过每年一次的再平衡操作，沙发土豆投资者卖掉一些大热资产，买入一些不太热门的。这种理财方式跟循规投资的政府养老金体系很相似。但大多数投资者循的是相反之道：他们高买低卖。通过沙发土豆投资组合，加上严守规矩，投资者可避免上述疯癫之举。

由于股票收益长线来看高于债券，投资组合里包含债券会令收益减少——但程度不如你想象的那么大。

表9.2显示了1992—2013年沙发土豆投资组合与标普500指数的回报比较。

表9.2　1992—2013年美国沙发土豆投资组合与标普500指数回报对比

	沙发土豆投资组合 50%股指加50%债指	标普500指数 100%股票
出现亏损的年数	3年	4年
最大年亏损率	-16%（2008年）	-37%（2008年）
最大年收益率	+27.25%（1995年）	+34.9%（1995年）
平均年收益率	+8%	+9.3%

资料来源：晨星官网。

沙发土豆投资组合之所以更见成果，有两个原因：一是投资多元分散；二是费用低廉，每年低至0.1%。

这也令华尔街颜面尽失。被轻信为获利高手的大部分对冲基金经理在2002—2013年的每年表现均低于沙发土豆投资组合。

沙发土豆投资组合的比例还可做调整。愿意承担更大风险的投资者可把组合调整为75%股票加25%债券（见表9.3），这样的长期回报会比等分投资于股票和债券的组合（见表9.2）获利更高。

表9.3　1992—2013年美国沙发土豆投资组合（75%股票加25%债券）与标普500指数回报对比

	沙发土豆投资组合 75%股指加25%债指	标普500指数 100%股票
出现亏损的年数	4年	4年
最大年亏损率	-26.5%（2008年）	-37%（2008年）
最大年收益率	+31.4%（1995年）	+34.9%（1995年）
平均年收益率	+8.98%	+9.3%

资料来源：晨星官网。

“土豆”在全球茁壮成长

最早的沙发土豆投资组合比火腿芝士三明治还简单：分散投资在股票和债券上，然后调整再平衡。然而，若能进一步分散投资，有时能提高回报并降低波动性。

《钱意识》（*Money Sense*）杂志的创始编辑伊恩·麦圭根（Ian Mc Gugan）为加拿大人改良了沙发土豆投资法，并因而获得一项全国杂志奖。他把两只股指纳入投资组合，而非仅投资一只股指。麦圭根建议投资者把资金分为三等份：一加拿大政府债券指数、一美国股票指数、一加拿大股票指数。回溯至1976年的检验，以此法调整投资组合能打败单纯含一只加拿大股票指数的组合，而且波动性低得多。

具体做法是这样的：投资者把资金的33%投入债指，33%投入美国股指，33%投入加拿大股指。假如到年底，债指增至投资组合总价值的40%（股指下跌的话便会如此），则应卖出一部分债指，收益用来增持组合中股指两者或其一，从而把组合调整回最初的配置比例。

投资者也可以通过每月或每季新增投资完成再平衡。若其债指上升，占总值超过了原本33%的比例，可以把新资金（从薪金中拨出）投入所持股指的两者或其一。假如组合中的美国股指在下个月上涨，而所持的加拿大股指及债指保持不变，可以投入资金（也是从薪金中拨出）增持债指或加拿大股指。为的是让投资组合按目标比例配置。

表9.4显示了在1976—2013年这种加拿大版沙发土豆组合的投资获利情况，其间无新投入资金。

表9.4 在1976—2013年投资1万美元的加拿大版沙发土豆组合增值情况（其间无新投入资金）

年底	沙发土豆投资组合（美元）	加拿大股指（美元）
1976	11 835	10 014
1977	12 546	12 097
1978	14 501	15 570
1979	17 211	22 366
1980	20 945	28 878
1981	19 546	25 711
1982	24 314	26 561
1983	29 842	36 189
1984	32 322	35 041
1985	41 832	43 481
1986	47 521	46 999
1987	48 222	49 365
1988	52 546	54 402
1989	63 354	65 511
1990	60 074	53 366
1991	73 000	61 528
1992	79 342	60 162
1993	96 715	79 122
1994	95 648	78 353
1995	118 430	89 030
1996	143 034	113 373

续表

年底	沙发土豆投资组合（美元）	加拿大股指（美元）
1997	176 435	129 326
1998	204 874	126 258
1999	230 713	165 003
2000	239 507	175 821
2001	226 772	152 475
2002	206 497	132 434
2003	231 829	166 514
2004	251 659	189 122
2005	232 912	272 507
2006	316 345	318 887
2007	333 184	349 340
2008	256 019	234 232
2009	309 481	314 948
2010	348 135	369 308
2011	348 209	336 698
2012	377 915	359 986
2013	432 977	405 638
平均年收益率	10. 42%	10. 23%

资料来源：Ian McGugan，Duncan Hood，and Ian Froats，“Classic Couch Potato Portfolio：Historical Performance Tables，” *MoneySense*. Accessed May 7，2014. http%3A%2F%Fwww. moneysense. ca% 2Finvest% 2Fclassic-couch-potato-portfolio-historical-performance-tables；“IShares ETF Performances，” iShares Canada，April 5，2006. Accessed May 7，2014. http：//ca. ishares. com/product_info/fund/performance/XIC. htm.

相比单纯含股票的投资，股票债券再平衡投资组合，有时可提升回报，视乎时间段，也有一些时期业绩落后。但有两件事是可以肯定的：分散多元且经过再平衡的投资组合比单纯股票组合更能提升稳定性；另外，投资费用低则长期回报高。

债券与年龄和风险的关系

一个准则是你的债券投资份额应与自己的年龄相应。虽然听来虚泛，但是确实是有用的。44 岁的我在个人投资组合中大概应有

40%的债券配置。

但还需考虑个人情况。假如我在加拿大工作，符合资格申请学区内的指定养老金福利，我就只会投资25%在债券上，因为有养老金提供债券般的稳定保障，我可以承受更高的风险。

投资落后了怎么办？

投资者入场晚了或者想从高费用的境外养老金产品投资中抽身，有时会考虑以高风险投资来挽回流失的时间。但他们不该这样做。

假设一名投资者没有购入债券。她在2007年退休时拥有一个投资美国股票的组合，到了2008年，她的资金会缩水37%。但若其投资组合是对半投资在美国股票和债券上，损失则仅为16%。

股市下挫对年轻人的影响极大，而对于不分散投资的退休人士而言，更是噩梦。年轻投资者可以趁跌市低价买入，而退休人士则不得不反其道而行，他们需要从投资收入获取生活费，得不断卖出投资。

假如全球股市崩溃，多年停留低位，这是绝对可能出现的，投资组合中没有债券的退休人士可能需要长年亏本卖出资产。提高投资组合的风险来追回损失的时间是完全不值得的。

从2008年至2009年股市暴跌的惊惶中获利

股市下跌时，许多人惊慌失措，争相抛售，令股价进一步下挫。冷静的投资者则会为未来利润打下根基。2008年那场金融危机后两年，我的个人投资组合规模比危机前大得多。关键是使投资组合中股票与债券的比例保持在理想的配置。

2008年年初（市场暴跌前），我的投资组合中包含35%的债券。股市下跌时，我相当兴奋，继续每月用薪金存款投资股票指数。遗憾的是，虽然在股市崩盘期间我继续每月买入股票，还是无法把股票投资调整回最初的65%比例。到2009年年初，我的投资组合中债券的比例远大于股票。

结果，我在2009年年初卖出了部分债券，把组合调整回理想的比例配置。

我当然希望市场继续保持在低位，但事实没有这样。2009年后期股市开始回升，我于是再次调整，在一年多的时间里只买入债券。因为之前卖出债券买入股票，所以此时我持有的债券不多，而我所持的股票则大幅升值。不久，我的投资组合中股票占了极大的比例。某个点上，我甚至不得不卖出部分股指来增加组合中债券的比例。

这类再平衡调整是大学捐赠基金和养老金投资常见的做法。

投资组合的再平衡没有什么神奇方程式——别埋头于细枝末节而迷失了大方向。频繁再平衡不一定能比一年一次的调整带来更高回报。定好每年再平衡的日期，持之以恒。

拥有全世界

购买一只全球股指，你便可以最全面分散地投资到世界各地股市。经全球资本加权的这些股票产品是构建投资组合的一流组件。想象一下，假设你是拥有世间万物的尊贵君王，全球所有股票都为你所有。假如你在2013年将其全数卖出，你将拥有54.6万亿美元现金。各国股市的价值在其中分别占多少?

回答这个问题就等于计算全球资本的比例明细。美国大概占全球资本的48%，即出售全球所有股票后，所得资金有48%来自美国。

先锋的全球股票交易型开放式指数基金（我将在下一章教大家如何买入）包含48%的美国股票及约13%的新兴市场股票，其余为其他发达市场的股票，比例与这些国家的全球资本占比相应。

通过全球股指买入全球市场资产，让人颇有恺撒大帝征服世界之感，但别因此忽略自家后院。举例来说，加拿大股市的全球资本占比不到5%。所以，一只全球股指所含加拿大股票的比重不大。但如果你最终要回国籍所在的加拿大（或其他国家）生活，投资本国市场是重要的。毕竟，本国市场的交易资金与你支付未来账单的货币是一致。

你打算在哪里过退休生活？

美国人若打算在美国过退休生活，投资组合中应有相当比例的美国市场投资。加拿大人、澳大利亚人、英国人、新加坡人或任何有成熟股市的国家公民都应该同样投资自己本国的市场。

保持简单的操作，你可以把投入股市的资金分为本国股指及全球股指两部分。

举例来说，一位 30 岁英国投资者的投资组合可以是 30%政府债券、35%全球股指、35%英国股指。

美国人的投资组合构成则有所不同：30%债指加 70%全球股指。

你可能不明白美国股市是怎样融入这 30%/70%的组合中的。但凡真正意义上的全球性股票指数都会包含约 48%的美国股票，所以，不需要另外购入美国股指。

假如目前你每月均进行投资，你需要看看所持的本国股指及全球股指中哪一个在上月的表现更佳，从对账单便可了解。拿上月的月结单来比较，得出结果后，新一轮投资时应买入表现较差的那一指数，以保持投资组合的理想配置。记住，假如所持的股指在上月均出现飙升，新资金则应投入增持债指。

大多数人是怎么做的呢？你猜对了。打个比喻，他们如同签了长期合同，每天早上把钱包里的钱倒入垃圾桶——增持表现较佳的指数并减持表现较逊的指数。在整个投资生涯来看，这种行为会令投资者损失数十万美元。

请留意，我不是说要追捧那些掉入谷底的个别股票或个别海外市场。比如说，某 X 公司的股价下跌了，投资者别以为能趁低吸纳，于是大砸金钱购入这些劣质股。谁知道这 X 公司以后会怎样？

同样道理，假如投资专注于智利、巴西等单一海外市场的股指，风险也是相当大的。谁知道未来30年这些市场会如何？也许会一片繁荣，但最好还是分散风险，投资全球性股指（假如你希望投资海外市场的话）。这样，你的投资将触及英国、法国、德国这些旧世界经济体，以及中国、印度、巴西、泰国等增长快速的新兴经济体。记得做再平衡调整，假如所持投资中，全球股指表现优于本国股指，别追加投资全球股指；假如手中的本国股指和全球股指均飙至高位，则增持债指。

投资者若大量侧重投资新兴市场（例如印度、巴西），将面对巨大的全球资本风险。新兴市场占全球市值约13%。所以对大部分投资者而言，投资组合中新兴市场的股票不应超过13%。

假如你基于这些市场的经济增长而深信其未来回报巨大，还是得缓一缓。正如第三章提及的，新兴市场收益的相关数据显示，自1985年以来，其表现一直不如发达市场。并非每一年或每10年都如是，但自从有记录以来，其不甚耀眼的表现令许多人备感意外。

那为何还是得投资新兴市场股票呢？未来总是充满未知——新兴市场股票的表现也许最终超越发达市场的对手。它们有充分的时间来追赶，虽大多让人失望，但一切皆有可能。

虽然新兴市场股票将来可能表现不俗，但重要的是别投入超过其全球资本占比。因此，比例最多为投资组合总值的13%（或更少）便足够。

你选择在新兴市场国家过退休生活？

打算在新兴市场国家过退休生活的人士要记住几件事。新兴市场一般较为波动不稳；其股市有可能大幅下跌；这些国家的通胀可以跑得比肯尼亚人还快；视乎经济稳定性，其货币也有可能暴跌。出于这些原因，假如你打算在发展中国家过退休生活，考虑减少买入这些市场的股票。以下是一名打算最终到泰国过退休生活的30岁人士的投资组合：

30%债指
50%全球股指
20%泰国（或东南亚）股指

还有选择到巴西退休的一位投资者的例子：

30%债指
50%全球股指
20%巴西（或拉丁美洲）股指

接着是选择到马来西亚退休的60岁投资者的投资组合方案。注意债券配置比例的提高，密切反映了投资者的年龄。

55%债指
30%全球股指
15%马来西亚（或东南亚）股指

无论你选择怎样配置，贯彻始终。每一年，把投资组合调回目标比例，随着年龄增长提高债券的配置。

这一切美好得不真实?

某些事情虽然听起来美好得不真实，但往往是真的，比如沙发土豆投资组合。操作如此简单，可惜很少人有毅力坚持执行。人性总是在不停破坏稳健的投资计划。

我有时会在投资后发表博文介绍我的新投资并解释投资的原因。我根据的就是简单的沙发土豆投资策略：维持40%债指和60%全球股指的投资组合。但经常遇到这样的情况，许多读者会根据某专家在网上、电视、报纸或电台上发表的言论而意欲投机押注。

> “我看到说现在不是投资债券的好时机。”
> “CNBC 上有人说美国股市将要崩盘。”
> “我刚读到一篇报道说新兴市场将要飙升。”
> “欧洲都一蹶不振，为什么还投资全球股指？”

大多数预言最后都是自打嘴巴的。许多投资者无法忽视金融界的各种胡诌杂音，最终蒙受损失。金融新闻机构及记者总在寻找话题大做文章。记者们若不以什么急境危情来耸人听闻，恐其职位不保。

由于媒体总出狠招暗算，投资者需要强力麻药做防范。瞎了、聋了、麻木了，更好。按预先制订的计划调整投资组合的话，你总会在别人卖出的时候买入一点点，也会在别人买入的时候卖出一点点。

能承受这种心理挑战？极好。在展开投资旅程前，还有另外两大策略值得参考。跟沙发土豆投资组合相似，这两种策略也是投资低费用的指数，也需要再平衡调整组合配置。按回溯测试的结果显示，第一种可能是世界上最稳健的投资组合，1972—2013 年的年化收益率可超过 9%；其最差的表现在 1981 年，亏损也仅为 4.1%。这种策略名为“永久投资组合”。下一章我们将做详解。

第十章　永久投资组合：无风险增长

坊间流传的许多迷思一度为众人信奉，比如地球是平的、摸蟾蜍会让人心想事成、黄金是绝佳的投资。

我希望你能关注思考上述最后一个迷思，因为黄金曾作为交易货币而流通，许多人认为那是上佳的获利工具。想象你的曾祖父拥有一堆黄金，价值等于20世纪20年代他那座房子的价格。他指定这些黄金要作为遗产留给自己的某一曾孙——跟美国作家格特鲁德·斯泰因（Gertrude Stein）最相像的那个曾孙。幸运（还是不幸?）的是，家人宣布你长得最像。

你满心欢喜地接受了，心想着如果曾祖父这些黄金足够在20年代买一座房子，今天大概应该够买一座小镇了吧。幸好这故事并非真实。假如是真的，你拿着那些钱连一套公寓也买不了。尽管坊间吹捧，黄金作为长期投资工具，实际收益可怜，其升值能力比股票、房地产、债券都要差，更不如格特鲁德·斯泰因的初版书。

黄金单独来看是彻底输家

据沃顿商学院教授杰里米·西格尔所言，假如在1801年投资买入1美元的黄金，到了2014年这些黄金大概值55美元。

同样的1美元若投资在一般美国股票上，现在应该已升值至超过1 100万美元。[1]

好吧，黄金不是什么增值利器，但比股票稳健，对吧？也许不是。1971—2014年，有16年金价呈现下跌。相反，美国股市只有10年呈跌势。黄金的年跌幅有8次超过10%，而股市只有6次。[2]

这是否意味着你不该买入黄金？遗憾的是，大部分投资专家及顾问们总是在金价暴跌前鼓励大家买入黄金。1979年黄金令投资者心醉神迷，上升了125.6%，两年后一跌不可收拾，接近25年后才完全收复失地。许多倒霉的投资者就是眼馋之前的升势而在1979年年底和1980年买入黄金，因而被套牢。

大多数人（包括许多理财顾问）都有从众心理，听信预测，追随近期表现。在2011年，黄金又再成为热捧资产，只因金价在2009年和2010年分别上升了24%及29.3%。但是，一般投资者总是在黄金的火箭飞船快耗尽燃油之际才登上。[3]机构投资者一抛售，金价便在两年内从2011年的高峰下跌了37%。

普通投资者的悲歌听起来像一首西部乡村民谣，诉说着主人公失去皮卡货车、女朋友和狗的哀伤故事。但通过一种持之有度的投资策略，每年花不到1小时，你就可以构建也许是世界上最稳健的投资组合，其名为“永久投资组合”。而讽刺的是，黄金正是这种投资组合的组件之一。

20世纪苏格拉底在的士高年代之构想

永久投资组合在1972—2012年仅有3年出现亏损。最大幅度是在1981年，亏损了4.1%。而在这40年的时间里，年收益率平均为9.6%，若最初投资1万美元，到2013年将增值至429 041美元。这种投资策略是被冠以“20世纪苏格拉底”之称的哈利·布朗（Harry Browne）在的士高年代的创想。

苏格拉底在古老的雅典四处游走与路人对话辩论，追寻智慧，却难觅智者。聪明人是有的，但他们不懂的远超越他们所懂的。布朗在20世纪70年代也发表过类似的言论。在预测投资趋势的问题上，大家都一窍不通。就有关财经预测的研究来看（由CXO顾问公司每年编录），他此言不假。[4]

永久投资组合包含等分的4个类别资产：黄金、债券、现金、股票。在下一章，我将介绍如何利用ETF按该方式投资。但首先，我们来看表10.1，假如投入1万美元构建永久投资组合，在1971—2012年这笔钱的增值情况。

表10.1　1971—2012年永久投资组合的资产增值情况

年份	永久投资组合的年收益率（%）	永久投资组合资产增值情况（美元）
1971		10 000
1972	18.6	11 860
1973	14.4	13 563
1974	14.4	15 517
1975	6.8	16 578
1976	11.8	18 530
1977	5.1	19 468
1978	11.9	21 781
1979	39.3	30 334
1980	14.2	34 636
1981	−4.1	33 206
1982	23.6	41 033
1983	3.5	42 457
1984	3.1	43 783
1985	20.2	52 625
1986	18.1	62 162
1987	6.4	66 167
1988	4.2	68 972
1989	12.9	77 900
1990	1.6	79 138
1991	13.0	89 398
1992	4.3	93 274
1993	12.7	105 124

续表

年份	永久投资组合的年收益率（%）	永久投资组合资产增值情况（美元）
1994	−2.6	102 407
1995	19.6	122 526
1996	4.8	128 387
1997	7.4	137 875
1998	10.6	152 506
1999	4.4	159 159
2000	3.0	163 997
2001	0.4	164 643
2002	7.2	176 451
2003	13.9	200 948
2004	6.3	213 584
2005	8.0	230 735
2006	10.7	255 522
2007	13.3	289 500
2008	−0.7	287 415
2009	10.5	317 651
2010	14.5	363 655
2011	10.5	401 903
2012	6.8	429 041
平均值	9.6	

资料来源：Craig Rowland，"Permanent Portfolio Historical Returns，" *Crawling Road*. Accessed May 7，2014. www.crawlingroad.com/blog/2008/12/22/permanent-portfolio-historical-returns/.

这种绝佳的投资组合永远难成大热（理应受欢迎才对！）

这种投资组合一直没成为大热，也永远不会。无论你何时听说这种投资法，总有理由让你不愿意把资金等分配置于现金、股票、债券、黄金。也许是因为金价太高了，或股票快将陷入长达 10 年的跌市，或债券收益将跌至谷底。

比如，在 1980 年，金价升至近 850 美元一盎司之际，把投资组合中的1/4投入黄金（前9年攀升了2 025%）似乎是疯狂之举。但那正是永久投资组合的配置要求。另外25%投资到美国股票也同样看似不智，理由正好相反。当时标普500指数处于15年来的最低位，许多投资专家认为只有输家才会去买股票。

没有人知道黄金价格何时跳水，也没人能预料股市何时飙升。持永久投资组合的投资者则不用忧虑——黄金、股票、债券、现金，他们各持一份。上升的最终将被卖出，下跌的最终将被买入。

永久投资组合在1980—1989年的10年间收益大体不俗，平均达10.36%。

到了1990年，股票急速上升。相比之下，永久投资组合似乎步调落后了。75%配置于债券、现金及黄金（仅25%投资于股票），这样的投资组合像是保守年代遗留的产物。

但之后10年，直至1999年，其平均收益率为7.7%。总值翻了倍，而且仅在1994年出现亏损，跌幅为2.6%。

在2000年，没有多少人会考虑永久投资组合。之前20年股市节节上升。大多数投资者以为升势将持续。存款利息不高，黄金自1980年以来已下跌70%。但在之后10年（2000—2009年），哈利·布朗所创的这种投资组合的年收益率平均接近7%。紧接的3年，即2010—2012年，年收益率分别为14.5%、10.5%及6.8%。从2000年至2012年，该投资组合仅在2008年出现0.7%的亏损，而当年标普500指数下跌了37%。

以下是投资10万美元于永久投资组合的例子：

25 000美元债券
25 000美元股票
25 000美元黄金
25 000美元现金

100 000美元总值

正如克雷格·罗兰（Craig Rowland）和J. M. 劳森（J. M. Lawson）在合撰的《永久投资组合》（*The Permanent Portfolio*）中解

释的，这样的投资一般需要每隔几年进行调整。表 10. 1 显示了回溯测试的结果，只有当一种资产类别在总值中的占比超过 35%或低于 15%时才须再平衡调整。

例如，若金价下跌，债券价格不变，而股价上升，上例中的永久投资组合在几年后大概会变成以下比例：

25 000 美元债券（总值的 23. 36%）
38 000 美元股票（总值的 35. 51%）
18 000 美元黄金（总值的 16. 82%）
26 000 美元现金（总值的 24. 29%）

107 000 美元总值

此时，其中一种资产类别（股票）的价值超过总值的 35%。为按原本配置调整投资组合的比例，部分股票资产及现金须转投黄金。虽然很简单，但报纸及网络上（假如你搜索）的评论员正为黄金前景高唱哀歌。“经历最近的跌市，现在买入黄金就像与尸同眠一样。”讨厌、恶心、吓人。

当然，他们听起来总是颇有道理的。而你则面临抉择：是选证据显示收益有保障的永久投资组合平台，还是媒体专家吹嘘的那些通常不靠谱的方法？

假如你在海外工作，每年会向投资组合投入新资金，便不必人工调整再平衡。跟沙发土豆投资组合一样，你可以每月把存款投资增持组合中表现较为不佳的资产。要了解详情，你只需查看经纪人提供的对账单。以下是一例：

账户对账单：2017 年 2 月 1 日

98 000 美元债券（总值的 25%）
98 000 美元股票（总值的 25%）
98 000 美元黄金（总值的 25%）
98 000 美元现金（总值的 25%）

392 000 美元总值

一个月后，你的投资组合也许会变成这样：

账户对账单：2017 年 3 月 1 日

99 000 美元债券（总值的 25.56%）

89 000 美元股票（总值的 22.98%）

101 000 美元黄金（总值的 26.08%）

98 200 美元现金（总值的 25.36%）

387 200 美元总值

因为在之前一个月里股票是表现最差的资产，你可以增持股票。别担心增持股票后其比例稍高于 25% 的标准。只需一贯地每月购入表现最差的资产类别便可。

假如所有 4 个类别的资产价格都下跌（不太可能），增持跌幅最大的那一类资产。

这为何奏效？

永久投资组合之所以奏效是因为其分散投资于走势往往相反的多个资产类别。与沙发土豆投资组合相似，所运用的再平衡手段可让投资者在别人恐慌之时贪婪。这种投资组合并非每年都赚钱，但历史数据显示，其大部分时间是获利的。

经济状况一般只有 4 种情况：

1. 繁荣
2. 通缩
3. 衰退
4. 通胀

繁荣对股票和债券是好的。市场繁荣的特征是生产力提升，气氛乐观，令许多投资者感觉好景将持续而向市场投入大量资金。在这种情况下黄金却反而表现疲弱。黄金买家一般在经济景气时冬眠，总想着囤积黄金在经济变坏的时候变卖金条换取面包。

通缩更有利长期债券和现金存款。在企业利润受挤压时股票通常表现不佳。随着产品价格逐年下降，购买力增强，现金是王道。在通缩时期，股票和黄金通常表现触底。

衰退会挫伤大部分资产类别，但影响往往是短期的。随着经济收缩，利率会上升，导致债券表现差强人意。黄金和股票往往令人失望，这使现金再次成为投资组合中的救命稻草。

通胀有利黄金投资。货币贬值时，人们对票据资产的恐慌会加深。这种情况下，股市有时会表现好，有时不然。而历史证明，当通胀抬头，黄金最能保障购买力。

虽然知道有这 4 种经济状态，你却永远无法预计市场将进入哪一状态。而且无一例外地，谁也猜不透前景。持有各类资产并减持热门类别的做法长期来看表现极为稳定。

留意图 10.1 的对比曲线，显示的是永久投资组合与美国股票、债券、现金、黄金的收益对比。从 1971 年至 2011 年，前者表现更胜股市，却远不如股市波动大。

上述涉及的是投资美国股指的结果。投资者可以进一步分散投资于全球股指，外国投资者还应该投资本国股市。

你的投资近来收益如何?

假如你持有永久投资组合，之后一年股票飙升了 30%，你的投资组合收益将落后于股市的回报水平。连资金受困于高费用境外养老金产品的那些投资者的年收益也比你高。

“我走错棋了!”你也许会高喊。这时，假如你听信那些充满陷阱的股市预言而冒险挺进，几乎可以肯定，随时会落得万劫不复的下场。你会看到报道说某只大热新推的共同基金获得三位数回报，你又会看到对股市前景的红火预测，还会读到不少“我如

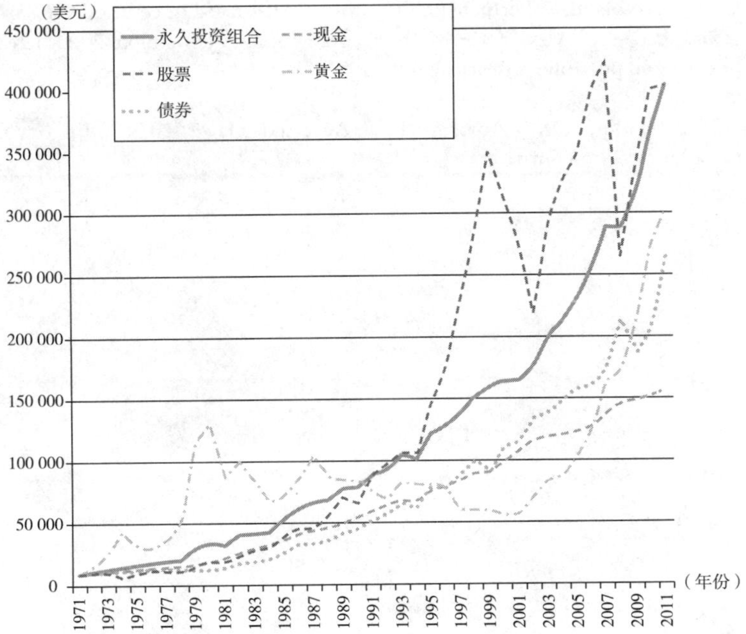

图 10.1　1971—2011 年永久投资组合的表现

资料来源：Craig Rowland，"Permanent Portfolio Historical Returns，" *Crawling Road.* Accessed May 7， 2014. www. crawlingroad. com/blog/2008/12/22/permanent-portfolio-historical-returns/. Reprinted with permission.

何单凭一只股票致富"之类的故事，引诱你把分散投资之道抛诸脑后。

但你要扛住这些诱惑。无论是选择永久投资组合还是沙发土豆投资组合，按计划持之以恒。随时势变化而频繁改换投资策略可能与高买低卖一样招致损失。

在解释如何打造这种投资组合前，我将介绍另一策略。这是沙发土豆投资组合的变式，运用到"基本面指数"的概念。

注释：

1. JeremySiegel.com. Accessed July2, 2014. http%3A%2F%2Fwww.jeremysiegel.com%2F.

2. Craig Rowland, "Permanent Portfolio Historical Returns," *Crawling Road*. Accessed May 7, 2014. www.crawlingroad.com/blog/2008/12/22/permanent-portfolio-historical-returns/.
3. 同上。
4. "Guru Grades," CXO Advisory RSS. Accessed May 7, 2014. https://www.cxoadvisory.com/gurus/.

第十一章　基本面指数：我们能否打造更佳的指数投资组合

部分学者认为，传统指数基金的表现可能不敌对手，这对手并非主动管理型基金，而是基本面指数。本书经锐联资产管理有限公司（Research Affiliates）许可使用“基本面指数”这一注册商标术语。

别被“基本面”* 一词吓跑。这些指数不会把一切炸掉然后重建天上人间，但其有别于按资本加权计算的传统指数。我将以篮球为比喻解释这两类指数的区别。

犹如篮球赛中最佳球员上场最久

想象一位篮球教练正在考虑让哪位球员留在场上最久。他必须在每场比赛上充分利用每位球员，所以他想到一个简单的方法：最大块头的球员上场最久。他们往往既是最佳射手也是篮板王，所以这个简单策略是有效的。

假如这样的教练兼职为先锋集团构建标普500指数基金，他应该会运用类似的策略，打造出按资本加权配置的指数。这意味着市

---

* fundamental，该词在英语中有“根本性”“彻底”之意。——译者注

值最大的股票（许多也是收益最丰厚的）最被看重。换言之，投入资本加权指数的资金将按该指数所含股票的市值大小比例配置投资。

现在，想象另一篮球教练以不同的方式调配球员。他没有让最大块头的球员留在场上最久，而是客观地综合衡量球员的投球准确度、抢篮板能力、肌肉含量百分比来决定其上场时间。虽然，他也调用每位球员，但上场时间最长的是以上指标最佳的球员。

假如这位教练被请来为标普 500 指数构建一只基本面指数基金，他将忽略股票的市值大小，而是把最大份额的资金投到利润、股息、账面价值（企业资产减去负债）最高的那些股票。许多这种公司也是市值最大的，但并非全部如是。这位教练构建的不是资本加权型指数，而是一种基本面指数。

资本加权指数和基本面指数都以数学程式为基础，与依赖投机猜测的主动管理型基金不同。

但假如资本加权指数按股票大小比例投资，我们怎么衡量股票的大小？这就得计算购买该企业的所有股份需要多少资金。这一总价在投资界术语中被称为市值。把股票的每股价格乘以出售的股份数量便可得出市值。

我撰写本书时，沃尔玛的股价为每股 75 美元。当我们把该股价乘以股份总数，得出其市值为 2 440 亿美元。这就是把沃尔玛的股票全部买下所需的资金。

要计算埃克森美孚的市值，你同样可以把其每股价格乘以份数。假如其股价为 97 美元，乘以股份份数后，其市值会超过 4 000 亿美元。相比沃尔玛的市值，买入埃克森美孚的所有股票需多花 1 560 亿美元。两家公司都规模宏大，但埃克森美孚更大，所以在加权指数基金中其上场分量也更大。

现在假设你是像先锋集团这样的公司。为构建一资本加权的标普 500 指数基金，你会把资金按股票的大小（市值）依次投入。跟大块头球员备受重视一样，你投入埃克森美孚的资金会大于向沃尔玛的投资。以下是两家公司的股价变化如何影响指数的表现。

假设标普500中499只股票在这周股价都没变，而埃克森美孚的股价期间上升50%，该指数将稍微上升。

如果股价上升50%的是沃尔玛，而非埃克森美孚，其他499只股票价格不变，该指数也会上升，但幅度没有上述情形高。

标普500指数直接按股票的市值进行权重计算。企业越大（埃克森美孚比沃尔玛大），对该指数价格水平的影响就越大。

但那位构建基本面指数的篮球教练不会让埃克森美孚的股票在其指数中占最大份额，除非衡量过其利润度、股息及账面价值，显示那是收益最大的股票。

以苹果公司为例，2012年该公司首次成为美国最大的企业，但它也是美国最盈利的企业吗？非也。不过，其市值（股价×股份数量）比美国其他任何公司都高。在资本加权的标普500指数中，投入苹果公司股票的资金会比投入其他股票的多。但按基本面因素构建的指数就不会如此，最盈利的企业（非最大的企业）将对指数最具影响力。

资本加权指数大幅押注在热门股票上。遗憾的是，盲目追捧往往把股价推至虚高的程度。在热度期（可能维持数年），热门股的价格可能上升得比实际盈利快。这并非好事，股价最终不是停滞不前便是下跌至与其实际经济情况对应的水平。

通常，一国前十大企业在股市的表现最后都不如一般股票，就像大块头篮球运动员上场太久动作会变慢变差一样。[1]而基本面指数则不同，其权重最大的股票极少是市值最大或最热门的股票，不讲论资排辈这一套。

似乎跑赢大市的指数基金

研究人员罗伯特·阿诺（Robert D. Arnott）、特贾森·许（Jason C. Hsu）和约翰·威斯特（John M. West）在合著的《基本面指数》（*The Fundamental Index*）中指出，从1962年至2007年，标普500指数

的年均收益率为 10. 3%，而按回溯测试的结果显示，一只包含同样股票但比例不同的基本面指数期间可获的收益率为 12. 3%。[2]若进行 45 年的复算，1 万美元投资在上述不同指数，收益差将超过 100 万美元。

1 万美元按 10. 3%的收益率将增值至 823 944 美元。

1 万美元按 12. 3%的收益率将增值至 1 848 647 美元。

投资界教父称之为巫术

但基本面指数的费用相对高，所以并非人人喜欢。先锋集团的创始人及指数投资之父约翰·博格认为，基本面指数的较高费用会损害投资回报。[3]他甚至将其比喻为巫术，营销手段大于实际。

澳大利亚研究者阿努普·巴苏（Anup K. Basu）和布里吉特·福布斯（Brigitte Forbes）则不同意。他们发表的一项研究结果反驳了博格的言论。估算费用后，他们发现，在 1985 年 4 月至 2010 年 3 月间的每个 5 年期中，澳大利亚的基本面指数都跑赢了资本加权指数。基本面指数每年的优势在 2. 63~4. 88 个百分点。[4]

你本国市场的基本面指数也有这样的表现吗？阿诺、许、威斯特认为大有可能。他们对资本加权指数和基本面指数在 1984—2007 年的回报做过比较。他们选取了 23 个国家和地区的数据进行对比，只有一处（瑞士）出现基本面指数跑输的情况。这些市场的年收益情况如表 11. 1 所示。[5]

同样有趣的是，这些研究人员对于国际市场指数的新发现。假如包含标普 500 股票的一只基本面指数可以跑赢资本加权指数对手，那么，一全球基本面指数能否有同样表现？

全球基本面指数或可助你躲避泡沫

跟个别股票一样，一些市场的增长速度比其经济发展实质要快。日本是最佳的例子。在 20 世纪 90 年代末，其股市指数高至天际，在

表 11.1　1984—2007 年基本面指数与资本加权指数的回报对比

国家和地区	RAFI 基本面指数	MSCI 资本加权指数
澳大利亚	16.3%	14.0%
奥地利	17.8%	12.5%
比利时	15.5%	14.0%
加拿大	13.4%	10.7%
丹麦	12.7%	11.2%
芬兰（自 1998 年）	15.8%	14.7%
法国	16.9%	12.9%
德国	13.8%	10.9%
希腊（自 1989 年）	21.0%	19.1%
中国香港	22.2%	18.6%
爱尔兰（自 1998 年）	17.6%	9.6%
意大利	15.4%	13.1%
日本	7.1%	4.3%
荷兰	14.0%	12.8%
新西兰	7.2%	6.8%
挪威	17.5%	13.3%
葡萄牙（自 1989 年）	13.2%	9.2%
新加坡（自 1989 年）	13.1%	9.6%
西班牙（自 1989 年）	16.8%	13.7%
瑞典	17.1%	15.0%
瑞士	11.6%	12.0%
英国	15.0%	12.1%
美国	14.4%	12.4%
23 地平均值	16.5%	13.9%

资料来源：Robert D. Arnott，Jason c. Hsu，and John M. West，*The Fundamental Index：A Better Way to Invest*（Hoboken，NJ：John Wiley & Sons，2008），123.

顶峰时占了发达世界市场总资本的 51%。但日本企业的产品销售额有达到第一世界国家销售总值的 51%吗？远没达到。当时的日本正处于一轮疯狂的泡沫经济，造成的破坏至今仍未修复。

以基本面为权重的全球股票市场指数不会按各国市场的资本规模投资，所以即使个别国家的指数跌至谷底（像日本的情况），此全球指数也不会随之暴跌。以基本面为权重的全球指数会按每个国家的上市企业指标来权衡调整投资比例。一国企业的利润度越大，考虑其对全球的影响，该国市场在指数中的占比就越大。

虽然阿诺、许、威斯特在发表著作时市面上还没有这样的全球指数，他们猜想这一产品的年收益率将比资本加权的全球指数再高3.3%。所以之后他们为零售投资者创制了这么一款产品。

他们在2007年12月推出了名为“景顺富时RAFI全球3000指数”（PS FTSE RAFI All-World 3000 index）的指数产品。截至2013年12月，该产品的5年平均回报率达14.98%，其资本加权指数对手的平均回报率则为12.47%。[6]

新兴市场出现的收益差最大

阿诺等人经过回溯测试后发现，基本面指数和资本加权指数的收益差在新兴市场中更为显著。这类市场可能极为波动。结果，许多跌至远低于其经济实力，另一些则像氢气球般飞往天际。但此般错配不会永远持续。跟个别股票一样，差距会被无形之手纠正过来，迫使价格调整至匹配经济实力。

阿诺、许、威斯特发现，在1994—2007年，一基本面指数的年均收益率可达19.4%，而对应的资本加权指数年均收益率则仅为8.7%。若投资1万美元，收益差相当大。

> 1万美元按19.4%的收益率在13年后将增值至100 243美元。
> 1万美元按8.7%的收益率在13年后将增值至29 579美元。

但回溯测试结果是一回事，实际可买入的投资产品又怎样？

罗素投资集团提供了这样一款指数产品。截至2013年10月31日，其10年平均回报率达16.95%（按美元计算）。[7]相比之下，安硕新兴市场指数在同期的平均升幅为12.25%。[8]

然而，基本面指数也非常胜将军。比如，安硕提供的众多指数中有一款加拿大市场基本面指数。从 2006 年 2 月推出至 2013 年 11 月，其总升幅为 56.74%，落后于加拿大安硕标准普尔/多伦多资本加权指数的 64.86%这一升幅。[9]

这些难道不是主动管理型产品吗？

你也许以为基本面指数只是低价版的主动管理型产品，非也。其再平衡根据的是客观的经济指标——利润、账面价值和股息。主动管理型基金经理则靠投机猜想哪家公司的股票准备飙升，并借此获取高薪。遗憾的是，其业绩并不值这般高薪。大部分基金经理的投资表现低于对应的指数基金获利水平。

虽然费用比传统指数稍高，基本面指数产品与主动管理型基金相比还是便宜的，而且基本面指数产品业绩斐然。

在后面的章节，我将解释不同国籍的投资者可如何投资这类产品。但先选好你的投资方法，是传统的沙发土豆投资组合，还是永久投资组合，或是带基本面权重的沙发土豆投资组合？这 3 种策略长期来看都应该表现不俗。但，正如本书一直强调的，别一次换一个方式，频繁改换投资策略。

绝对不要受眼前业绩迷惑。看证据，按自己的个性理智地选择一种方法。1 年、3 年或 5 年的历史往绩并不能预示未来前景。所以，别受这些因素的影响。

注释：

1. Andrew Hallam, “With Stocks, Bigger Isn’t Better,” *Canadian Business*, October 15, 2013. Accessed May 7, 2014. www.canadianbusiness.com/investing/with-stocks-bigger-isnt-better/.
2. Robert D. Arnott, Jason C. Hsu, and John M. West, *The Fundamental Index: A Better Way to Invest* (Hoboken, NJ: John Wiley & Sons, 2008), 19.
3. “Arnott Index Derided by Bogle as Witchcraft Beats Vanguard Fund,” Bloomberg.com, June 2, 2011. Accessed May 7, 2014. www.bloomberg.com/news/2011-06-02/arnott-index-derided-by-bogle-as-witchcraft-beats-vanguard-fund.html.

4. Anup K. Basu and Brigette Forbes, "Does Fundamental Indexation Lead to Better Risk-Adjusted Returns? New Evidence from Australian Securities Exchange," *Accounting & Finance Journal* (January 2013). Wiley Online Library. Accessed July 2, 2014. http://onlinelibrary.wiley.com/doi/10.1111/acfi.12016/full.
5. Arnott, Hsu, and West, *Fundamental Index*, 123.
6. FE Trustnet Offshore. Accessed July 2, 2014. www.trustnetoffshore.com/Factsheets/Factsheet.aspx?fundCode=B5FO8&univ=E.
7. Russell Fundamental Index Series | Russell Investments. Accessed May 7, 2014. www.russell.com/indexes/americas/indexes/fact-sheet.page?ic=D41459.
8. iShares ETF Performance. Accessed May 7, 2014. www.ishares.com/us/products/239637/ishares-msci-emerging-markets-etf.
9. Andrew Hallam, "Is It Worth Making the Shift to Fundamental Indexes?" *Globe and Mail*. Accessed May 7, 2014. www.theglobeandmail.com/globe-investor/investment-ideas/strategy-lab/index-investing/is-it-worth-making-the-shift-to-fundamental-indexes/article11446205/.

第十二章　高能而正直的理财顾问

承认吧，你觉得自己比一般人长得好看，不是吗？假如是司机，你大概会觉得自己的车技比大多数司机好。而且你也很可能觉得自己比一般人聪明。遗憾的是，你的吸引力、车技或智商若经旁人的客观评议，结果可能令你幻想破灭。

同样道理，许多人高估了自己管理指数基金投资组合的能力。别误会，自行管理投资组合并不难，但大多数人的效率不高。

当全世界热捧某一利好资产类别，在调整投资组合再平衡时，大多数人会舍不得卖出这类资产的份额。同样，当其他人对某谷底资产类别不屑一顾时，你会恨不得把手中这类资产尽数抛售掉。实话实说，面对投资组合的波动，控制情绪才是投资者面临的最大挑战。

问问自己是否具备所需的能耐。

指数投资者的回报大多低于所持指数本身的收益水平，这是个怪异的悖论。他们买入热门指数，厌弃冷门指数，也不调整再平衡投资组合。投资管理公司“指数基金顾问”（IFA）从晨星、达尔巴及博格金融市场研究中心提供的数据中发现，在30年投资期中，不通过顾问而自行投资的一般指数投资者仅获取到应得收益的82.7%。即假如一个经再平衡的多元化指数基金投资组合本来可增值至100万美元，一般指数投资者的资金则只能增值至827 000美元。内外压力之下，会令其损失 173 000 美元，见图 12.1。[1]

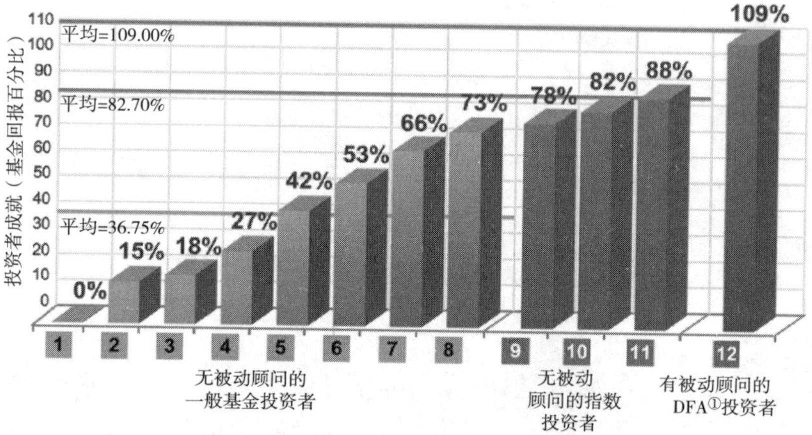

图 12.1　主动管理型共同基金和指数投资者在通过顾问及不通过顾问投资的情形下分别获得的市场回报率

① DFA，Dimensional Fund Adivisor，空间基金管理公司。——译者注

资料来源：Index Fund Advisors（IFA），using data from Morningstar，Dalbar，*Money* magazine，and the Bogle Financial Markets Research Center.

同一研究显示，主动管理型基金的个人投资者获利更低，相比按部就班地投资的指数组合，前者的 30 年收益仅为后者的 36.75%。所以，那是个漏缝的水桶。幸运的是，投资者可以请理财顾问为自己构建指数基金投资组合。

你拥有忍者的自制力吗?

假如你天生如忍者般循规自持，自行管理指数投资组合应该没有问题。但自问是否存在以下问题：

- 贪吃?
- 上大学时跟随朋友狂喝滥饮?
- 有抽烟习惯?

- 明知不健康的食物照吃不误？
- 担心股市崩盘？
- 听到经济预测时会考虑进行相应投资行动？

假如你对以上任一问题给出肯定的答案，恭喜你，你是正常人。但能冷静地再平衡指数投资组合的投资者绝非常人。别误会，这个过程是简单的，只是当市场波动或大跌时，自行管理指数投资组合则是极大的挑战。

优秀理财顾问的素质

正是上述原因，若有操守端正的理财顾问能为客户合理构建并管理指数投资组合，收取费用也是物有所值的。遗憾的是，这类顾问也有点像忍者，传说中是存在的，但你可能从未见识过。

他们不会闯进你的办公场所，给你打推销电话，他们不怎么做广告，隐形一般。

我知道你此刻的想法。怎么会有理财顾问愿意为道德操守而舍弃巨额的佣金或共同基金回扣？我们不应置疑。并非每一位理财顾问都会向阴暗面折腰。

有些正直的顾问会指导客户投资，只收取一次性的咨询费用，也有的按投资组合资产的一定比例收取低廉的年费。

顾问不应收取佣金

理财顾问收取佣金其实是包含利益冲突的。因此，他们向客户推荐的可能并非最佳产品，而是满足自身利益的产品。正是这一缘故，有些顾问只推销一家共同基金公司的产品。这类公司包括“泰凯尔国际”（Tie Care International），其销售的是“美国基金”（A-merican Fund）的主动管理型产品。说句公道话，这家公司跟一般销售境外养老金产品的公司相比简直是德雷莎修女般善心仁慈。泰凯尔国际并不收取账户年费，其销售的美国基金系列产品的费率也非常低。但投资者每次买入产品都会被收取5.75%的佣金，这意味着他们必须在来年取得6.1%的收益才不至亏本。

正如普林斯顿大学教授及《漫步华尔街》的作者波顿·麦基尔（Burton Malkiel）说的："在任何情况下也不该买入收取销售佣金的基金。可以免费得到的，就完全没必要付钱。"[2]

顾问不应为你的投资组合买入个别股票

有些顾问不推荐主动管理型共同基金产品，但声称可通过投资个别股票打败大市。别信以为真。长远看，买入个别股票的，收益大多不如投资指数产品。记住，70%的主动管理型企业年金产品的收益低于市场水平。[3]所指的并非忠利和友诚这类公司销售的境外理财"驴子"产品。相反，我说的是"种马"型产品——零售投资者无法购入的企业年金产品，像通用电气这类公司以极低的费用买入的投资产品。假如这些产品也跑输大市，你的高收费零售经纪人又怎么可能获得佳绩？

投资个别股票不但收益落后，而且大多没做到分散投资。CBS理财栏目MoneyWatch的专栏作家及《像巴菲特一样思考与投资》的作者之一拉里·斯韦德鲁（Larry Swedroe）指出，投资者需要至少买入50只美国大盘股才算是分散投资美国大盘股。[4]那还未包括中型或小型企业股票。而根据先锋集团的数据，先锋的美国股市指数则包含超过3 600只股票，包括大盘股、中盘股、小盘股。

当然，全面分散投资不只是买入不同规模的股票，还包括投资国际市场。除非你的经纪人打算替你买入数百只外国股票，否则，你对全球市场的投资面也是不够宽广的。而且由于理财顾问无法预测来自多国的数百只不同股票未来走势如何，所以，还是投资指数基金获益更大。

顾问收取的年费不应高于1.25%

聘请理财顾问时须确保指数投资组合的管理年费不高于1.25%。

假如顾问收取高达 1.25%的费用，你应对其服务提出高要求。就 10 万美元的投资组合而言，年费就是 1 250 美元。正如所见，费用算起来的确是一大笔钱。若费率是 1.5%而非 1.25%，经年累月下来，加上复利，投资者得多付数万美元。

顾问不应赌博

聘请理财顾问时，先了解一下他们的投资理念。别请那些会根据经济预测而调整投资组合的顾问。他们提及某某经济学家的预言时也许显得精明老练，但别相信这一套。假如某顾问或某顾问公司完全依预测行事，你应该堵上耳朵，转头就走。大部分经济预测都是错的，害人不浅。

顾问不应买入高费用的指数产品

理财顾问可以从多家指数基金供应商选择产品为你构建投资组合，但要求他们只从以下几家公司选取：先锋、嘉信、空间基金管理（DFA）或普信（T. Rowe Price）。假如理财顾问替你买入 ETF，指定他们选择先锋、嘉信、安硕、地平线（Horizon）、BetaShares 或景顺的产品。当然还有其他一些低费用的供应商，但若从以上公司也选不到产品来构建投资组合，你的顾问绝对是在招摇撞骗。

值得考虑的专业投资机构

以下是一些符合上述标准的顾问公司。列举的数目不多，若进一步研究，你应该还能找到其他同类公司。

为美国侨民提供指数投资服务的顾问公司

公司名称：诺托理财规划（Noto Financial Planning）

账户最低资产规模：15 万美元

多年前，金宝汤公司在其汤罐头包装上加添了一男孩儿笑脸。他是健康美好的象征，到今天每当我喝蘑菇汤的时候，他的形象依然在我脑海中浮现出来。

跟托尼·诺托聊10分钟，你也许会以为眼前就是那位金宝汤代言小孩儿的成人版。

托尼·诺托在旅居中国时成为注册理财规划师，他也是一名特许金融分析师，这使得他成为最具资格的海外人士理财顾问之一。“2008年我刚开始在中国给外籍侨民提供理财顾问服务时，”托尼说道，“所有投资公司都着重推销与保险相联的投资产品。我创立诺托理财规划公司是希望给旅居侨民提供另一种选择：不受佣金利诱影响的专业理财顾问意见。”

在中国住了8年后，他搬到夏威夷，在那里继续专注为美国侨民提供金融投资规划服务。其客户的最低投资门槛为15万美元，而投资管理及理财规划的费用为每年1%。其构建的投资组合全部运用指数基金。账户资产超过75万美元时，费用可有所减免。

与大部分理财顾问不同的是，他的客户群保持在较小的规模。如此一来，他能为每一账户提供最高程度的贴身服务。他每年会与客户面谈或者进行电话会议2~6次。收取的年费包含全方位的理财规划：保险、投资需求、美国税务规划、目标制定、子女教育金规划。

即使不签约为长期客户的海外侨民也可以向该公司咨询。其他公司的许多顾问会提供“免费”的简版服务，但往往只是一种招徕，真正的意图是把警觉性低的投资者引向高佣金产品。而托尼没有从境外养老金公司、保险公司或共同基金公司获得任何佣金回报。托尼拥有旅居海外的经验，正直守规且资历深厚，是非常抢手的顾问人选。

公司名称：科拉弗菱私人理财顾问（Creveling & Creveling）
账户最低资产规模：75万美元

与托尼·诺托一样，乍得·科拉弗菱及佩吉·科拉弗菱夫妇资质过硬。住在泰国曼谷的这对美国夫妇均为国际理财规划师，同时也是特许金融分析师，都曾从事证券分析师工作。“我们会持续指导客户投资，”佩吉解释道，“通常在头半年至一年期间保持每月沟通。”

科拉弗菱夫妇没有大规模发展客户群，而是专注于持续提供高水平服务。“我们的客户群相对较小，”乍得说，“但全面的理财规划是极费时间的。”

“许多海外侨民与伴侣的国籍并不相同，”佩吉解释道，“我们掌握有关国际税务规则的最新资讯，确保客户可以合法实现金融收益最大化。”

乍得表示，许多海外侨民在存钱的问题上也需要指导。“我们不但为客户构建指数投资组合，也帮助他们做全面规划，助其管理收入、开支、税务事务及对未来退休需求做好规划。”

截至 2014 年，科拉弗菱夫妇对资产总值在 75 万~100 万美元的账户收取的年费为 1.2%。超过该资产标准的账户，费率会下降。对比之下，大部分境外养老金产品的费用为其 3~4 倍，而且销售这类产品的人员一般资质较低，提供的专业服务水准不足。

科拉弗菱的客户多为美国人。但他们也为其他国籍的客户提供咨询服务。

公司名称：MASECO 私人财富（MASECO Private Wealth）

账户最低资产规模：100 万美元

限制：仅限旅居英国的美国籍人士

旅居欧洲的美国人有时备受一道税务规则的钳制。美国人如果在英国居住 7 年或以上，就必须就其美国投资所得分别向英国及美国纳税。而驻英的美国人与配偶国籍又往往不同，税务事宜变得更复杂。MASECO 专攻这类问题，为旅居英国的美国人提供全面的理财规划服务。

没错，这是个夹缝市场，但问津者众。MASECO 的创始人之一乔什·马修斯（Josh Matthews）解释道："我们在2008年创建公司，想着需求应该挺高的。6年后，我们管理的资金已累积至8.7亿美元。"该公司的客户投资规模多为100万~1 000万美元。

美国和英国的税法体系复杂，牵涉两地法规的众多侨民投资者纷纷向MASECO公司的30名员工及8位理财顾问求助。乔什解释说，总部在美国的许多大型投资公司有计划到英国开设办事处，提供类似服务。但在意识到所涉税务问题的复杂性后，它们很快便打消了这个念头。"这是个极具吸引力的市场，但非常复杂。稍有闪失，(客户的）后果不堪设想。"

幸好，MASECO公司为客户投资DFA指数，决策英明。

MASECO对客户投入的头50万美元资产收取最高1.25%的费率，之后更大额的投资将获费率优惠。该公司的最低投资门槛是100万美元。

公司名称：指数基金顾问公司（IFA）

账户最低资产规模：10万美元

指数基金顾问公司自1999年以来一直为客户提供咨询及构建指数投资组合的服务。截至2013年12月31日，该公司管理的资产总额为22亿美元。公司强调投资者应该挑选不存在利益冲突的信托机构。出于这个原因，它们建议，你的投资团队成员应彼此独立：一名注册投资顾问（如IFA）、一名独立的遗产规划律师、一名独立注册会计师以及一名独立的保险顾问。这是完全合理的。比如，投资顾问兼卖保险的话，他很可能会向客户推销佣金最高的金融产品，客户利益将受损。

该公司创始人马克·休伯纳（Mark Hebner）及其40名员工在服务客户的同时，还通过视频、文章、书籍提供独一无二的投资者教程。IFA设计了一系列投资组合并通过计算器、表格及动态图表显示这些组合未来86年的模拟收益。

IFA的投资策略是基于学术研究的结果，参考了尤金·法玛

(Eugene Fama，2013 诺贝尔经济学奖得主)、哈利·马科维茨 (Harry Markowitz，1990 年诺贝尔经济学奖得主) 及备受推崇的学者肯尼斯·法兰奇 (Kerneth French) 等人的研究成果。IFA 对客户投资的头 50 万美元收取每年 0.9%的顾问费用，更大额投资则费率从优。

公司名称：RW 投资策略 (RW Investment Strategies)

账户最低资产规模：不限

罗伯特·瓦西莱夫斯基 (Robert Wasilewski) 也许是世界上最不同寻常的理财顾问。他的目标是最终让客户把自己解雇掉，而很多时候结果的确如此。

他相信每个人都可以构建并管理低费用的 ETF 组合，所以他身兼理财顾问和投资导师之职。“我提供 3 种服务：咨询服务 (每小时收费 150 美元)、投资管理服务、客户在 3~6 个月后能接手自行管理组合的投资管理服务。对少于 100 万美元的资产，我收取 0.4%的费用；高于 100 万美元的，费率为 0.3%。另外，我管理的账户还有每季度 150 美元的收费。”

当然，他的一些客户希望他永远代管账户。“有时候他们是忙不过来，无法自行管理，”他说道，“要不就是厌恶算术的人。”瓦西莱夫斯基在职业生涯之初是一名信托管理投资顾问，管理价值数十亿美元的一项多雇主养老金计划—— 美国联合矿工工会 (UMWA) 的医疗及退休基金。后来他在华盛顿特区一家顶尖资金管理公司任董事总经理，于 2000 年退休。

无法阔别资金管理业的他，之后开始为另一投资公司的零售客户提供服务。“在一次演讲时，该公司的主席提议我向听众说，假如在我们公司投资的话，我们可以打败指数基金投资组合的表现。对此，我不同意，原因有二：首先，美国证券交易委员会不允许做出这样的声明；其次，这家公司的投资组合表现并未打败指数基金组合！当时我就决定要离开这家公司。”

他随即创立了自己的投资公司。“很多人投资失败是因为听信了那些油嘴滑舌的华尔街经纪人。凭着花哨的图表和各种信誓旦旦的承诺，他们的确是劲敌。而我只想帮助人们避免掉入一心自利的经纪人营造的陷阱。”

公司名称：资产构筑（AssetBuilder）

账户最低资产规模：5万美元

资产构筑公司的创始人之一斯科特·伯恩斯在1991年首创并推广沙发土豆投资组合策略。根据1991年前的市场情况做回溯测试的结果显示，结合股指和债指的投资组合，每年只需再平衡一次，会比大部分专业投资机构的组合获得更大的回报。当伯恩斯首次发表其发现时，金融经纪人拒不承认。

“经纪人会撒谎，”伯恩斯在2012年接受丹·博尔托洛蒂（Dan Bortolotti）的采访时说道，“那正是我们要面对的一大问题——销售人员的谎言。他们接受的主要是市场营销学的训练。在做出不实声明这方面，他们是训练有素的。”

1991年后，沙发土豆策略继续令各地专业理财顾问颜面尽失。许多投资者想自己放手一试，但发现不容易。他们不敢自行投资。所以在2006年，斯科特和肯农·格罗斯创立了资产构筑公司。他们运用空间基金管理公司（DFA）的指数构建了一系列沙发土豆投资组合。针对美国侨民，资产构筑公司选用嘉信的低费用ETF构建投资组合。在资产构筑公司销售代表的帮助下，客户可选择适合自己风险级别的资产配置方式。

投资组合运用了均值方差优化法。受诺贝尔经济学奖得主威廉·夏普和哈里·马科维茨的影响，资产构筑公司的投资组合包含了各种资产类别指数，包括小盘股、大盘股、价值股、成长股、国际股、新兴市场股、房地产投资信托基金及政府债券。目标是收益最大化及风险最小化。公司每年会对这些投资组合做再平衡，这样的调整不受财经预测的影响。相反，该公司只会在每年年底把每个投资组合调回最初的配置比例。

资产构筑公司的服务不包括遗产规划、目标制定或其他广泛的理财规划需求。但其年费低廉，依循原则再平衡，而且公司计划即将向非美国籍侨民提供类似服务。

利益关系全面披露：我是资产构筑公司网站专栏作家。

资产构筑公司收费表

账户规模	每年收取费率
50 000~249 999 美元	0.45%
250 000~599 999 美元	0.43%
600 000~999 999 美元	0.40%
1 000 000~3 999 999 美元	0.30%
4 000 000~19 999 999 美元	0.25%
20 000 000 美元及以上	0.20%

资料来源：资产构筑公司。

公司名称：瑞杰金融服务

账户最低资产规模：每指数投资组合 2 万美元

限制：仅限国际教师

我妻子和我结婚前曾在瑞杰金融服务公司开立投资账户。我在 2006 年分析过她的账户资料。利用晨星公司的数据库，我查到她买入的基金费用，再加上平均 1.75% 的基金管理年费率，我沮丧地发现她每年要为这些投资付出 3% 的费率。我们马上把资金转向先锋集团的投资产品。

2011 年，我的邻居马克想了解他在瑞杰开立的“自由账户”的费用情况。利用他提供的对账单及晨星公司的数据，我发现他每年的费率支出也超过 3%：瑞杰的账户管理年费率为 1.75%，再加上账户中共同基金的 1.3% 的费率。瑞杰能提供更便宜的服务吗？

2014年，我给瑞杰金融服务公司的顾问拉雅·耶茨（Lara Yates）发邮件查询。“你愿意给美国侨民构建指数基金投资组合吗?”我问道，“年费率能否不超过1%?”我知道这是种苛求。但假如她答应了，美侨们便可获得又一低成本理财顾问选择。这类投资组合费率一般为1.2%或以下（包括指数基金的费率），较我妻子和邻居通过该公司投资的费用低2/3。

拉雅对我的提议很感兴趣，几周后回复道：“我可以为国际教师提供这种服务，”她说，“公司的其他国际顾问也表示愿意做。”这就迈出了一大步。这对美侨来说应该是很棒的。但投资者要保持警觉。

瑞杰一向会奖励为公司带来高费用业务的顾问。布鲁斯·凯利（Bruce Kelly）在2007年为纽约媒体《投资新闻》（*InvestmentNews*）撰写文章时解释道：“为激励公司的顶级销售代表及理财顾问，瑞杰金融服务公司向最能带来业务收益的经纪人提供奖金。”

凯利补充道：“今年（2007年）新推出的延付报酬投资计划有一套销售奖励机制：带来费用及佣金收入达45万美元的属下销售代表可获1%的奖金，带来75万美元业务收益的经纪人可获2%的奖金，100万美元的获3%的奖金……最高是10%的奖金，派发给带来350万美元费用及佣金收入的销售代表。”[5]

瑞杰金融是一家上市公司。人们可以在纽约证券交易所买到其股份。2008年，路易斯·洛温斯坦（Louis Lowenstein）和尼尔·巴斯基（Neil Barsky）在其著作《投资者的困境：共同基金如何背叛你的信任及如何应对》（*The Investor's Dilemma: How Mutual Funds Are Betraying Your Frust and What to Do about It*）[6]中，提醒读者避免通过上市投资公司进行投资。他们指出，那些公司主要效忠其股东。股东不是使用瑞杰公司投资服务的客户，而是拥有该公司股票的人。瑞杰的股票（任何股票也一样）的升跌与该公司利润成正比。假如公司一直取得高收入（通过收取费用），其股价也会随之上升。晨星公司的数据显示，从1983年8月至2014年4月，瑞杰的股价累积升幅达8 000%。[7]少有其他公司能为股东带来此般利润。

许多投资者不解费用这一概念，因为很少人会花时间去计算其影响。

以下是一个小测试：哪位投资者需支付更高的费用？每次购入主动管理型基金需支付 5.75%销售佣金的投资者，还是按账户规模支付 1.75%年费率而无须支付销售佣金的投资者？

答案也许会吓你一跳。毕竟，5.75% 是比 1.75%高得多的费率。

泰凯尔国际公司通常向客户销售“美国基金”系列的主动管理型基金。该公司不收取年费，但每次买入基金收取 5.75%的佣金。瑞杰的“自由账户”投资者买入主动管理型基金时无须支付销售佣金，但每年需支付最高 1.75%的账户管理费用。表 12.1 的分项对比显示了假如两家公司的基金投资年收益率平均为 8%，25 年后扣除费用的资产总值。

表 12.1　泰凯尔收取的 5.75%代购佣金与瑞杰的 1.75%的全包年费率对比（假设投资 1 200 美元超过 25 年）

	泰凯尔国际 投资美国基金	瑞杰 自由账户
每年投资金额	1 200 美元	1 200 美元
扣除 5.75%销售佣金后的实际投资金额（适用于泰凯尔）	1 131 美元	1 200 美元
扣除全包年费前的年度收益率（如适用）	8%	8%
扣除 1.75%全包年费后的年度收益率（适用于瑞杰）	8%	6.25%
25 年后资产总值	89 297.44 美元	72 465.34 美元

假如基金回报相等，每年 1.75%的全包费用会比 5.75%的销售佣金更具杀伤力。

但是，瑞杰的一位销售代表指出，这一全包费用（账户资产越大费用越低）是合理的。她在给我的邮件中解释道：“瑞杰是业内唯一运用长期资本市场预测资讯的公司，而这方面的经济信息是从名为‘美世投资’（Mercer Investments）的第三方公司购得。”换言之，瑞杰相信购入市场预测资讯有助其策略性推测哪一行业或资产类别值得购入——性质犹如预言水晶球。

个人理财专栏作家杰森·茨威格在其佳作《金钱头脑》中指出，这类公司应该按一古老法则谈罚论责：“古老的斯基泰人为打击轻浮预言，凡预测有误的预言者均被判以火刑处死……假如市场预测和盈利预测这类现代版预言能以圣经中的古老法则问罪，投资者福祉也许会有所改善。”[8]

证据显示，市场预测多为营销术，缺乏实质。巴菲特在1992年在致伯克希尔-哈撒韦公司股东的信中表示：“我们一直觉得，股市预测的唯一价值在于让算命先生显得还不错。”[9]

在哈佛大学任经济学教授50年的已故经济学家约翰·肯尼思·加尔布雷思（John Kenneth Galbraith）曾任美国经济学会主席。1943—1948年，他还兼任《财富》杂志的编辑。“我们有两类预言者，”他说道，“一类是不懂装懂的，另一类是不懂自己不懂的。”[10]

涵盖最广的证据也许是由CXO顾问公司提供的持续数据：“为研究2005—2012年（市场预测）的情况，我们收集了由68名专家公开对美国股市的6 582条预测，包含运用技术指标、基本指标及情绪指标的多头和空头预测。”

CXO顾问公司发现，其中仅46.9%的预测是准确的。抛硬币猜中的概率还比这个强。[11]

但是，通过瑞杰投资的人士如今有选择的余地。正如拉雅·耶茨解释的：“账户资金在2万美元以上的投资者可以选择指数基金投资组合。”该公司仅收取1%的管理年费（未包括基金费率）。

这样的平台与泰凯尔的美国基金投资组合（投资者被收取5.75%的销售佣金）相比又如何？

主动管理型共同基金的表现总的来说等同于扣除费用前的市场表现。扣费后则是另一回事儿。平均来说，主动管理型基金收益低于大市表现的差额与收取的费率成正比。假如瑞杰以年费率平均为0.2%的指数基金构建投资组合，而泰凯尔的主动管理型美国基金组合内的产品年费率平均为0.7%，那么，前者的指数基金投资组合（长线看）很可能表现胜于后者的主动型基金组合，每年的收益差大约为0.5%。

假设每年收益差平均为0.5个百分点，瑞杰年费为1%的先锋指数投资组合与每次投资收取5.75%佣金的美国基金投资组合相比，最终收益相差会是多少？我们假设扣除基金费率前的市场收益率为每年9%。如表12.2所示，两者差距收窄。

表12.2　泰凯尔的美国基金投资组合与瑞杰的指数基金投资组合对比

	泰凯尔国际 投资美国基金	瑞杰 投资指数基金
每年投资金额	1 200美元	1 200美元
扣除5.75%销售佣金后的实际投资金额（适用于泰凯尔）	1 131美元	1 200美元（不收取销售佣金）
假设市场收益率	9%	9%
扣除基金费率后的年度收益率（如适用）	8.3%	8.8%
扣除1%全包年费后的年度收益率（适用于瑞杰）	8.3%（不收取年费）	7.8%
25年后资产总值	93 566美元	91 851美元

当然，我们无法预测哪个投资组合会真正取胜，但费用减降低确实能提高胜算。这时，两者差距收窄，泰凯尔在这个假设例子中稍胜瑞杰。但还有一个重要因素可能增加瑞杰的胜算。

“美国基金”主动管理型产品的应课税周转高于指数产品对手，

因基金经理的职责就是买卖股票。而指数基金则不同，其周转少（近乎零），是应税账户中更有效降低税负的工具。所以，瑞杰的投资组合税后收益很可能更胜一筹。

但瑞杰的投资者要保持警觉，你们也许需要极力争取才能构建指数投资组合。在加拿大发生的一些个案值得留意。

加拿大多数银行都提供指数基金。但若让其顾问替你构建指数基金投资组合，他们是百般推辞的。我多次陪同亲友们到银行咨询，这样的景象已见惯不怪。银行的顾问会展示花哨的图表，显示他们精选能跑赢大市的基金。但昨日的冠军基金甚少能长胜下去。加拿大的银行之所以推销这些产品，是因为银行从中可获较大利润。吃亏的是投资者。

瑞杰的销售代表会否不提指数基金，或者即使客户要求也诸多推搪？这个我不清楚。别忘了该公司的盈利模式。

投资者也应该警惕费用高昂的指数基金。大卫·兰德尔（David Randall）在2014年路透社一篇报道中提及，美国约12家指数基金供应商的收费超过主动管理型基金的平均费用。[12]美国有众多低收费的指数基金可供选择，投资者不应为任何股市指数基金支付超过0.35%的年费率。先锋、嘉信、富达及普信都有销售稳健低价的指数基金。假如你请瑞杰的理财顾问代为投资，确保他们买入的是上述公司的指数产品。

最后，瑞杰的客户应要求顾问不以投机猜测作准绳来调整投资组合。预测不会总是准确的，正如2009年美联储时任主席伯南克在波士顿学院法学院的毕业典礼上所说的："许多聪明人尝试用最精密的统计学及建模工具来预测经济前景。但遗憾的是，结果往往差强人意。"[13]

鼓励你的顾问冷静地按沙发土豆投资法对投资组合做再平衡调整，每年只需一次。

所以，是否值得通过瑞杰进行投资？假如是投资指数基金，我觉得值得。但要睁大眼睛，保持警觉。

为加拿大侨民提供指数投资服务的顾问公司

公司名称：客观财务伙伴公司（Objective Financial Partners Inc.）
注册理财规划师：杰森·希思（Jason Heath）

杰森·希思经营的业务并不容易。他为客户提供理财规划服务，但不收一分钱佣金。这位驻安大略省马克姆的注册理财规划师及所得税专家也没有按客户的账户规模收取年费。那么他是靠什么赚钱？

杰森收取咨询费，提供广泛的理财规划服务：从遗产规划到退休目标预算及资产配置等各种规划。由于他不通过客户的投资交易或账户规模获利，他的顾问意见不涉及利益输送之嫌。其公司另有一位内部会计师和一位遗产事务律师。杰森在不得已的情况下才会利用外部资源。

“我对主流金融服务产业感到失望，”他说道，“所以我想做跟它们不一样的。”少有理财顾问能依赖如此微薄透明的报酬机制生存。但杰森以良好的信誉取得广大的客户群。他为加拿大两大全国性报纸之一的《全国邮报》（*National Post*）撰写理财规划主题专栏。这样的平台为其带来不少宣传曝光机会。

“我在加拿大、巴西、欧洲、美国及非洲都有客户，”他说，杰森的服务尤其适合想构建低费用指数基金的加拿大侨民，“如果他们在境外折扣经纪商（如道明自管投资国际、盛宝金融、星展唯高达证券）开立账户或在道明宏达理财（TD Waterhouse）开立非居民账户，我可以为他们提供短期及长期的退休规划、子女教育及资产配置策略，然后协助其配置投资组合。”

杰森花费大量时间为客户建立理财规划目标。他对每个财务计划收取1 500~4 500美元的费用。“部分客户的目标和资产配置相对简单，”他说，“但也有一些人的资产遍布各地：在伦敦有一座房子，在亚洲有几个投资账户，在加拿大有参加RRSP（注册退休储蓄计划）及大学教育基金的RESP（注册教育储蓄计划）。我的职责是构思策略，最有效地利用这些资源，争取优化税负，达成客户的目标。他们每月投资的时候可以向我致电，我会确保他们保持合理的投资配置。”

杰森的服务物有所值。想想那些投资10万美元在加拿大买入主动管理型共同基金的投资者要支付2.5%的费用，每年就是2 500美元（10万美元×2.5%＝2 500美元）。如果投资50万美元，每年须支付1万美元的隐藏费用。加拿大的主动管理型共同基金是全世界最昂贵的。销售这些产品的公司获利可观。而通过杰森投资，费用低至每次1 500美元，之后就可以开展投资计划，构建极低费用的指数基金组合。

为澳大利亚侨民提供指数投资服务的顾问公司

公司名称：环球指数投资公司（Global Index Investment Company）

账户最低资产规模：5万美元或选择定投

马尔科姆·刘易斯（Malcom Lewis）和斯科特·伯顿（Scott Burton）在2014年创立环球指数投资公司，主要服务澳大利亚侨民或打算迁往澳大利亚的英国侨民。两位创始人对他们之前合作的国际投资公司渐感不满。“我们发现，基金费用、投资管理费用及其他高额罚金，其实是对客户投资回报的蚕食。”马尔科姆解释道。所以他们决定创建自己的公司。

马尔科姆和斯科特强烈推荐投资指数基金。但对他们来说，其他因素同样重要。“我们认为，规划预算、现金流、债务管理与投资一样重要，”马尔科姆说道，“除非这些方面都做好规划，不然投资的意义不大，而且如果你的顾问不为你审视这些方面，你得想想，为什么不这样做。”

该团队有多种收费模式，一般投资者大约支付1.2%的投资管理年费。该费用包括为客户制定目标、预算规划、现金流管理、债务管理、优化税负、遗产规划及保险筹划。

“我们确保客户有明确的财务目标，预算及现金流都准备就绪。

然后我们会帮助他们通过合理存款及投资为退休生活做好准备。”马尔科姆说道。

所有客户在马尔科姆和斯科特的指导下完成具体的预算任务。顾问们也会定期检查客户状态，确保他们不会偏离之前制定的预算及财务目标。

为英国侨民提供指数投资服务的顾问公司

公司名称：赛帝资产管理（Satis Asset Management）
账户最低资产规模：50万英镑

许多旅居侨民深感被那些向其销售高价境外养老金计划的人背叛。他们会怀疑是否真有投资公司不收佣金，销售低费用指数基金，且提供高水平的个人理财规划服务。幸运的是，的确有这么几家公司，比如赛帝资产管理公司。

该公司总部位于伦敦，在2012年由注册会计师及税务顾问公司希利尔·霍普金斯有限责任合伙公司（Hillier Hopkins LLP）创立。赛帝资产管理公司向数量不多的富裕家庭提供投资及税务顾问服务。其董事本·舍伍德（Ben Sherwood）解释：“我们有一些英国侨民客户。虽然公司刚起步，但业务增长已超出预期。我们也是拥有经验及能力为旅居英国的美国人提供顾问服务的为数不多的几家公司之一。”

舍伍德是注册理财规划师及特许金融分析师，也是《金钱之七大奥秘：个人投资取胜的内幕指南》（*The 7 Secrets of Money*：*The Insider's Guide to Personal Investment Success*）的作者之一。在书中，他强调低成本投资及分散投资多个资产类别的重要性。书中一大关键信息是投资者应集中精力在自己可控的因素上，如税务及费用问题。

在债券配置方面，赛帝资产管理公司通常会为客户买入金边债券（个别债券）及债券基金。而在股票配置上，该公司会选取先锋及空间基金管理公司的指数产品。

客户想在赛帝资产管理公司开户，最低投资门槛是50万英镑。

理财顾问及服务费用是对前100万英镑收取0.9%的年费，之后的400万英镑年费率为0.75%，再追加的500万英镑年费率则下降为0.6%。

总结

查阅表12.3，投资者会意识到两件事：大多数投资公司是为美国人而设的，而且这些全方位服务的指数基金顾问公司大多对投资者设有高额投资门槛。

表12.3 为海外侨民构建指数基金投资组合的公司

顾问公司	服务何国籍客户	最高管理费率	最低账户规模	是否包括全面理财规划服务	是否对指数投资组合做再平衡调整
诺托理财规划	美国人	1%	15万美元	是[a]	是
科拉弗菱私人理财顾问	美国人[b]	1.2%	75万美元	是[a]	是
MASECO私人财富	旅居英国的美国人	1.25%	100万美元	是[a]	是
指数基金顾问公司	美国人	0.9%	10万美元	是	是
RW投资策略	美国人	0.4%	无最低门槛	否	是
资产构筑	美国人[c]	0.45%	5万美元	否	是
瑞杰金融服务	仅限国际教师	1%	2万美元	否[d]	是
客观财务伙伴公司	加拿大人	咨询费用	无最低门槛	是	否
环球指数投资公司	澳大利亚人	1.25%	5万美元	是[a]	是
赛帝资产管理	英国人	0.9%	50万英镑	是[a]	是

a包括每年多次理财规划咨询。

b为非美国人提供咨询。

c即将为非美国人提供服务。

d本服务需额外收取咨询费。

在加拿大的时候，我和朋友们很喜欢看一个名为《这小时有22分钟》的喜剧节目。在其中一个固定环节“与美国人聊天”，记者里克·默瑟（Rick Mercer）会到美国就加拿大发生的事件采访民众。他骗一群美国人说加拿大已禁止使用盒式磁带录像机，并让这些美国人为此祝贺加拿大人。

还有一次，默瑟骗普林斯顿大学一位教授在请愿书上签名，反对多伦多重新开始每年的北极熊捕猎行动（多伦多和英国伦敦在同一纬度，并无北极熊）。当小布什竞选总统时，默瑟骗他说加拿大总理让·克雷蒂安（Jean Chrétien，曾执政7年）的名字是让·普丁（Jean Poutine）*，称其支持小布什竞逐美国总统一职。

但加拿大人不该自鸣得意。论及低费用投资，投资意识深厚的美国人领先其他人好几光年。许多美国人积极争取更多的明智投资选择。随着全球侨民日益仿效，提出同样的需求，更多全方位指数基金顾问公司将出现，为不同国籍的侨民提供服务。

但为什么这类顾问通常只为大额投资客户服务？不是因为贪心，这是出于实际的考虑。许多顾问每年为客户提供多次极费时的服务。出于这个原因，他们只能为有限数量的客户服务。因为他们不赚取佣金或共同基金回扣，其利润率是很微薄的。所以为求生存，他们往往需要对客户设定高额投资门槛。

当然，旅居侨民若不通过顾问机构投资，是不需要大量资金的。我将在后面的章节介绍相关方法。

资金较少而又希望在未来通过全方位服务的指数基金顾问进行投资的投资者，不妨先自行构建投资组合，等账户资金增值到一定程度再寻求这些公司的协助。

而具有忍者般性情的投资者则完全可以自行投资。这样做费用更低，而且收益可能更大。

---

* Poutine是加拿大魁北克美食——肉汁奶酪薯条。——译者注

注释：

1. "Investor Success Capturing Fund Returns with and without Advisors," Index Fund Advisors, Inc. Accessed May 8, 2014. www.ifa.com/aboutus/.
2. Burton G. Malkiel, *A Random Walk Down Wall Street: The Time-Tested Strategy for Successful Investing*, 10th ed. (New York: W.W. Norton, 2003), 329.
3. Larry E. Swedroe, *The Quest for Alpha: The Holy Grail of Investing* (Hoboken, NJ: John Wiley & Sons, 2011), 133–134.
4. Larry E. Swedroe and Carl Richards, *Think, Act, and Invest Like Warren Buffett: The Winning Strategy to Help You Achieve Your Financial and Life Goals* (New York: McGraw-Hill, 2013), 68.
5. Bruce Kelly, "Raymond James Unit Gives Bonuses to Big Producers," *InvestmentNews*: Login. Accessed July 2, 2014. http://goo.gl/LD77fM.
6. Louis Lowenstein and Neil Barsky, *The Investor's Dilemma: How Mutual Funds Are Betraying Your Trust and What to Do about It* (Hoboken, NJ: John Wiley & Sons, 2008).
7. "Raymond James Financial Inc.," Morningstar. Accessed July 2, 2014. http://quotes.morningstar.com/stock/rjf/s?t=RJF.
8. Jason Zweig, *Your Money and Your Brain: How the New Science of Neuroeconomics Can Help Make You Rich* (New York: Simon & Schuster, 2007), 76.
9. Warren E. Buffett, "Chairman's Letter—1992," Berkshirehathaway.com. Accessed May 9, 2014. www.berkshirehathaway.com/letters/1992.html.
10. Dan Solin, "If You Want to Play the Game, You Better Know the Rules," *Huffington Post*, November 4, 2008. Accessed July 2, 2014. www.huffingtonpost.com/dan-solin/if-you-want-to-play-the-g_b_139953.html.
11. "Guru Grades," CXO Advisory RSS. Accessed May 9, 2014. https://www.cxoadvisory.com/gurus/.
12. David Randall, "Analysis: High-Priced Index Funds? The Worst Deal for Investors," Reuters, January 13, 2014. Accessed May 9, 2014. www.reuters.com/article/2014/01/13/us-indexfunds-costs-analysis-idUSBREA0C0N920140113.
13. Ben Bernanke, "2009 Boston College School of Law Commencement Address," Board of Governors of the Federal Reserve System, May 22, 2009. Accessed May 9, 2014. www.federalreserve.gov/newsevents/speech/bernanke20090522a.htm.

第十三章　非美籍海外侨民如何选择境外投资券商

假如你具备情绪自制力，打造指数投资组合最便宜划算的方式是自行投资管理。想想每年你在剪趾甲上花了多少时间。不说高级修甲，就是单纯每月剪短趾甲。如果谁在管理指数基金组合上比剪趾甲耗用更多时间，肯定是因为做法不当。

你只需开设一个折扣经纪人账户（discount brokerage account）。确保不论现居何处，你都符合资格开设并管理这一账户。然后，确保券商费用低廉。应选择在政局稳定且银行监管体系完善的地方开设账户。最后，假如你的现居住国不对离岸投资所得征税（请向当地税务会计师查询确认），选择离岸券商时，挑选无利得税要求的国家和地区的境内券商。

以下是符合这些条件，供非美籍海外侨民参考的3个例子：总部在新加坡的星展唯高达证券公司；总部在卢森堡的道明自管投资国际公司；盛宝金融公司，分布在全球超过20个地点，包括中国香港、新加坡、乌拉圭和阿联酋。

星展唯高达证券向所有人敞开大门

有些投资券商会歧视旅居某些国家的侨民，不接受其开设账户，但新加坡的星展唯高达证券不是这类券商。

“任何非美籍侨民只要符合管理要求均可在我们公司开户。”星展唯高达的客服人员玛德琳·陈（Madeline Chen）说道。这是什么意思？在我的追问下，她解释道：“他们必须先在新加坡邮政储蓄银行或新加坡星展银行开立账户。必须年满 21 岁；目前并非破产；非违法者，不得有案底。”[1]所以如果你 12 岁时曾在老师的沃尔沃汽车轮胎上扎洞放气，别告诉星展唯高达证券的工作人员。除了失去在券商开户投资的资格，你还可能被追溯问罪，受一番鞭刑。

投资者在成功开户前必须通过一个包含 20 道多选题的证券知识网上测试。星展唯高达证券会把链接发给你。

做这个测验是免费的，也不限重测次数。2012 年，曼谷国际学校的加拿大老师布伦达·帕金斯（Brenda Perkins）在星展唯高达证券开立了投资账户。“我之前对金融投资毫无认识，就拿着那些网上测试材料学习了几个小时。第一次得了 70 分（算不及格），第二次 90 分，通过了测试。”[2]

合格投资者（拥有巨额收入或资金达数百万美元的投资者）及具备金融方向学历的人士有时可免考上述测试。

星展唯高达证券能让投资者在网上买卖中国香港、新加坡、美国及加拿大市场的证券产品。

新加坡市场较狭窄，加拿大和中国香港则提供广泛的 ETF 供不同国籍人士选择。

为什么不投资美国市场？这的确是诱人的市场，但尽量避免这么做。人总有一死，当死神敲门，随之而来的是美国国税局。美国政府不管你或你的继承人是否美国公民。假如你持有价值超过 6 万美元的美国市场交易股票，你去世后，美国政府会追认你为美国公民。你的继承人会收到一封充满美国遗产税单气息的安慰信函。正如美国国税局声称的：“身故的非美国公民非居民……须申报遗产税，即使该非居民在海外持有这些证券，或通过名义持有人登记这些证券。”[3]

买入加拿大市场的股票，则无须面对这类风险。

加拿大市场有大量 ETF 可供选择，包括全球整体指数，以及分别体现某一国家市场的指数，如美国、加拿大、印度、中国等。

星展唯高达证券不设开户费，也没有账户年费，但是该公司收取购买佣金。买入加拿大上市证券，星展唯高达证券会收取投资额的 0.5%或 29 美元（两者取其较高值）作为佣金。举例来说，假如投资 2 000 美元买入一只标普 500 ETF，须支付 29 美元的佣金。虽然总投资额乘以佣金比率 0.5%等于 10 美元，但星展唯高达证券的最低交易费用为 29 美元，所以你需要支付这一较高值。投资 2 万美元则需要支付 100 美元的佣金，因为 2 万美元的 0.5%等于 100 美元。[4]

投资者无须向加拿大申报所得税。星展唯高达证券会把股息分红的 15%直接上缴加拿大政府（当你买入加拿大上市证券时，其他券商也如此操作）。但是，星展唯高达证券会对每季度的净股息收取 1%的手续费，下限为 4 美元，上限为 40 美元。[5]

举例来说，投资者的每季分红若为 100 美元，则须支付 4 美元的最低手续费，而分红为 1 000 美元的则须支付其 1%即 10 美元的手续费。

我于 2003 年在星展唯高达证券开立账户，投资至今。

为何不该通过亿创理财公司投资

亿创理财（E*Trade Financial）公司是总部在美国的一家折扣券商，在新加坡和中国香港等地设有海外办事处。其交易费用低廉，每宗交易不论金额大小仅收取 9.99 美元。[6]你想一次性投资 10 万美元？费用也只需 9.99 美元。那投资 100 万美元呢？依然仅为一顿巨无霸套餐的价钱。另外也没有年费或分红手续费的要求，是极具吸引力的。但如果你是非美国籍的海外侨民，请避开这一券商。

投资者需要支付 30%的股息预扣税，因为该券商只买卖美国市场证券。更糟的是，投资者的继承人还需就最终回报缴纳美国遗产税。除非亿创理财提供非美国市场证券产品，否则全球侨民不应选用这家券商。

道明自管投资国际

总部在卢森堡的“道明自管投资国际”是加拿大多伦多道明银行（TD Bank）旗下券商。据卢森堡的普华永道税务咨询公司的信息，投资者持有证券超过6个月，出售时无须缴纳资本利得税。[7]

该券商招徕客户时宣称提供“世界顶尖资产管理公司的数百最优境外共同基金——由道明自管投资国际为你精心挑选”。购买这些基金无须任何费用。但这些是主动管理型基金，别被其网上销售辞令迷惑，这些基金的年费率为1.5%或以上。[8]

它们希望你买入对其而言利润高的产品。别听信推荐，坚持让它们买入低费用的ETF。

该券商向投资者提供18个不同股市的产品，包括伦敦、都柏林、多伦多、悉尼的交易所，可在网上开户。

道明自管投资国际收取0.2%的账户年费。佣金费用（买卖时收取）随投资金额上升。投资额少于5 000欧元的每宗交易须支付28欧元的佣金；5 001~10 000欧元的交易须付35欧元佣金；费用随投资金额增加而递增，25万欧元以上的投资则按0.1%的费率支付佣金，比如，一次性投资25万欧元的，需支付250欧元佣金。

但是，部分投资者不符合在道明自管投资国际开户的资格。比如，居住在日本或孟加拉国的侨民，在印度尼西亚生活的侨民也被剔除在外。

一位现居印度尼西亚的英国投资者最近失望地联系我：“我在道明自管投资国际开户投资已有5年时间，但它们给我发来一封道歉信，说印度尼西亚居民不能继续通过道明自管投资国际投资证券了。”这类限制有时与券商是否信任账户持有人有关。

有些券商会要求投资者在海外开立账户前出示公证文件核实投

资者的身份。假如券商不信任某一国家的公证机构，它们也许会限制居住该国的侨民在其公司开立账户。

盛宝金融——瑕瑜互见

盛宝金融向新开户客户提供赌场礼券。好吧，这是我的胡话。但这夸张的说法不无真实之处。他们令你迅速上瘾于买卖股票、期货、期权。这网上平台就像一架波音 747 飞机的驾驶舱，而你真正需要的是方向盘、制动器、油门和变速箱。

券商在投资者疯狂交易时获利更丰厚。随着每秒股票价格变动而买卖或瞄准无数海外投机期权做交易的投资者，正是券商梦寐以求的客户。但你不应争当这种理想客户，而是要争当致富客户。交易次数越少，投资者获利越大。据布拉德·巴伯（Brad M. Barber）及泰伦斯·欧迪恩（Terrance Odean）的研究，“1991—1996 年，在一家大型折扣券商的 66 465 个账户中，交易最频繁的年收益率为 11.4%，而大市（指数）回报则为 17.9%”。[9]

众人心中最伟大的投资者巴菲特又怎样看？1988 年巴菲特在伯克希尔-哈撒韦公司的主席致股东的信中写道，他理想的持有期是永远。[10]

他也说过：“假如你不打算持股 10 年，就别持有超过 10 分钟。”[11]指数基金也是同样道理。

许多券商希望你误以为迅速交易和时刻关注股市最新消息是精明的获利策略。对券商而言，的确如此。

诱使客户买卖并提供眼花缭乱的选择，盛宝金融是不良券商吗？非也。通过盛宝金融投资有点像走入一个毒品巢穴。但只要你能躲开那些白色小粉末，坚持购买并持有 ETF，你是不会掉入陷阱的。

想在盛宝金融开户，你不必亲临其中国香港、新加坡、乌拉圭或阿联酋的办事处。你只需向该券商发送经公证的身份证明文件，便可在网上开立账户。

但是，跟道明自管投资国际一样，盛宝金融不接受某些地区侨民的开户申请，比如居住在日本、孟加拉国及某些非洲国家的侨民。别问我为何日本会在黑名单上。幸运的是，旅居日本的外籍人士还是可以在星展唯高达证券开户投资的。

与道明自管投资国际类似，盛宝金融的投资产品触及全球各地市场。佣金收费取决于选取何处的交易所进行交易。在 2014 年，盛宝金融对买入加拿大的 ETF 收取每份 3%或至少 25 美元的佣金。举例来说，假如投资者以 1 万美元买入先锋的加拿大股票市场 ETF，该基金单位净值为 30 美元，投资者可以买入 333 份。按每份 3%计算，佣金总共约为 10 美元。但由于最低交易费用为 25 美元，投资者需要支付该较高额。[12]

盛宝金融的费用

截至我撰写本书时，盛宝金融并不对账户收取其他费用。但据其新加坡资深基金经理姚友龙（Eoh You Loong，音译）称，公司大约会在 2014 年开始对账户收取 0. 2%的年费。这将使得盛宝金融在费用上与道明自管投资国际看齐。据姚的说法，该费用很可能会根据“个别情况”而豁免。在我进一步追问下，他表示，资产超过 50 万美元的账户可望豁免年费。[13]

哪家券商更划算？看情况。盛宝金融的佣金费用低廉，但存在一个问题。假设你的收入是欧元，但你想投资英国交易市场，要购买伦敦市场的 ETF，投资者需要先把欧元兑换成英镑（英国部分 ETF 也以美元交易）。投资者如让盛宝金融代为兑换货币，需支付 0. 5%的汇率佣金，高于即期汇率。投资者若希望减低费用支出，应先自行兑换目标货币，再把资金交与券商投资。

国际券商的费用比较

为计算上述各券商涉及的长期费用，我做了 4 个情境假设。每种情况下，投资者的投资组合初始资金均为 1 万美元，每年增投的资金分别为 4 种情况：12 000 美元、24 000 美元、60 000 美元或

120 000 美元。他们都以同样的低费用 ETF 构建投资组合。这些 ETF 的费率为投资总额的 0.125%：通过先锋及安硕提供的加拿大 ETF 不难打造如此组合。

留意在表 13.1 至表 13.4 中，星展唯高达证券收取的佣金最高，但无账户年费。盛宝金融的交易费用最低，但存在汇率手续费。而道明自管投资国际的 0.2%账户年费相对有损投资者利益。

在 25 年的时间中，各券商的收益应该是相似的。

表 13.1　通过星展唯高达证券、道明自管投资国际及盛宝金融投资（初始资金为 10 000 美元且每月供款 1 000 美元）

	星展唯高达证券	道明自管投资国际	盛宝金融
账户初始资金	10 000 美元	10 000 美元	10 000 美元
每年投资额/每月买入金额	每年 12 000 美元 每月 1 000 美元	每年 12 000 美元 每月 1 000 美元	每年 12 000 美元 每月 1 000 美元
假设每年买入 12 次，交易佣金总支出	348 美元	360 美元	300 美元
货币转换费用	0	0	120 美元
扣除交易佣金费用后的每年投资额/每月投资额	每年 11 652 美元 每月 971 美元	每年 11 640 美元 每月 970 美元	每年 11 580 美元 每月 965 美元
股市和债市的年化收益率	9%	9%	9%
ETF/基金的平均年费率	0.125%	0.125%	0.125%
账户年费率（占账户总值的百分比）	0	0.2%	0~0.2%
分红手续费	0.02%（假设净分红为 2%）	0	0
费用后年收益率	8.86%	8.67%	8.67%~8.87%
25 年后投资组合的价值	1 135 822 美元	1 100 272 美元	1 105 532~ 1 142 012 美元

资料来源：星展唯高达证券；道明自管投资国际；盛宝金融。

表 13.2　通过星展唯高达证券、道明自管投资国际及盛宝金融投资（初始资金为 10 000 美元且每月供款 2 000 美元）

	星展唯高达证券	道明自管投资国际	盛宝金融
账户初始资金	10 000 美元	10 000 美元	10 000 美元
每年投资额/每月买入金额	每年 24 000 美元 每月 2 000 美元	每年 24 000 美元 每月 2 000 美元	每年 24 000 美元 每月 2 000 美元
假设每年买入 12 次，交易佣金总支出	348 美元	360 美元	300 美元
货币转换费用	0	0	120 美元
扣除交易佣金费用后的每年投资额/每月投资额	每年 23 652 美元 每月 1 971 美元	每年 23 640 美元 每月 1 970 美元	每年 23 580 美元 每月 1 965 美元
股市和债市的年化收益率	9%	9%	9%
ETF/基金的平均年费率	0. 125%	0. 125%	0. 125%
账户年费率（占账户总值的百分比）	0	0. 2%	0~0. 2%
分红手续费	0. 02%（假设净分红为 2%）	0	0
费用后年收益率	8. 86%	8. 67%	8. 67%~8. 87%
25 年后投资组合的价值	2 553 586 美元	2 471 909 美元	2 466 650~ 2 551 394 美元

资料来源：星展唯高达证券；道明自管投资国际；盛宝金融。

表 13.3　通过星展唯高达证券、道明自管投资国际及盛宝金融投资（初始资金为 10 000 美元且每月供款 5 000 美元）

	星展唯高达证券	道明自管投资国际	盛宝金融
账户初始资金	10 000 美元	10 000 美元	10 000 美元
每年投资额/每月买入金额	每年 60 000 美元 每月 5 000 美元	每年 60 000 美元 每月 5 000 美元	每年 60 000 美元 每月 5 000 美元
假设每年买入 12 次，交易佣金总支出	348 美元	360 美元	300 美元
货币转换费用	0	0	300 美元
扣除交易佣金费用后的每年投资额/每月投资额	每年 59 652 美元 每月 4 971 美元	每年 59 640 美元 每月 4 970 美元	每年 59 400 美元 每月 4 950 美元
股市和债市的年化收益率	9%	9%	9%
ETF/基金的平均年费率	0.125%	0.125%	0.125%
账户年费率（占账户总值的百分比）	0	0.2%	0~0.2%
分红手续费	0.02%（假设净分红为 2%）	0	0
费用后年收益率	8.85%	8.67%	8.67%~8.87%
25 年后投资组合的价值	5 462 156 美元	5 307 846 美元	5 286 808~5 456 685 美元

资料来源：星展唯高达证券；道明自管投资国际；盛宝金融。

表 13.4 通过星展唯高达证券、道明自管投资国际及盛宝金融投资（初始资金为 10 000 美元且每月供款 10 000 美元）

	星展唯高达证券	道明自管投资国际	盛宝金融
账户初始资金	10 000 美元	10 000 美元	10 000 美元
每年投资额/每月买入金额	每年 120 000 美元 每月 10 000 美元	每年 120 000 美元 每月 10 000 美元	每年 120 000 美元 每月 10 000 美元
假设每年买入 12 次，交易佣金总支出	600 美元	444 美元	300 美元
货币转换费用	0	0	600 美元
扣除交易佣金费用后的每年投资额/每月投资额	每年 119 400 美元 每月 9 950 美元	每年 119 556 美元 每月 9 963 美元	每年 119 100 美元 每月 9 925 美元
股市和债市的年化收益率	9%	9%	9%
ETF/基金的平均年费率	0.125%	0.125%	0.125%
账户年费率（占账户总值的百分比）	0	0.2%	0~0.2%
分红手续费	0.02%（假设净分红为 2%）	0	0
费用后年收益率	8.85%	8.67%	8.67%~8.87%
25 年后投资组合的价值	10 849 657 美元	10 559 950 美元	10 519 978~10 856 810 美元

资料来源：星展唯高达证券；道明自管投资国际；盛宝金融。

盈透证券会是黑马赢家？

星展唯高达证券、道明自管投资国际及盛宝金融，并非全球唯一可选的折扣券商。还有其他选择，例如被《巴伦周刊》评为 2014 年最佳网络券商的盈透证券（Interactive Brokers）。[14]该公司在官网上列出清单，显示居住在 200 多个国家的海外侨民均可开户投资。许多券商不接受旅居日本、孟加拉国及印度尼西亚这类国家的侨民开户，盈透证券则没有此类歧视政策。

投资者可在网上开户，投资门槛为 1 万美元（或同等价值的其他货币）。盈透证券对账户的每月交易佣金目标是至少 10 美元。假如交易佣金低于这一下限，公司将加收费用。

举例来说，投资者某月的交易实际佣金为 5 美元，公司将对其加收 5 美元，从而令公司获得每月至少 10 美元的佣金收入。但账户资金超过 10 万美元的投资者可豁免该额外费用。交易费用取决于买卖涉及的交易市场（加拿大、澳大利亚、英国等），盈透证券的收费一般比星展唯高达证券、盛宝金融或道明自管投资国际收取的低。

但是，在选择盈透证券之前，先向国际税务会计师查询。这是一家美国公司，只要是在盈透证券开户，无论所持证券从何地市场买入，均属北美账户资产。因此，你需要确认你的继承人会否因而被征收美国遗产税。

读到这里，你也许仍有疑问。下一章我会解答 16 条常见疑问。之后的章节将向不同国籍的投资者介绍应买入的具体投资产品，包含沙发土豆投资组合、永久投资组合，以及基本面指数投资组合的选择。

注释：

1. Interview with Madeline Chen. Telephone interview by author, May 4, 2014.
2. Interview with Brenda Perkins. E-mail interview by author, April 4, 2013.
3. "Some Nonresidents with U.S. Assets Must File Estate Tax Returns," Internal Revenue Service. Accessed May 9, 2014. www.irs.gov/Individuals/International-Taxpayers/Some-Nonresidents-with-U.S.-Assets-Must-File-Estate-Tax-Returns.
4. "Fees: Schedules," DBS Vickers Securities. Accessed July 2, 2014. https://www.dbsvonline.com/english/Pfee.asp.
5. 同上。
6. "Experience & Innovation: Welcome to E*Trade Financial." Accessed July 2, 2014. https://global.etrade.com/glp/sg/en/home.
7. "Luxembourg Income Taxes 2013: Guide for Individuals," PWC Luxembourg Tax Consulting. Accessed May 9, 2014. https://www.pwc.lu/en/tax-consulting/docs/pwc-publ-lux-income-taxes-2013.pdf.
8. "Offshore Investment Funds," TD Direct Investing International. Accessed May 9, 2014. http://int.tddirectinvesting.com/en-gb/investment-products/savings-and-investing/investment-funds/.

9. Brad M. Barber and Terrance Odean, "Trading Is Hazardous to Your Wealth: The Common Stock Investment Performance of Individual Investors," Social Science Research Network. Accessed May 9, 2014. http://papers.ssrn.com/sol3/papers.cfm?abstract_id=219228.
10. Warren E. Buffett, "Chairman's Letter—1988," Berkshirehathaway.com. Accessed May 9, 2014. www.berkshirehathaway.com/letters/1988.html.
11. Warren Buffett and Lawrence A. Cunningham, *The Essays of Warren Buffett: Lessons for Investors and Managers* (Singapore: John Wiley & Sons (Asia) Pte, 2009), 117.
12. "Saxo Capital Markets: Commissions, Charges and Margin Schedule." Accessed July 2, 2014. http://sg.saxomarkets.com/prices/general/.
13. Interview with Eoh You Loong. Interview by author, February 3, 2014.
14. Theresa W. Carey, "The Best Online Brokers of 2014," *Barron's*, March 15, 2014. Accessed May 9, 2014. http://online.barrons.com/news/articles/SB50001424053111904628504579433251867361162.

第十四章　自行投资16问

1. ETF与指数基金有何区别?

ETF和指数基金（亦称“追踪基金”或“指数共同基金”）基本相同。假如追踪的是同一市场并且费率相同，这些基金的表现应该是一致的。比如，先锋标普500指数与安硕标普500 ETF所持的500只股票是一样的。但购买指数基金的方式不同于买入ETF。你是直接通过基金公司买入指数基金的，这样做基本无须支付佣金费用，而且投资者往往可以免费再投资分红。

相比之下，投资者需要通过券商从证券交易所买入ETF，券商通常收取佣金。跟一般指数基金一样，ETF投资者也收到分红，但甚少可选择把分红自动再投资买入更多的ETF份额。相反，分红金额（每月或每季度分发）会归入投资者在券商账户中的现金部分。当你往账户投入新资金（从自己存款取得），这些钱也是累积在账户的现金部分。你可以用这里面的资金来购入ETF份额，即结合自己投入的资金和账户里的分红现金进行投资。

在一些国家，非外籍投资者可通过某些券商免佣金购买指数基金。但对外籍投资者而言，类似的服务有限。加拿大、澳大利亚或英国籍侨民会想通过自己本国的金融机构买入指数基金，但这样做可能令应税额提高。

许多海外侨民（美侨除外）可以选用位于不征收资本利得税地区的金融机构，从而避缴投资利得税，而且如果其居住国不对境外投资所得征收利得税，其税负就可以进一步减轻。合法的投资避税天堂包括卢森堡、新加坡、中国香港、一些英属岛屿及开曼群岛。

2. 非美籍人士如拥有美国指数基金份额，身故后继承人须缴纳美国遗产税吗？

美国国税局是很奸险狡诈的。非美籍投资者从美国股票市场买入 ETF 且价值超过 6 万美元的话，若身故，其继承人可能须缴遗产税。[1]除非是疯子，不然谁也不想让继承人无端负上美国遗产税的重担，大多数侨民会希望把遗产留给家人，而不是上缴美国政府。

表 14. 1 显示了非美籍侨民可通过境外券商购买的 4 只成分一致的美国指数基金，其差别仅在于费率及基金上市地。

表 14. 1　全球各交易所提供的标普 500 指数基金产品

ETF	基金符号/标识/代码及该基金挂牌的交易所	费率	是否适用美国遗产税
道富环球投资标普 500 ETF	SPY：纽约证券交易所	0. 09%	是
加拿大先锋标普 500 ETF	VFV：多伦多证券交易所	0. 15%	否
安硕英国标普 500 ETF	SACC：伦敦证券交易所	0. 15%	否
安硕澳大利亚标普 500 ETF	IVV：澳大利亚证券交易所	0. 07%	否

注：费率截至 2013 年 12 月。

资料来源：先锋美国；先锋加拿大；安硕英国；安硕澳大利亚。

3. 何谓产业型ETF?

ETF产品数以百计，其中许多为产业型。那意味着你可以购买追踪各种股票的ETF基金：小盘票、矿业类股票、医疗保健类股票、零售业股票。市面上有些ETF还挺偏门的，比如专注渔业的ETF。

这些基金大多是为赌博型投资者而设的。那些猜想矿业股这个月将飙升的投资者也许会卖掉手中的医疗保健业ETF而买入矿业ETF。赌心更重的投资者还会选择尤为波动的ETF产品。ETF基金市场有点像曼谷这个城市，五花八门，什么都有。

产品之多也正中券商下怀，各种行业都有ETF产品可供其抽取费用。

投资者应坚持只买追踪全球市场或本国市场的全面型ETF。我会介绍几个这样的产品，供大家构建沙发土豆投资组合、永久投资组合或者考虑基本面的沙发土豆投资组合。

4. 我应该买入货币对冲的指数基金吗?

能不买就不买。有些基金是针对某一货币进行对冲交易的。举例来说，当英国投资者买入一款美国股指产品，该基金会受美元汇率变化的影响。基金公司提供货币对冲的指数基金，目的是为限制该外币走势对基金的影响。

但货币汇率难免会有波动，接受这一现实比施计对抗更有利。

要了解货币对冲基金的问题，很重要的是意识到汇率波动不总是坏事。例如，在英镑兑大多数外币汇率下降时，投资者投资无对冲操作的国际指数则可获利，因为外币强势会令海外股指的英镑回报加大。购买通过货币对冲机制规避汇率起伏的基金产品，还涉及额外一层费用，影响到你的回报。

在丹·博尔托洛蒂（Dan Bortolotti）所著的《金钱意识完美投资

组合指南》(*Money Sense Guide to the Perfect Portfolio*)中，他以在加拿大市场交易的两只美国标普500指数基金为例说明对冲的真正费用。其中一只基金针对加元对冲，另一不做对冲。理论上，两者按当地货币计算的回报应该是一样的，但实际差得远。货币对冲操作使费用每年增加1%~3.5%。[2]

PWL资本公司的研究主管雷蒙·柯泽昊（Raymond Kerzérho）表示，货币对冲基金的内部费用高昂，拖累基金回报。在PWL资本公司的一项研究中，他审视了2006—2009年多只对冲交易标普500指数基金的回报。这些基金虽是追踪指数，但每年表现平均低于大市1.49个百分点。他也估计，在汇率波动较低的1980—2005年，对冲造成的年化收益差会是0.23%。[3]

基金的跨币种交易越多，费用就越高，因为金融机构也需要为转换货币支付费用。就以机场的货币兑换处为例，把一张10加元的钞票换成欧元，然后马上要求他们把这些欧元换回10加元。他们会拒绝你的。买入和卖出的汇率价差肯定会导致你最终拿到的钱少于10加元。

大型金融机构的价差虽然不那么高，但还是要为价差埋单。

买指数基金的话，最好还是买非对冲的产品。接受汇率波动（不以对冲规避），获得高额回报的概率会因而提升。

5. 预扣税有何新动向（对非美籍人士而言）？

大部分股票支付股息分红，也就是给股东派发现金收益。指数基金和ETF因为是由个别股票构成的，所以也提供股息。无论你的资金是否处于免征资本利得税的地区，大部分投资者还是需要缴纳股息税的。

假如你每年平均税前获利10%，其中约8%来自资本增值。这一增幅反映了指数基金所含股票的价值升幅。大多数股票给股东派发股息，而ETF投资者也可分一杯羹。假如每年股息为2%，其税率为

15%，也就是说，本来为2%的股息将减少至1.7%。结果，假如你的ETF税前收益率为10%，税后则为9.7%。

加拿大ETF或股票的收益如何受预扣税影响

8%来自资本收益
+2%来自股息
10%税前收益
股息税税率为15%（2×0.15=0.3）
税前收益率为10%－股息税率为0.3%
=净资产收益率9.7%

非美籍海外人士若选择购入美国个别股票（谷歌、微软、可口可乐等），必须填写美国国税局的W-8BEN表格，其正式名称为"在美预扣税受益人的外籍身份证明"（Certificate of Foreign Status of Beneficial Owner for United States Tax Withholding）。券商会每隔几年把表格邮寄给投资者。投资者填好表格寄回券商，券商再寄到美国国税局。

投资者买卖非美国市场ETF则无须填写这些表格。但须谨记，在大部分情况下，投资者还是会被征预扣税。税率不定，取决于征税国的具体税务条款，但假如指数中包含美国股票，美国政府有权从中吸纳税款。你也许觉察不到，它是隐形课税的。

投资境外养老金产品的人士也需支付红利预扣税。没经验的销售员不会透露这一信息，但销售该产品的公司是必须告知投资者这一点的。友诚国际的网站在"投资收益"一栏中表明：

> 为你积累存款，基本免税（所获分红可能已在收益源地扣除预扣税）……[4]

而在莱斯基亚境外养老金产品的网页上则显示：

> ……基金获取的某些投资收入可能经收益源地预先扣税。[5]

投资境外 ETF 时，你可以先了解其背后的税收机制。金融业的其他费用也因而显现。许多是难以避免的，但最好能了解其名目。

6. 我需要支付货币转换费用吗？

假如某投资者的薪金币种是马来西亚林吉特，她在东南亚股市购入共同基金，那么她会因货币转换而减损收益。赚取澳元薪金而投资全球股票市场共同基金的投资者同样需要额外付费，没有规避的方法。你也许看不见这一交易扣费，但不意味着不存在。

举例来说，假如你的薪金是印度卢比，而你买入的是印度股票或者印度股票市场共同基金，则不需要支付货币转换费用。然而，如果同样是驻印度的投资者买入专注投资美国股票市场的印度共同基金，某种程度的汇率价差将减损其基金回报，因为印度基金经理需要把印度卢比转换成美元来购买基金中包含的美股。

当然，你在自己的对账单上是看不见这笔扣费的，但那是交易中不可避免的费用。

通过券商投资 ETF 时，你很可能看得见这笔小额扣费，就像驾驶带透明引擎盖的汽车。假如你的薪金收入是新加坡元，而你买入的是加拿大股票市场的全球 ETF，你的资金将被转换为加元。就像国际机场的货币兑换处，银行总会吃掉一口。说没这回事儿的，都是骗人的。

这些隐藏的银行费用只会在交易时出现。相比共同基金的持续费用或账户管理费用，这些兑换费是微不足道的。

7. 我应该担心货币风险吗？

许多投资者认为，如果他们买入外币标价的 ETF，资金会受该外币汇率波动的影响。实际并非如此。假设一西班牙侨民买入追踪西班牙市场的某 ETF，如果是通过英国的证券交易所购买，他看到的是英镑标价。但是，英镑汇率波动对该西班牙 ETF 是没有影响的。

想象以下的情景：

- 一位投资者买入在英国市场挂牌单位净值为 20 英镑的某西班牙 ETF。
- 投资者买入该 ETF 后，西班牙股市整年处于跌势。
- 同年英镑兑欧元汇率下跌了 50%。

英镑的走势不会影响投资本身。在上述情况中，尽管西班牙市场处于亏损状态，以单位净值为 20 英镑购入的该 ETF，如今的单位标价会变成 40 英镑。英镑暴跌会影响该 ETF 的英镑标价，但其欧元价值完全取决于西班牙股市的升跌。

同样道理，新西兰人从澳大利亚市场买入全球股票市场 ETF 是不会受澳元波幅左右的。虽然这 ETF 是以澳元标价，但基金反映的是其追踪股市的货币走势。假如澳元兑一篮子全球货币汇率下跌 90%，在澳大利亚市场上交易的全球股指价格将飙升天际，但澳元汇率走势不会影响该指数的真正价值。

8. ETF 的单位净值能显示其实际价格高低吗？

我常收到投资者的电子邮件查询某些 ETF 的价格问题。比如，一位美国人可能看见先锋标普 500 ETF 标价为每份 90 美元，而安硕标普 500 ETF 则标价每份 180 美元。虽然先锋和安硕是不同的供应商，这两款 ETF 追踪的 500 只美国大盘股是一致的，其价值是一样的。

同样道理，5 张一元钞票的价值无异于 1 张五元钞票。两只 ETF 如果追踪的是同一市场，其不同标价只是幻象。

话虽如此，但若两者其一费率较低，该 ETF 当然就是较便宜的。如果先锋标普 500 ETF 费率为 0.09%，而安硕标普 500 ETF 费率仅为 0.07%，那么后者因为年费用更低，所以相对更便宜。

9. 假如我有一笔钱，是否该一次性投资买入基金？

股市投资者大多会每月或每季度增加投资。这样的过程被称为投资成本平均化。如此一来，投资者可确保经一段时间后其支付的投资成本低于平均水平。假如运用的是定额定投法，他们会在价格低的时候买入较多的份额，而在价格高的时候买入较少的份额。

但是如果你在路上捡到10万美元，报警后没人认领，你满心欢喜（或战战兢兢）地成了这笔意外之财的主人。你应该把整笔钱做一次性投资还是将其分在数月数季来投资？

主要看你的心理承受能力。如果你投资整笔钱，而第二天市场大跌20%，你会感觉如何？假如你不当一回事，那不妨一次性大额投资。这是基于康涅狄格大学金融学教授约翰·奈特（John R. Knight）和刘易斯·曼德尔（Lewis Mandell）的研究结论。在1993年一项针对多段时期的研究中，他们发现，一次性大额投资的回报往往高于成本平均化的做法。[6]

假如你在得到资金时马上投资，获高收益的概率会较大。

10. 我持有一些高价产品，但目前处于贬值状态，我应卖出这些产品还是静观其变？

在亏损的情况下售出投资产品，就像腹股沟被踢那么疼。但假如你的资金被困于高费用的账户，马上调出资金则通常是好事。别等反弹，原因在于：

市场的升跌影响大部分的投资组合。假如配置优良的主动管理型投资组合在某一年遭遇损失，配置优良的指数投资组合境遇也会是一样。市场兴旺的年头，又是另一番景象。水涨船高。这也是为什么当你在某一年获利15%、20%，甚至25%时别沾沾自喜。要提出的大问题是：相比之下，同样配置的指数基金表现如何？

以下是有助于我们了解这个概念的另一个例子。

想象你用 10 万美元买了一座房子。后来房子贬值至 8 万美元。你想买下邻居的房子，但需要卖掉自己的房子才有足够的资金。是否该等自己的房子价格反弹至当初的 10 万美元再来买邻居的房子呢？只有傻瓜才会这么做。令你家房子升值的因素同样会导致邻居的房子升值。

股市和债市也是同样道理。假如你把某多元投资组合置换成另一组合，那将是市场与市场间的转换。假如股市低迷，而你卖出高费用账户的投资来构建指数投资组合，你很可能既在低位卖出，也在低位买入。假如市场飙高，你将是高位抛出，高位买入。无论你有何打算，别以自己或他人猜想的市场走势作为投资交易的依据，那是徒劳无功的。

11. 我如何在券商那里开户并买入产品？（对非美籍人士而言）

你可能发现本地的离岸银行有提供低费用的投资中介服务，你可以开户购买 ETF。但要小心，走进银行前要有清晰目标。银行是为赚钱而生的。你若不极力争取利益，它们就会抢走你的钱：替你买卖货币，给你购入吸血的境外养老金产品，或者哄骗你买入最有利于它们的主动管理型单位信托基金。

你是在妖魔巢穴寻觅珍宝，一定要明确自己的目标是什么。别让任何人左右自己的决定。

告诉那家金融机构，你想开立投资账户，买卖各种不同市场的投资产品。你不需要它们的意见，别管它们所谓的尖端市场研究成果，也不需要它们送你什么高级别墅免费游。

就要求开立简单低费用的券商交易账户。

以下是可依循的步骤：

明确自己要买入什么

每只 ETF 都有对应的报价代码，你可以在该 ETF 的供应商网站上找到，也可以通过谷歌搜索。假如你想买入多伦多市场的一款加拿大股指，你可以在先锋加拿大或安硕加拿大的网站上找到其代码。

先锋提供由加拿大 245 只不同规模股票构成的加拿大富时全股指数（FTSE Canada All Cap Index），每年仅收取 0.12%的费用。快速搜索一下，你会发现，安硕的网站显示，安硕标准普尔/多伦多覆盖综合指数（iShares S&P/TSX Capped Composite Index）囊括的是差不多数量的股票，而其费率低至 0.05%。你该买哪只基金？考虑到两者追踪的是同一市场同等数量的股票，买安硕的产品更划算，因为其费用较低。其代码为 XIC。

假如你是从英国或澳大利亚的证券交易所购入基金，做法也大致一样。先想好自己要买什么，然后搜索比较至少两家大型供应商。先锋英国及安硕英国很适合英国及欧洲的投资者，先锋澳大利亚及安硕澳大利亚则适合澳大利亚投资者，亚洲或南美侨民可以选择位于加拿大、英国、澳大利亚或中国香港的 ETF 供应商。

决定自己要买入多少份额

你知道自己想投资多少金额，但也要计算出这笔资金能买入多少份额的 ETF。通过一些网络券商，你可以查找出心仪产品的单价。假如券商的网站上没有相关资信，你也可以利用各种网络搜索工具查找到相关信息。假设你想投资 1 万元，购入安硕加拿大指数（XIC），你可以透过雅虎财经查到其当前的价格。

在雅虎财经的页面顶端，输入产品代码。由于这是在多伦多证券交易所买卖的指数，所以你需要输入 XIC. TO。图 14.1 是该页面的截图。

该基金的单位净值是 23.87 加元。所以，如果你准备投资 1 万加元，可以买到 418 份（1 万加元除以每份 23.87 加元等于 418.94）。你只能买入完整的份额。虽然单位净值为 23.87 加元时，1 万加元可买入 418 份基金，但在交易完成前市场价格可能稍有变动，而且还要考虑买入基金需支付的佣金。综合这些因素，购入份数需保守调

安硕标准普尔/多伦多覆盖综合指数（XIC.TO）——多伦多　★关注

23.86 ⬆ 0.02(0.08%) 7月20日

前收市价：	23.84	今日波幅：	不适用
开市价：	不适用	52 周波幅：	18.51–23.93
买入价：	23.75	成交量：	0
卖出价：	23.87	平均成交量（3个月）：	101 078
资产净值：	21.20	市盈率 (ttm):	16
市值：	1.59B	殖利率 (ttm):	2.51
年初至今回报（Mkt）：	8.65%		

图 14.1　雅虎财经显示的安硕标准普尔/多伦多覆盖综合指数

资料来源：雅虎财经。

整，比如调为 400 份。

假如你的收入并非加元，记得先把资金兑换成心仪 ETF 的计价货币。假如你手上的 1 万元资金是港币，那就不足以买入 400 份上述 ETF 基金。加元（该 ETF 的计价货币）汇率要比港币高很多。

购入基金

无论你选择哪家券商，购买 ETF 的步骤都大同小异。适用于一家券商的操作在任何其他券商那里也适用。我会利用 3 家不同券商的例子说明。

当你开立了投资账户并准备好资金后，只需登录账户。选择“交易”或“订单输入”项进行购买。

图 14.2 显示通过星展唯高达证券购买 370 份先锋国际发达市场指数基金的页面。

通过道明自管投资国际在卢森堡的券商买入同样的基金产品，操作也非常简单。图 14.3 是同样订单的截图。

图 14.4 是在盛宝金融网站上买入基金的界面截屏。注意该券商把基金代码称为“投资工具”（instrument）。

因为上述例子中投资者均从加拿大证券市场买入基金，所以他

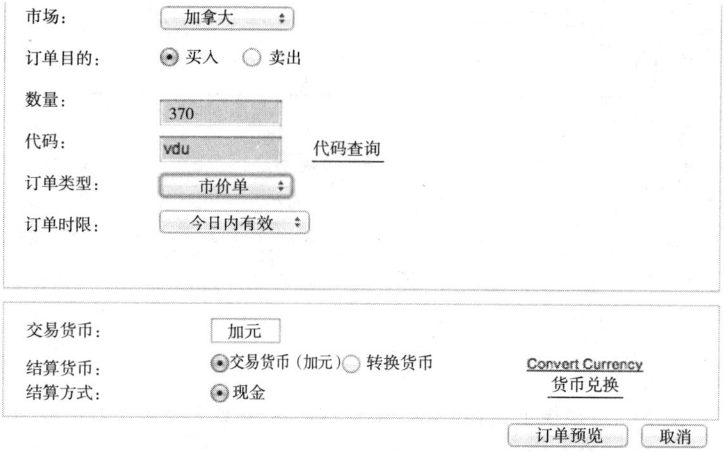

图 14.2　买入 370 份先锋国际发达市场指数基金

资料来源：星展唯高达证券。

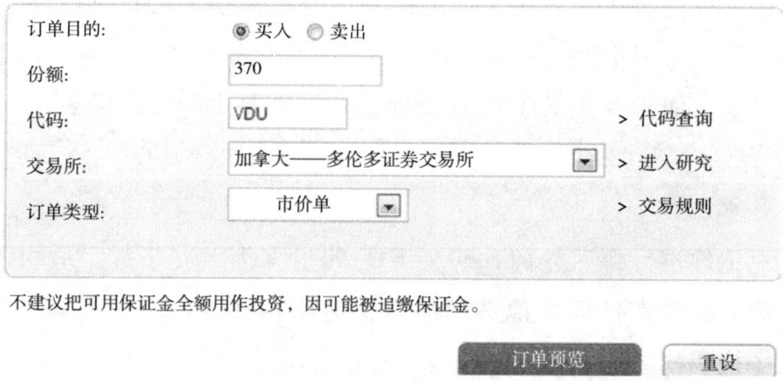

图 14.3　通过卢森堡的道明自管投资国际买入基金

资料来源：道明自管投资国际。

们需要在“市场/交易所”一栏选择“加拿大”。

他们应选择订单上的“买入”，输入可买入的份额数字，然后选择相应的 ETF 代码（例子中为 VDU）。至于订单类型，通常可以选择“市价单”或“限价单”。

若选择市价单，表示你同意以 ETF 的现价或开市后交易价买入该基金。在股市交易时段内价格是会波动的。选择市价单的话，你

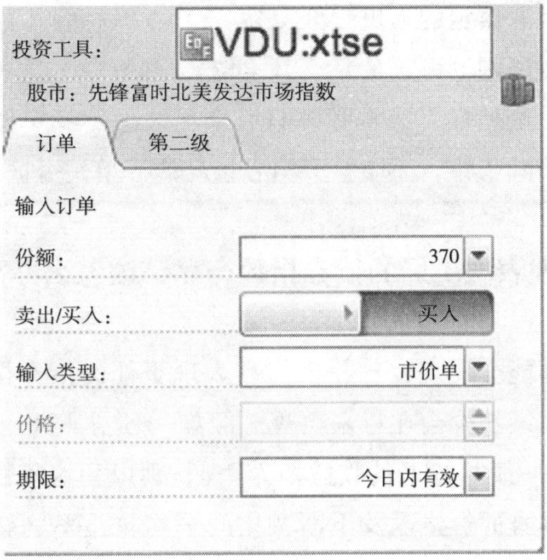

图 14.4　通过盛宝金融买入基金

资料来源：盛宝金融。

最终的买入价可能会稍高于或稍低于显示的最新报价。你无须在股市开市时才能下订单买入基金。比如，即使澳大利亚股市休市，澳大利亚人也可以通过道明自管投资国际买入澳大利亚股指。该订单会在开市后得到处理。

也有投资者喜欢选择限价单，而非市价单。这种情况下，你可以输入一个你愿意为当日订单支付的最高价格。假如所选 ETF 的价格低于这一限价，系统会完成交易。假设你输入的限价为每份 26.28 美元（根据上一交易时段的最新报价），而第二天该 ETF 的开市价为 25 美元，你将以 25 美元买入该基金，而非 26.28 美元。

如果价格没有下降至你所设限价之下，系统将不会完成订单。与市价单一样，投资者在休市时也可通过限价单的方式下单。

一些券商不接受市价单，要求投资者以限价单购入。这可能带来一定的麻烦。假如你设定的限价较低，而指数上升，交易便无法完成。你可能需要在第二天以更高的价格再次下订单。我敢说，这过程会让你胆战心惊，直冒冷汗。但这正中券商下怀，神经兮兮的投资者会比沉着镇定的人更频繁交易。

出于这一原因，可选的话，我会选择市价单。这有时有利，有时不利。但无论怎样，通常利弊只有毫厘之差。我宁愿多付一点点钱，然后该干嘛干嘛，而非整天担心自己的订单是否被接受。

12. 假如发现表现更好的债券指数产品，该怎么办？

有些人可能会发现比已投资产品表现更佳的债券指数产品。但总要记住，往绩甚少会在将来再现。假如一债券 ETF 今天的收益率为 4%，而另一债券 ETF 的收益率为 2%，别以为这些数字是固定不变的。债券本身的价格以及不断变化的平均收益率（新债券取代旧债券）都会影响到债券 ETF 的回报。与其执着往绩及当前收益率，不如考虑以下 3 个最重要的方面：

1. 确保你的债券 ETF 仅包含第一世界政府债券或 AAA 级企业债券。
2. 可以的话，确保其包含短期债券（3 年或以下到期）。
3. 确保基金的费率为 0.4%或以下。

13. 假如我找到更便宜的 ETF，该怎么办？

新推 ETF 层出不穷，转换买卖要多加小心。从一 ETF 转投另一 ETF 须支付佣金，所以未必值得。投资 1 万美元买入年费率为 0.15%的 ETF，费用为 15 美元；另一费率为 0.12%的 ETF 则须 12 美元的费用。若转换基金可能需要支付高达 50 美元的交易费用，只为节约 3 美元的费用，这值得吗？

券商希望你转换，但别这么做。频繁交易令券商获利更大，投资者利益却因而受损。许多券商向频繁交易者提供佣金打折，但别因此陷入它们的网中。

14. 交易佣金、账户年费、基金费用、汇率费用，我该最关注哪个方面？

无疑，持续收取的基金费用及账户年费远比交易佣金和汇率费用更具破坏性。以下是两个情境。乔（Joe）每次投资须支付3%的交易佣金，买入的ETF费率为0.3%，没有额外的账户年费。

朱莉（Julie）每次投资无须支付交易佣金，但其购入的共同基金年费率平均为1.5%，而她的投资账户还有1%的年费要求。你会发现，按账户总值收取的年费对利润的损耗程度远比交易佣金厉害。

假如乔和朱莉每年分别投资1万美元，扣除费用前的年收益率为8%，表14.2显示了两个人的收益对比。

表14.2　乔和朱莉的投资收益对比

	乔	朱莉
每年投资金额	10 000美元	10 000美元
投资交易佣金费率	3%	0
扣除佣金支出后的每年投资金额	9 700美元	10 000美元
扣除费用前的年收益率	8%	8%
基金/账户年费率	0.3%	2.5%
扣除费用后的年收益率	7.7%	5.5%
投资年期	25年	25年
资金增值至	731 066.88美元	539 659.81美元

当然，交易佣金和汇率费用也是烦人的，就像自行车比赛上，对手不时靠过来，给你按下刹把。但持续的账户年费和高昂的基金费用更糟糕，犹如另一对手在整场比赛上抓住你的自行车座不放。

15. 每月最低投资额为多少？

包括美国先锋集团在内的一些券商对客户设定的投资门槛低至每月 100 美元。但若通过折扣券商投资（每次购入产品须支付佣金费用），应考虑每月投资更高的金额。

假设你是通过道明自管投资国际投资的非美籍投资者。每一交易至少需支付 28 欧元的佣金。假如你投资 100 欧元，其中 28%就会被佣金费用吸走。为降低费用支出，记住按“1%规则”行事，即佣金支出绝不能超过投资总额的 1%。

你无法逼迫券商降低费用，但你可以调整策略，计算好每次该投资多少金额。假设最低佣金费用为 28 欧元。按上述的“1%规则”，你的投资不能低于 2 800 欧元。假如你无法做到每月投资 2 800 欧元，存够这个钱再来投资。

也许你每月可以存 500 欧元，把这些资金存在储蓄账户中，攒够 2 800 欧元后再买入投资产品。

即使每次只买一只指数基金也别担心。第一次存够 2 800 欧元时，你可以先买入一只国际股指产品。几个月后，再买入一只债指产品。每次投资一款指数基金，逐步构建起自己的投资组合。等投资组合的总值约达 5 万欧元时再调整平衡也不迟。从那之后，每次可以增持表现较差的指数来调整投资比例达到目标配置。

16. 目前股市升至高位，我真的应该开始投资？

金融作家及新闻媒体喜欢制造这类标题：《美国市场升至史上最高点！》《股市将迎来暴跌？》《债券准备下跌！》。

让我来拨开迷雾，为你揭示市场的发展定数。准备好了？

- 股市会继续创新高。

- 股市会暴跌。
- 债券将贬值。
- 债券将升值。

这4种情形将在你的投资生涯中反复出现。揣测时机进行交易的投资者收益，几乎总低于那些按部就班定期买入并再平衡的股指/债指投资组合。当然，你也许会幸运地猜准时机一两次，但那可能是一场滑稽陷阱。就像第一次到赌场便大获全胜的人总想再去，但最终赢家永远是赌场。

在构建投资组合时，别管各类预测消息。假如你一笔买入（因为手头恰好有这笔资金），注意分散投资，别猜测究竟是要买入债券还是股票或是静待更佳时机。投资并非速度短跑，而是一场超级马拉松。你的目标并非超越别人抢先到达下一电线杆，真正的终点线在多年之后。

谨记一般投资者的表现，以此为戒。恐惧、贪婪、投机的心理导致投资者高买低卖，错失投资良机。应该把心思放在更具建设性的问题上：如何更有效地洗车、刮胡子刮腿毛，如何在5分钟之内吃掉整个比萨。猜测股市走势是输家之为。假如你无法自控，那就请理财顾问来帮忙。

我们开始吧！

假如你可以控制好自己的情绪，我们就展开这段投资旅程吧。翻阅后面与自己国籍匹配的章节。我将具体解释如何买入ETF，无论你选择的是沙发土豆投资组合、永久投资组合或是考虑基本面的沙发土豆投资组合，都将从中得到启发。

注释：

1. "Latest Transfer Tax and FATCA Developments," International Law Office, February 14, 2013. Accessed July 2, 2014. www.internationallawoffice.com/newsletters/detail.aspx?g=b3f9b11d-c117-47bc-9e09-da4b55975c32.

2. Dan Bortolotti, "*MoneySense* Guide to the Perfect Portfolio," *MoneySense*, November 29, 2011. Accessed July 2, 2014. www.moneysense.ca/uncategorized/moneysense-guide-to-the-perfect-portfolio-2.
3. Raymond Kerzerho, "Currency-Hedged S&P 500 Funds: The Unsuspected Challenges," PWL Capital White Paper, September 1, 2010 www.pwlcapital.com/pwl/media /pwl-media/PDF-files/Articles/Currency-Hedged-S-P500-Funds_The-Unsuspected-Challenges_2010_10_21.pdf?ext=.pdf.
4. "Zenith: Features and Benefits," Friends Provident. Accessed May 09, 2014. www.fpinternational.com/common/layouts/subSectionLayout.jhtml?pageId=fpint%2FSitePageSimple%3Asingle_zenith.
5. Skandia-Life.co.uk. Accessed May 10, 2014. https://www.skandia-life.co.uk/beacon/documentlibrary/pdf08/SK5895.pdf.
6. John R. Knight and Lewis Mandell, "Nobody Gains from Dollar Cost Averaging: Analytical, Numerical and Empirical Results," *Financial Services Review* 2, no. 1 (1993): 51–61. Accessed May 10, 2014. www.valueaveraging.ca/docs/Nobody%20Gains%20from%20DCA.pdf.

第十五章 美国侨民投资攻略*

假如你为人沉稳冷静，不屑赌场及彩票这类玩意儿，看不惯华尔街赌徒们的行径，你大可自行构建指数投资组合，无须请理财顾问代劳，而且获利会更丰厚。

其实很简单。做法无误的话，每年管理投资组合的时间比你每周上洗手间的时间还要短（尤其是喜欢在洗手间阅读的人）。

话虽如此，这对投资者的心理素质是一大考验。你必须坚持按计划行事。

全球最大型的指数基金供应商是总部位于美国宾夕法尼亚州的先锋集团。其管理的资产比世界上任何基金公司都多。先锋并不收取账户管理年费，买卖基金也不收取交易费用。

遗憾的是，先锋自2006年至今不接受海外侨民开户。自此美国侨民要成功在先锋开户就只能在申请表上虚报住址（提供美国住址），而且与先锋的销售人员电话联系时，他们也必须策略性地掩饰自己的所在地。他们这样做虽不违法，但并非光明磊落之举。

先锋并非唯一存在歧视政策的基金公司。在2014年7月1日出版的《华尔街日报》刊载了劳拉·桑德斯（Laura Saunders）撰写的

---

* 美国侨民：也许你们大多投资于主动管理型共同基金。在本章，我将解释为何投资指数基金是更佳的选择。可为你构建这类组合的投资公司清单请参考：http://goo.gl/dl8AZ5。

《富达拒绝海外美国投资者购买共同基金》一文。据其报道，越来越多的美国公司向美国侨民关上了大门。[1]

假如你在移居海外之前已在先锋开户，那就走运了。只要该公司记录上存有你的美国住址，你便可继续使用先锋的账户投资，否则你需要另找投资券商。

目前你有通过先锋集团投资吗？

先锋的投资者是该集团的股东。[2]我没有乱放烟幕，假如你持有先锋的共同基金，无论是指数基金还是先锋的低费用主动管理型产品，你便是其股东。先锋集团类似非营利机构，股东就是购买其基金的投资者。但富达、高盛、普信、富国银行、美国基金，或摩根士丹利的基金持有人则没有类似的权利。除了为教育工作者而设的非营利的“美国教师退休基金会”（TIAA-CREF）以及为联邦政府雇员而设的“节俭储蓄计划”（Thrift Savings Plan），美国其他共同基金公司都存在利益冲突的问题。

这些基金公司的首要任务是为自己公司争取利润，基金投资者的利益属次要考虑。共同基金公司通过客户费用赚取利润，以广告误导投资者从而带来业务。它们以旗下顶级表现的基金为例，大肆宣扬，对于落后的基金只字不提（其中许多是昔日的大热基金）。

2012年，彭博社报道，拥有基金巨头富达国际公司的约翰逊家族身家达220亿美元，怎么看也证明他们收入不菲。[3]富达是私人拥有的公司，而许多基金公司是公开上市的。

正如诺贝尔奖得主保罗·萨缪尔森在1967年曾说的：

> 我认为在共同基金业只有一个位置是赚钱的，正如在酒吧里，节制的人只会站在吧台后而非吧台前……所以我向一家基金管理公司投资。[4]

相反，先锋没有任何第三方霸主抽取收益。公司通过基金费率盈利，收益用以支付员工薪酬及经营支出。就那么简单。当利润随着时间积累提升，先锋会降低其基金费用，而且这样的调整极为规律定期。在我撰写此书的一年间，我一直追踪先锋的基金费率，其中许多基金的费率现已低于我提交初稿时的水平。

而一般的美国共同基金公司则不然。不做加权计算，1951 年时，美国的共同基金平均费率为 0.77%。到了 2010 年，该数字已上升至 1.54%。[5]

假如你正考虑移居海外，但还未行动，离开美国前先在 www.vanguard.com 上开立一个先锋集团的投资账户吧（只要先锋的记录上有你的美国住址，账户便可一直使用下去）。

以先锋的基金构建沙发土豆投资组合

要构建省心的沙发土豆投资组合（见第九章），最简单的方式是投资先锋的目标退休系列基金。其费率较低，每年仅为 0.17%。每只目标基金都是多元的投资组合，且自动再平衡。随着基金投资者的年龄增加，基金组合中的债券配置比例会提高。

我们来分析一下先锋目标退休基金 2030，见表 15.1。

表 15.1　先锋目标退休基金 2030：一探其详

基金	配置比例
先锋整体股票市场指数基金	53.7%
先锋整体国际股票指数基金	22.7%
先锋整体债券市场 II 指数基金	18.9%
先锋整体国际债券指数基金	4.7%

资料来源：先锋官网，2014 年 1 月 31 日。

该基金包含 4 个指数：两个分别代表美国市场和国际市场的股票指数，以及两个分别代表美国及国际政府债券的债券指数。假如美国股市上升，国际股市下跌，该基金会把部分资金从美国股市转移到国际股市。

若两个股指都下跌，先锋会把资金从债指中抽出，用以增持股指。典型的沙发土豆投资法，不揣测投机。先锋通过再平衡把组合调整回原本的配置比例。

先锋的目标退休基金 2030 投入债市的资金比例为 23.6%（18.9% 美国债券，4.7%国际市场债券），投入股市的比例为 76.4%（53.7% 美国股票，22.7%国际市场股票）。尽管名称中包含 2030 的字眼，该基金却不一定适合打算在 2030 年退休的侨民购买。希望组合中债券比例约等于自己年龄的投资者应选择相应配置的基金。

别被基金名称中的年份迷惑，那不是牛奶盒上的保质期。在 2014 年，投资者仍可以买入先锋的目标退休基金 2010。那只是名称，不是什么“在此日期前最佳”的警示。

表 15.2 列出了先锋目标退休系列的 7 款基金及相应代码、其股票债券投资比例、适合的投资者出生年份。比如，我会建议出生于 1945—1955 年的投资者购买先锋目标退休基金 2010。该基金的债券投资比例约等于这些投资者的年龄。

注意：每只基金的股票及债券配置会随着时间的推移变得更为保守。这样，投资者出生年份会与每一基金的债券投资比例保持对应。投资者的出生年份若介乎两款推荐基金之间，可以选择把资金分散投资于这两款基金。

以先锋的“手动挡”产品进行沙发土豆投资

不想以先锋的目标退休系列基金构建沙发土豆投资组合的投资者可以买入个别指数。这样做有利也有弊。好处是构建投资组合的费用可能更低，尤其是如果你符合资格购买先锋的“上将”产品（Admiral Shares，稍后做详解）。

表 15.2　先锋目标退休系列基金

基金	识别代码	股票投资比例（截至 2014 年 2 月 23 日）	债券投资比例（截至 2014 年 2 月 23 日）	我建议出生于这些年份的投资者购买
先锋目标退休基金 2010	VTENX	41%	59%	1945—1959 年
先锋目标退休基金 2015	VTXVX	55%	45%	1955—1969 年
先锋目标退休基金 2020	VTWNX	65%	35%	1969—1979 年
先锋目标退休基金 2025	VTTVX	70%	30%	1974—1984 年
先锋目标退休基金 2030	VTHRX	80%	20%	1984—1994 年
先锋目标退休基金 2035	VTTHX	85%	15%	1989—1999 年
先锋目标退休基金 2040	VFORX	90%	10%	1994—2004 年

资料来源：先锋官网。

若投资组合的管理有序自律，还可降低应税周转率。以先锋的目标退休基金 2020 为例，其应税周转率约为 17%。若通过普通应税账户投资，周转率越低越好。所谓周转率，是指在某一年中基金所持股票中被周转买卖部分的占比。先锋目标退休系列基金内的每一指数每年只会买卖少量股票。假如一家标普 500 公司破产，标准普尔公司很可能会把这家公司从指数中剔除，另一符合资格的新公司将取而代之。指数基金的低周转率极有利于普通账户投资。

先锋的目标退休系列基金因所含指数的买卖及对本基金的再平衡而产生周转率。自行购买指数的投资者则可以每月或每季度买入表现落后的指数。这样做，投资者无须出售投资组合中的任何资产便可保持目标配置比例，如此一来降低了周转率。这或会令美国税务机构失望，而你则可因此合法增加收入。

买入个别指数的投资者需要特别自律，但大部分人做不到。他们就像在营养学资讯的刺激下买来各种有机食品却最终海吃奶油夹心蛋糕的人。许多指数投资者都虎头蛇尾，最终沉沦于投机买卖的怪圈。

当投资者沉迷投机

诺曼·罗瑟（Norman Rothery）里在《环球邮报》的报道中列出了先锋集团各基金在截至2013年的15年期间的收益表现。[6]他这篇文章的目的是要比较基金回报与买入同样基金的投资者所获收益之间的差别，见表15.3。

表15.3　1998—2013年基金回报与投资者收益对比

先锋基金	基金总回报	一般投资者收益
标普500指数	+95.7%	+48.4%
欧洲股票指数	+98.3%	+13.0%
整体债券市场指数	+107.0%	+77.0%
整体国际股票指数	+110.2%	+117.6%

恐惧、贪婪及听信无益的专家之言令投资者走上不归路。

在1998—2013年，相比应得回报，标普500指数的一般投资者只赚得近50%的收益，好比棒球赛中“消失的魔球”。

许多这类投资者遵循所谓的高级策略，听信CNBC上的专家之言、自己的直觉、亲兄弟和姐妹夫的情报，乱猜“大市时机”孤注一掷。

欧洲股指的投资者更是糟糕。同样的愚蠢行为导致他们的投资收益在15年内比所持基金本身回报低85个百分点。连投资债券的也因“策略性”买卖而少获利30个百分点。

但是，先锋整体国际股票指数基金的一般投资者则获利高于基金本身。这些投资者大多每月定期投入资金，运用“平均成本法”投资。这样做，他们可在价格低的时候买入更多的份额，在价格高的时候买入较少的份额。他们在投资上坚持原则也是成功的因素。

克己自律的沙发土豆投资者其实是真正的野心家。在再平衡时，他们总是低买高卖，确保自己的收益不低于基金本身回报。以下是可用以构建这样一个投资组合的先锋指数产品。

先锋全球沙发土豆投资组合构成

40岁投资者适用的投资组合范例

30% 先锋整体股票市场指数（VTSMX）

30% 先锋整体国际股票指数（VGTSX）

40% 先锋短期国债指数（VFISX）

这些基金的费率分别仅为0.2%、0.22%、0.17%。而只要投资者投入其中一只基金的资金达到1万美元，该基金的费率便下降，适用先锋的“上将”产品费率。这3只基金对应的“上将”产品费率分别为0.05%、0.16%、0.12%。

假如你是首次购入先锋的“上将”产品（初始投资门槛为每基金1万美元），其基金代码如下：

先锋上将整体股票市场指数（VTSAX）

先锋上将整体国际股票指数（VTIAX）

先锋上将短期政府债券指数（VSBSX）

投资者也可以选择购买先锋整体世界股票指数作为投资组合中的股票部分。该指数是美国及国际股票指数基金的结合体。所以，40岁的投资者可构建以下投资组合，每基金投资低于1万美元：

60% 先锋整体世界股票指数（VTWSX）

40% 先锋短期国债指数（VFISX）

截至我撰写本书时，先锋整体世界股票指数费率为0.3%，没有对应的“上将”产品。但先锋秉持费用低廉的原则，很可能很快推出对应的上将指数产品。

构建永久投资组合（见第十章）或基本面指数投资组合（考虑基本面要素的沙发土豆投资法，见第十一章）的投资者最好通过折扣券商进行投资，先锋集团并无适合他们的基金。

“嘉信理财”提供优秀的投资选择

我推荐嘉信理财（Charles Schwab）的网上交易平台。只要你有一处美国住址可填于申请表上（可以是你兄弟、姑姑婶婶或母亲的住址），你便可在该公司开户。

嘉信理财为投资者提供网上交易平台，使其能以相宜的费用方便快捷地投资任何产品。最妙的是，嘉信理财还提供自己品牌的ETF。截至撰写本书时，其ETF是全世界费用最低廉的。

投资者通过嘉信理财的券商购买其自品牌的ETF时无须支付佣金。

嘉信理财很可能因这些产品有所亏蚀，就像超市减价促销香蕉，有时会不惜低于成本大甩卖。超市虽然在香蕉上有所亏损，却吸引到人们入店选购。他们会在店中购买其他商品，超市因而最终获利。

无论是选择先锋、嘉信理财还是其他的美国券商，你都需要先把资金汇到美国的一个银行账户上，然后设置每月自动转账到所选的券商账户上。

通过嘉信理财构建沙发土豆投资组合

嘉信的免佣金ETF产品是沙发土豆投资者的自助餐点。表15.4

是40岁投资者适用的投资组合例子。4只基金的平均费率仅为0.09%，这也许是世界上最便宜的投资美餐。

表15.4　运用嘉信理财ETF打造沙发土豆投资组合范例

配置	ETF	代码	费率
40%短期美国政府债券	嘉信短期美国国债ETF	SCHO	0.08%
30%美国股票	嘉信美国整体市场ETF	SCHB	0.04%
25%国际股票	嘉信国际股票ETF	SCHF	0.09%
5%新兴市场股票	嘉信新兴市场股票ETF	SCHE	0.15%

嘉信的国际股票ETF只包含海外发达市场的股票。希望进一步分散投资的人士可以加入嘉信的新兴市场股票ETF，如表15.4的例子所示。

但别想着新兴市场潜力无限而过度投入。当然，我会梦想中国的男女老少人人都买我这本书。但投资者应谨记，新兴市场其实很小——只占全球市场资本不到13%。

买入先锋整体世界股票指数ETF（包含美国股票、世界其他发达市场股票及新兴市场股票）是投资全球股市的更简便方式。投资者可以通过嘉信的账户买入这一指数，但需要支付小额的佣金。表15.5显示了40岁投资者适用的这一简化投资组合配置，只含两个基金，管理起来更轻松无忧。

表15.5　最简单的ETF沙发土豆投资组合范例

配置	ETF	代码	费率
40%短期美国政府债券	嘉信短期美国国债ETF	SCHO	0.08%
60%全球股票	先锋整体世界股票指数ETF	VT	0.18%

较年轻或风险承受力更高的投资者可以把债券配置调低，较年长或厌恶风险的投资者则可把组合中的债券比例调高。

通过嘉信理财构建永久投资组合

永久投资组合（解释见第十章）永远不会成为大热，但不代表这是不明智的投资法。在1972—2013年，永久投资组合的年收益率平均超过9%，表现最差是在1981年，亏损率也仅为4.1%。

但是，投资者需要有耐性。有时，这种投资组合会踯躅不前——尤其是在股市飙升的年头。在2013年，标普500上涨了33.18%，但永久投资组合的收益反而下跌了2.4%。克雷格·罗兰是《永久资产组合：哈利·布朗的长线投资策略》的作者之一，他在自己的博客上不断更新该投资组合的收益表现。[7]

表15.6列出了可买入的ETF。通过嘉信理财这一券商，你无须支付佣金就可以购买其品牌产品（表中前两个产品）。我也列出了短期政府债券产品，用以替代投资组合中现金存款这一部分。

表15.6 包含ETF投资的永久投资组合范例

配置	ETF	代码	费率
25% 短期美国政府债券	嘉信短期美国国债ETF	SCHO	0.08%
25% 美国股票	嘉信美国整体市场ETF	SCHB	0.04%
25% 长期美国政府债券	先锋长期政府债券ETF	VGLT	0.12%
25% 黄金	安硕黄金信托	IAU	0.25%

基本面指数焕发魔力

人们不难通过任意一家美国折扣券商构建基本面指数投资组合（解释见第十一章）。我还是推荐嘉信理财，其免佣金基本面ETF是不错的选择。

表15.7是50岁投资者适用的基本面指数投资组合例子，也适合喜欢低风险的年轻投资者。

表 15.7　基本面指数投资组合范例

配置	ETF	代码	费率
25% 美国股票	嘉信基本面美国整体市场 ETF	FNDB	0.32%
25% 国际股票	嘉信国际基本面大型企业 ETF	FNDF	0.32%
50% 美国短期政府债券	嘉信短期美国国债 ETF	SCHO	0.08%

没有人知道在未来，沙发土豆投资组合、永久投资组合、基本面指数投资组合三者中哪个会表现最佳。谨记，假如收益情况不妙，别贪新厌旧，转换策略。许多愚蠢的投资者不懂得与投资策略“至死不渝”的道理。

假如你以投资基本面指数为策略，而连续几年该投资组合的表现低于资本加权的沙发土豆投资组合，你会想与其“分道扬镳”。但别这么做。3 种投资组合中，连续 5 年表现较逊的那个是完全可以（而且很可能）在之后 5 年变为三者之冠。假如你因为 3 种投资组合中其一较胜而转投这种组合，日后当其他两种投资组合表现赶超时，你又会失意灰心。忠于一种投资法就对了。3 种投资法都费用低廉，均做到多元投资，而且在你一生的时间里，其收益表现都将超越大部分机构投资者。

别非法向“个人退休金账户”供款

2014 年 2 月，我和妻子认识了一位之前在西班牙生活 8 年的美国侨民。我称她为玛丽。（Mary）在一次闲聊中，她说自己一直以最大额度（每年 5 500 美元）投资在美国的个人退休金账户（IRA）。遗憾的是，此举戳醒了一位沉睡的巨人。

在 2013 年，这位巨人（也就是美国政府）规定，年收入低于 97 600 美元的美国侨民不能向 IRA 账户供款。而玛丽的年收入仅为 5 万美元。

其收入总额符合美国国税局有关外国收入所得的豁免条件，这意味着她不必向美国政府缴纳所得税，因为她在西班牙获得的收入还不够高。假如她的年收入超过97 600美元，情况就不一样了。[8]

何谓“个人退休金账户”？

IRA实质是享受税务减免优惠的投资账户。其本身并非投资组合，而是个特殊类别。许多美国人拥有两类账户：享受税务优惠的IRA账户和非IRA应税普通投资账户。

假如玛丽在美国居住，她可以向IRA账户按最高额度每年投资5 500美元，并享受相关的税务优惠。当玛丽投资常规IRA账户时，美国政府会说：“不错，玛丽。我们会对你今年的应缴税额提供优惠。你可以看着投资增值。在你出售这些资产前，我们不会对收益征税。”

只要玛丽年满59岁半，她便可以提取账户上的资金而无须缴付任何罚金。而且她必须在年满70岁半之前开始提取账户资金。一切相安无事——前提是她在美国居住或虽旅居海外但收入符合最低要求。

按2014年的标准，外国所得年收入免税额为99 200美元。假如玛丽在西班牙居住期间的年收入为12万美元，她也许符合资格向传统IRA账户供款投资。在2014年，50岁以下投资者的IRA最高供款额为每年5 500美元，50岁以上的投资者最高供款额为6 500美元。[9]

假如她在外国的收入超过99 200美元的部分属于应税额（请查询美国国税局的网上最新信息[10]），而玛丽当年的收入超出12万美元，她必须就这20 800美元的差额向美国缴纳所得税。但是，如果她向常规IRA账户供款5 500美元，其应税收入便可扣除5 500美元，从而减少了应缴税款。

而当投资者开始从常规IRA账户提取资金时，只按一般收入税率征税。

“罗斯 IRA”则不同

然而在美国存在两种 IRA 账户：常规 IRA 和罗斯 IRA（Roth IRA）。有别于常规 IRA，罗斯 IRA 的供款是不享有税务优惠的。但罗斯 IRA 的收益是免税的。投资者退休并从罗斯 IRA 账户提取资金时，本金和投资利得都无须纳税。其灵活性还体现在其他方面，比如投资者无须在 70 岁半之前开始从罗斯 IRA 账户提款。

而与常规 IRA 相同的是，旅居海外的美国侨民必须在收入达到下限要求时才能向罗斯 IRA 账户供款。不符资格的 IRA 供款被称为“过度供款”。这些资金若留存在 IRA 账户中，每年将被扣除 6%的罚金。[11]玛丽在 2012—2013 年居住在西班牙期间的年收入为 5 万美元，因为收入并未达到要求，所以不符合 IRA 供款资格。

但她在 2012—2013 年向 IRA 账户供款，政府可因此对其判罚。假设我们在 2014 年 2 月遇见玛丽时她还没申报 2013 年的税务，她在 2012 年的供款已须缴纳 6%的罚金，但她还有时间先把 2013 年的过度供款转走，再来申报 2013 年的税务。这样做，她可以避免 6%的罚金。但是这笔过度供款在账户中产生的收益仍可能被征税及扣罚，美国国税局有一套算法公式来决定具体的金额。

记住，投资应税额因人而异，因此值得花钱请侨民税务专家来帮忙。提供这类服务的公司有很多，包括美元侨民税务服务公司（Greenback Expat Tax Services）、美国税务服务公司（American Tax Service）及美国侨民税务服务公司（American Expat Tax Services）。

美国人对于自己的海外收入须向美国纳税也许怨声载道，但其投资处境也并非完全陷于末日穷途。美国侨民可以享受全世界费用最低的金融投资服务，全球最便宜的 ETF 大多是由美国公司提供的。只要按部就班自律投资，美国侨民便可利用这些产品逐步增值致富。

注释：

1. Laura Saunders, "Fidelity Bans U.S. Investors Overseas from Buying Mutual Funds," *Wall Street Journal*, July 1, 2014. Accessed July 3, 2014. http://online.wsj. com/news/article_email/fidelity-bans-overseas-investors-from-buying-mutual-funds-1404246385-lMyQjAxMTA0MDAwMjEwNDIyWj.
2. "Why Ownership Matters," About Vanguard. Accessed May 9, 2014. https://about.vanguard.com/what-sets-vanguard-apart/why-ownership-matters/.
3. Brendan Coffey, "Hidden Johnson Billionaires Found in Fidelity Fund Empire," Bloomberg.com, September 21, 2012. Accessed May 9, 2014. www.bloomberg. com/news/2012-09-19/hidden-johnson-billionaires-found-in-fidelity-fund-empire.html.
4. John C. Bogle, *The Battle for the Soul of Capitalism* (New Haven, CT:Yale University Press, 2005), 177.
5. John C. Bogle, *Don't Count on It!: Reflections on Investment Illusions, Capitalism, "Mutual" Funds, Indexing, Entrepreneurship, Idealism, and Heroes* (Hoboken, NJ: John Wiley & Sons, 2011), 75.
6. Norman Rothery, "Stick with Buy-and-Hold: Don't Try Timing the Market," *Globe and Mail*, February 4, 2014. Accessed May 9, 2014. www.theglobeandmail.com/globe-investor/investment-ideas/strategy-lab/value-investing/stick-with-buy-and-hold-dont-try-timing-the-market/article16697904/.
7. Craig Rowland, "Permanent Portfolio Archives," *Crawling Road*. Accessed May 9, 2014. www.crawlingroad.com/blog/tag/permanent-portfolio/.
8. "Foreign Earned Income Exclusion," Internal Revenue Service. Accessed July 3, 2014. www.irs.gov/Individuals/International-Taxpayers/Foreign-Earned-Income-Exclusion.
9. "Retirement Topics—IRA Contribution Limits," Internal Revenue Service. Accessed May 10, 2014. www.irs.gov/Retirement-Plans/Plan-Participant%2C-Employee/Retirement-Topics-IRA-Contribution-Limits.
10. 同上。
11. Kaye A. Thomas, "Excess Contributions to Roth IRAs," Fairmark.com, November 15, 2013. Accessed May 10, 2014. http://fairmark.com/retirement/roth-accounts/contributions-to-roth-accounts/excess-contributions-to-roth-iras/.

第十六章　加拿大侨民投资攻略

萨米·赛尔摩（Sammy Sellmore）安坐于商务机舱，距离降落吉隆坡还剩一个小时，该处理一下公务了。他把机舱乘务员叫过来，点了一杯香槟酒，然后打开自己的手提电脑，翻查客户文件。

这位加拿大籍的理财顾问每年几次到海外与客户会面。要争取销售佳绩，他需要与客户保持良好的关系。毕竟，他的职责在于人情管理甚于金钱管理。每个成功的销售人员大多如此。对于萨米来说，他需要记住客户的名字、客户子女的名字及其在学校擅长的科目。

他会请投资大户用膳，记着在他们生日和圣诞节时寄送贺卡。只要能成为这家人的朋友，他就永远不会丢饭碗。萨米就是服务海外侨民的理财顾问典型形象。

那么萨米究竟是敌是友？试金石在于：他是否向你推销主动管理型的加拿大共同基金？如果是这样，精明的投资者大可另请高明。

加拿大基金在费用问题上不及格

在基金评级机构晨星每年发表的年度“全球基金投资者体验”报告中，加拿大的主动管理型基金在费用问题上总是获评 F 级。晨星表示：“加拿大的基金总费率高居全球之首，业绩因而受制。”[1]

这般高费用会蚕食投资回报。2013 年 10 月，迈克尔·奈恩（Michael Nairne）在《加拿大金融邮报》上撰文时引用了标普/道琼斯指数与加拿大主动管理型基金（SPIVA）的业绩对比。该跨越 2008—2012 年的研究显示，在七大主要类别上，加拿大主动管理型基金的年化收益比对应指数基金的回报平均低 2.85 个百分点。[2]

2014 年，我曾在《环球邮报》上撰文，比较加拿大皇家银行（RBC）主动管理型基金和投资相同资产类别的指数基金的 10 年回报。[3]由于 RBC 在一个资产类别上有众多基金，为便于比较，我取的是这些基金回报的平均值，以此与对应的股指回报做对比。

RBC 的基金表现差强人意。其对手企业富达加拿大的一位公关人员曾向我表示："有关 RBC 共同基金的那篇文章写得好。我们公司大多数基金是可以打败指数基金的。而你能点名指出那些表现逊色的基金公司是件好事。"

在收到他的电邮前，我没打算把富达的基金收益和对应的指数收益做比较。后来经过研究，我又写了一篇有关富达公司的文章。[4]跟 RBC 一样，富达的基金也表现不佳。文章发表后不久，这位公关人员又向我发来邮件，声称已在前一年解雇了大部分业绩低下的基金经理。但在我看来，受制于高费用，他们新聘的基金经理表现也不会好到哪里去。

几周后，加拿大宏利金融集团的一位媒体公关人员给我发邮件，提出："如果你要报道我们公司的基金，请着墨于低费用的那些产品。"一些公司提供两类基金：昂贵的和贵得离谱的。老实说，我本没打算分析比较宏利金融的基金产品。但想想也挺有趣，于是我又研究了一番。跟 RBC 和富达一样，宏利金融的基金表现落后于大市水平——而我的确是以宏利金融的低价产品来做比较的！[5]

我越挑刺儿越来劲，之后分别研究报道了加拿大帝国商业银行（CIBC）、[6]多伦多道明银行[7]和国联克莱灵顿[8]的基金。这些公司也无甚区别。总的来看，它们的基金投资组合 10 年回报大败对应的指数收益。

更糟糕的是，许多顾问推销的基金是有后端收费的。如此一来，如果你持有某基金不足六七年就卖出，可能还要承受罚金之痛。罚金的得益者是谁？正是你那位周游世界热心亲和的理财顾问。

但相比友诚、苏黎世国际、忠利国际、莱斯基亚人寿保险那些向你推销境外养老金产品的理财顾问，这类推销共同基金的顾问简直是童子军般的善男信女。投资加拿大的主动管理型基金就像患上慢性感冒，而大部分境外养老金产品则有如疟疾。

加拿大侨民可选的券商

ETF 投资组合需要通过券商构建。一些加拿大侨民，如斯科特·卢梭（Scott Rousseu），选择在总部位于多伦多的道明宏达理财开立非居民投资账户。[9]投资者只能亲自到该公司开设账户，并须提供海外居住证明。

来自温哥华的 44 岁的斯科特·卢梭在离开加拿大两年后即 2000 年时开立了这样的投资账户。他目前在阿联酋一家大学教英语。

作为中东居民，他无须对在道明宏达理财的投资利润缴纳资本利得税。其股息税率是划一的 15%。

斯科特对通过在多伦多的非居民账户投资感到满意。加拿大许多会计师认为这样做不会影响投资者享有加拿大非税务居民的身份。

适合加拿大侨民的免征利得税地区券商

部分加拿大侨民担心加拿大修改税法，可能禁止侨民在加拿大开立非居民投资账户或对这些账户征税。有此疑虑的投资者宁愿把资产留在海外。卢森堡、新加坡和中国香港因低税政策吸引了大量侨民客户。海外券商的费用一般比加拿大本地券商要高。但对于一些投资者来说，为买安心，这是他们愿意付出的小代价。

道明宏达理财对每次交易收取9.99美元费用。[10]总部位于卢森堡的道明自管投资国际收取最低约41加元（28欧元）的佣金，而且投资金额越大佣金费用越高。[11]表16.1是假设分别通过道明宏达理财和道明自管投资国际一年分12次投资4万加元的费用对比。后者费用更高，但长远来说，影响并无想象中大。

表16.1　多伦多道明宏达理财与卢森堡道明自管投资国际20年投资对比

券商	道明宏达理财（多伦多）	道明自管投资国际（卢森堡）
每年投资金额	40 000加元	40 000加元
每年12次的投资佣金总额	119.88加元	499.96加元
每年扣除佣金后的实际投资金额	39 880.12加元	39 500.04加元
扣除账户年费前的年收益率	8%	8%
账户年费率	0	0.2%
扣除账户年费后的年收益率	8%	7.8%
20年后的账户资产总值	1 970 992加元	1 905 956加元

费用的区别也被夸大了。道明自管投资国际每年收取0.2%的“安全托管费”，上限为每年600欧元。当账户价值超过40万欧元时（上例便已超过此金额），费用对收益的影响会稍微降低。比如，当某投资者的投资组合价值为100万欧元时，由于“安全托管费”的上限为每年600欧元，即实际费率仅为0.06%，而非一般情况下的0.2%。

为加拿大侨民构建沙发土豆投资组合

即使与美国并无家仇国恨，加拿大侨民也不该选择投资美国挂牌上市的股票及ETF。只要持有美国境内投资超过6万美元，当账户持有人离世，其继承人就须缴纳遗产税。所以为免继承人背负美国税务重担，还是别选择美国境内投资产品为妙。[12]

那不意味着你不能构建充分多元的沙发土豆 ETF 投资组合，包括投资美国股市。假如你选择加拿大挂牌的 ETF，美国是不会叩门征税的。

我举例的投资组合由低费用 ETF 构成，且没有进行加元对冲。长远来说，对冲（见第十四章中的讨论）会降低回报。表 16.2 中的 ETF 包含多元分散的投资选择。

表 16.2　加拿大市值加权沙发土豆投资组合范例

指数	代码	费率	包含成分
安硕标准普尔/多伦多覆盖综合指数 ETF	XIC	0.05%	249 只加拿大股票
先锋美国整体市场 ETF	VUN	0.15%	3 613 只美国股票
先锋富时新兴市场指数 ETF	VEE	0.33%	922 只股票，其中近 70% 来自中国、巴西、南非和印度
先锋富时发达国家（如北美）指数 ETF	VDU	0.28%	1 301 只股票，其中约 65% 来自日本、美国、英国、法国、德国和瑞士
先锋加拿大短期债券指数 ETF	VSB	0.15%	254 只短期债券，1～5 年到期（主要是加拿大政府债券）

资料来源：先锋加拿大；安硕加拿大。

对这些 ETF 的配置比例取决于投资者的年龄、风险承受度及计划退休地。

以 40 岁的伊恩·佩奇（lan Page）及其 41 岁的妻子布里吉特（Bridget）为例。他们 1997 年离开加拿大，先后在开罗和瑞士任教，自 2002 年以来在新加坡的美国人学校任教。他们计划在加拿大过退休生活，但不符合资格领取政府公立学校教师退休金。因长期在海外工作，他们能从加拿大退休金计划（CPP）中领取的资金也有限。[13]

没有退休收入的伊恩和布里吉特不能进行高风险投资，所以，他们要确保投资债券的比例约等于其年龄。表 16.3 是他们可构建的沙发土豆投资组合。

表 16.3 适合 40 岁加拿大投资者的沙发土豆投资组合范例

配置	ETF	代码	费率
40%加拿大短期政府债券	先锋加拿大短期债券指数 ETF	VSB	0.17%
20%加拿大股票	安硕标准普尔/多伦多覆盖综合指数 ETF	XIC	0.05%
20%美国股票	先锋美国整体市场 ETF	VUN	0.15%
15%国际股票	先锋富时发达国家（如北美）指数 ETF	VDU	0.28%
5%新兴市场股票	先锋富时新兴市场指数 ETF	VEE	0.33%

资料来源：先锋加拿大；安硕加拿大。

因打算最终回到加拿大生活，伊恩和布里吉特把超过一半资金保留在加拿大投资上：40%投资加拿大债券及 20%投资加元股票，其他则为美国及国际股票投资。这是明智的，毕竟他们将来的生活费主要以加元支付。

作为另选，伊恩和布里吉特也可以买入由世界各地股市股票组成的单一指数。截至我撰写本书时，先锋加拿大没有这类产品。而安硕有，其费率当前为 0.47%。

假如他们买入这一产品，其沙发土豆投资组合便如表 16.4 所示。

以一只全球股票 ETF 取代美国股指和发展中新兴市场股指并不会改变组合的配置。而投资 3 只指数基金比投资 5 只基金要更容易管理。但是，投资安硕 MSCI 世界指数基金 ETF 会稍微增加投资组合的整体费用，其年费率为 0.47%。

表 16.4　适合 40 岁加拿大投资者的沙发土豆投资组合范例（包含 3 只基金）

配置	ETF	代码	费率
40%加拿大短期政府债券	先锋加拿大短期债券指数 ETF	VSB	0.17%
20%加拿大股票	安硕标准普尔/多伦多覆盖综合指数 ETF	XIC	0.05%
40%全球股票	安硕 MSCI 世界指数基金 ETF	XWD	0.47%

资料来源：先锋加拿大；安硕加拿大。

45 岁的马克·霍姆斯（Mark Holmes）和 42 岁的妻子克里斯蒂娜（Christina）则可能选择稍微不同的配置。两个人目前任教于中国上海联合国际学校。他们最终会有一定的退休收入，因马克曾在英国航空公司任职飞机技术员，所以到他 60 岁时将收到英航的退休金。他也有资格从英国国民保险系统领取养老金。不同于伊恩和布里吉特，马克和克里斯蒂娜还没想好在哪里过退休生活。“马来西亚似乎很吸引人，”马克说，“但我们也喜欢温哥华岛。”

马克的退休金是未来的固定收入——“假如提供这些退休金的机构信守承诺的话。”马克说道。退休金就像债券，所以马克和克里斯蒂娜的投资风险承受度可稍微提高。无须以其平均年龄（45 岁及 42 岁）作为债券投资比例，他们可以把 30%的资金投资债券，70%投资股票，然后慢慢提高债券的配置。如果他们倾向到马来西亚过退休生活，也可以降低投资加拿大股票的比例。[14]

表 16.5 显示了他们可构建的投资组合。

或者选择投资安硕 MSCI 世界指数基金 ETF，简化投资组合，如表 16.6 所示。

配置本身并不存在什么神奇定式。马克和克里斯蒂娜可略增对国际股票的投资，而略减投资加拿大股票的比例。没什么大不了的，只需谨记多元分散投资的法则。

表 16.5 马克和克里斯蒂娜的沙发土豆投资组合范例

配置	ETF	代码	费率
30%加拿大短期政府债券	先锋加拿大短期债券指数 ETF	VSB	0.17%
10%加拿大股票	安硕标准普尔/多伦多覆盖综合指数 ETF	XIC	0.05%
30%美国股票	先锋美国整体市场 ETF	VUN	0.15%
25%国际股票	先锋富时发达国家（如北美）指数 ETF	VDU	0.28%
5%新兴市场股票	先锋富时新兴市场指数 ETF	VEE	0.33%

资料来源：先锋加拿大；安硕加拿大。

表 16.6 马克和克里斯蒂娜的投资组合范例（含安硕 MSCI 世界指数基金 ETF）

配置	ETF	代码	费率
30%加拿大短期政府债券	先锋加拿大短期债券指数 ETF	VSB	0.17%
10%加拿大股票	安硕标准普尔/多伦多覆盖综合指数 ETF	XIC	0.05%
60%全球股票	安硕 MSCI 世界指数基金 ETF	XWD	0.47%

资料来源：先锋加拿大；安硕加拿大。

无论你的配置比例为何，必须持之以恒，并在必要时做再平衡调整。有时国际股市的表现胜于加拿大股市，可能连续几年如是。别担心，只需按计划行事，每年把组合调整为最初的配置比例，或增持表现较逊的指数基金。这样做能让你保持投资组合的稳健度，套用巴菲特的话，你可以在别人贪婪的时候恐惧，在别人恐惧时贪婪。

加拿大的ETF价格战

加拿大的ETF供应商正欲割价竞争排挤对手。对投资者来说是好事，但也造成一定风险。眼见新推的ETF价格更便宜，投资者弃旧投新，殊不知最终在佣金上亏大了。而且，投资者的赌瘾被撩动，血压上升，买卖变得频繁，正中金融服务业下怀。

长期以来，安硕加拿大是加拿大最大的ETF供应商。但自先锋集团在2011年登陆加拿大市场提供ETF产品后，安硕开始流失巨大的市场份额。就像嘉信理财在美国的做法一样，安硕向先锋挑起了一场价格战。

截至2014年3月，安硕已在几个类别上削价对抗先锋。其标准普尔/多伦多覆盖综合加拿大指数ETF的年费率减至0.05%，而先锋对应产品的费率为0.12%。安硕美国标准普尔500指数的ETF费率仅为0.10%，先锋的对应指数产品则收取0.15%的费用。如果价格战不断升温，两家公司的费用可能还将进一步下降。

加拿大投资者的永久投资组合

永久投资组合（详见第十章）也许是世界上最稳健的。在40年的投资期内，该投资组合平均取得近10%的年收益，表现最差的一年（1981年）也仅亏损4.1%。不像沙发土豆投资组合，投资者无须按自己年龄或风险承受度决定债券投资比例。这种投资组合包含了走势往往相反的各个资产类别。

加拿大侨民可通过这些在加拿大挂牌的ETF构建永久投资组合，如表16.7所示。

该类组合把资金进行四等分投资：25%股票、25%长期债券、25%黄金、25%现金。但由于储蓄账户利息微薄，我以投资先锋的短期债券指数做取代。这种做法是克雷格·罗兰和J. M. 罗森在其大作《永久资产组合》中提出的。[15]

表 16.7　适合加拿大投资者的永久投资组合范例

配置	ETF	代码	费率
25%加拿大股票	安硕标准普尔/多伦多覆盖综合指数 ETF	XIC	0.05%
25%加拿大长期政府债券	BMO 长期联邦债券 ETF	ZFL	0.20%
25%黄金	安硕黄金	CGL	0.50%
25%加拿大短期政府债券	先锋加拿大短期债券指数 ETF	VSB	0.15%

部分投资者或许希望分散投资于全球股市。这是有道理的，毕竟加拿大股市仅占全球市值的 5%。这种情况下，投资组合可如表 16.8 所示做调整。

表 16.8　适合加拿大投资者的全球永久投资组合范例

配置	ETF	代码	费率
12.5%加拿大股票	先锋富时加拿大全市场指数 ETF	VCN	0.12%
12.5%全球股票	安硕 MSCI 世界指数基金 ETF	XWD	0.47%
25%加拿大长期政府债券	BMO 长期联邦债券 ETF	ZFL	0.20%
25%黄金	安硕黄金	CGL	0.50%
25%加拿大短期政府债券	先锋加拿大短期债券指数 ETF	VSB	0.15%

加拿大投资者的基本面指数投资组合

在第十一章中，我们解释过，基本面指数不以股票市值为权重，而是着重于股票对应的企业效益表现。盈利较佳的公司比高价位的股票更能影响基本面指数的走势。高市值的股票也许备受欢迎，但高价之下，可能名不副实。

所以，这些高价位股票一旦在市场上失宠，便很可能回落至对应其内在商业价值的价格水平。据研究人员罗伯特·阿诺特（Robert D. Arnott）、杰森·许（Jason C. Hsu）、约翰·威斯特（John M. West）的数据，在1984—2007年，基本面指数的收益表现比市值加权指数的收益年均约高2.6个百分点。[16]

表16.9是30岁投资者适用的沙发土豆投资组合模型，但其中运用的是按基本面加权的ETF，而非资本加权ETF。所有这些指数都在加拿大市场交易。

表16.9　适合加拿大投资者的基本面指数投资组合范例

配置	ETF	代码	费率
20%加拿大股票	安硕加拿大基本面指数基金	CRQ	0.72%
25%美国股票	安硕美国基本面指数基金	CLU	0.72%
25%国际股票	安硕国际基本面指数基金	CIE	0.72%
30%加拿大短期政府债券	先锋加拿大短期债券指数ETF（目前没有对应的基本面ETF）	VSB	0.15%

资料来源：先锋加拿大；安硕加拿大。

基本面指数渐渐受到加拿大投资者的青睐，但资本加权指数仍是主流之选。先锋加拿大还未加入基本面指数市场，若决定加入，很可能将促使基本面指数基金的费率下降。

目前为止，安硕的基本面指数大多表现不俗。表16.10显示其与对应资本加权指数的比较。

在2009—2013年，安硕加拿大和美国基本面股指表现都超越其资本加权产品。但在国际股票这一类别，安硕资本加权指数较对应的基本面指数为优。在你的一生中，基本面指数投资组合会是

表 16.10 安硕 5 年投资年均回报：2009—2013 年基本面指数与资本加权指数对比

基金类别	安硕基本面指数	安硕资本加权指数
加拿大股票	+13.81%（CRQ）	+11.55%（XIC）
美国股票	+18.27%（CLU）	+16.62%（XSP）
国际股票	+8.28%（CIE）	+9.71%（XIN）
平均回报	+13.45%	+12.62%

资料来源：安硕加拿大。

收益赢家吗？也许是的。迄今为止，安硕基本面 ETF 的 5 年平均收益都优胜于对应的资本加权指数基金表现：分别为 13.45% 和 12.62%。回溯测试显示长期来看，也是基本面指数表现较优。但没有真正可预知未来的水晶球，谁也说不准哪种指数才是最终赢家。

基本面投资组合在配置上与资本加权的沙发土豆投资组合基本相同。考虑自己的年龄、风险承受能力及是否拥有固定收入的退休金。

可否投资 RRSP 和 TFSA？

加拿大侨民在旅居海外期间不符合资格投资注册退休储蓄计划（RRSP）或免税储蓄账户（TFSA）。这类税务递延账户鼓励加拿大本国居民投资。加拿大侨民若在离开加拿大前已开设这些账户，在旅居期间可保留账户，但不能投入新的资金。在某些情况下，他们可以选择出售其 RRSP 账户中的资产，我在 2004 年就是这么做的。

我的 RRSP 账户是在我还没离开加拿大时开立的。当时我的边际所得税率为 40%，这意味着假如我当时想兼职在 7-11 便利店当收银员赚点外快，那么每赚 1 元就得缴纳 40 分的税。

基于这一税率，我向 RRSP 的供款可向加拿大联邦政府申请 40%的退税。这部分资金可免税复利增值，直至我在退休时愿意提取为止。

但我在2004年出售了这些投资，当时我住在新加坡。为此我支付了25%的预扣税。我之前的供款能得到40%的现金退税，而出售时仅需缴纳25%的预扣税。假如你是加拿大侨民，也不妨考虑像我那样做。

以互换合约构成的ETF——合法避税终极手段

加拿大侨民还可选用第3种ETF，堪称合法避税的终极手段。正如之前提及的，加拿大侨民可避免缴纳利得税。而要规避股息税，也是有办法的。

加拿大地平线公司（Horizon Canada）提供3只以互换合约构成的加拿大ETF，其中，HXT地平线标准普尔/多伦多60指数ETF费率仅为0.07%，追踪的是加拿大市值最高的60只股票。其HXS地平线标普500指数ETF则追踪美国市场，费率为0.15%。该公司的加拿大精选债券寰宇ETF（Canadian Select Bond Universe ETF）费率也是0.15%。大部分指数基金都包含股票或债券这类实体证券，但互换合约ETF不然。这些基金就像由加拿大国家银行承兑的合约，承诺向投资者提供某一指数的全额回报（分红或利息全部再投资）。由于投资者并非实际直接持有这一指数所有的股票或债券，所以他们无须因股指分红缴纳股息税或因债指收益承担所得税。

金融作家及理财顾问丹·博尔托洛蒂（Dan Bortolotti）在其专栏博客“加拿大沙发土豆投资者”上发表的文章《地平线上出现更多互换合约ETF》，极好地介绍了这种以互换合约构成的ETF是如何运作的。[17]由于其涉及的利得税率比股息税低，这类基金在加拿大很受欢迎，已集资超过10亿加元。

这类产品的加拿大投资者只需缴纳利得税。而旅居海外的加侨账户获益更甚，除了无须缴纳股息预扣税及债券利息税，有的还可以合法规避利得税。

我的个人投资组合包含上述3只ETF。

但购买这类产品，交易对手风险相对较高。若加拿大国家银行陷入承兑危机，则可能出现违约的情况。

值得再三强调的是：无论你选择沙发土豆投资组合、永久投资组合还是基本面指数投资组合，坚持从一而终。若凭近期表现而不断转换投资策略，你就跟大多数任性鲁莽的投资者一样，将为之付出代价。三十年河东，三十年河西。别因此时的跌势而放弃手中的明日赢家。

选好投资模式，定期再平衡。持之以恒。

注释：

1. "Global Fund Investor Experience: 2013 Report," Morningstar.com. May 15, 2013. Accessed May 20, 2014. http://corporate.morningstar.com/US/documents/MethodologyDocuments/FactSheets/Global-Fund-Investor-Experience-Report-2013.pdf.
2. Michael Nairne, "Active Mutual Fund Managers Take Another Beating," *Financial Post*, October 11, 2013. Accessed May 19, 2014. http://business.financialpost.com/2013/10/11/active-mutual-fund-managers-take-another-beating/.
3. Andrew Hallam, "How RBC Funds Compare against Index Funds, ETFs," *Globe and Mail*, January 29, 2014. Accessed July 3, 2014. www.theglobeandmail.com/globe-investor/investment-ideas/strategy-lab/index-investing/how-rbc-funds-compare-against-index-funds-etfs/article16556141/.
4. Andrew Hallam, "Putting Fidelity's Funds to the Test," *Globe and Mail*, February 6, 2014. Accessed July 3, 2014. www.theglobeandmail.com/globe-investor/investment-ideas/strategy-lab/index-investing/putting-fidelitys-funds-to-the-test/article16738022/.
5. Andrew Hallam, "Manulife Funds vs. Index Funds: Here's How They Stack Up over 10 Years," *Globe and Mail*, April 2, 2014. Accessed July 3, 2014. www.theglobeandmail.com/globe-investor/investment-ideas/strategy-lab/index-investing/how-do-manulife-mutual-funds-measure-up-against-index-funds/article17779903/.
6. Andrew Hallam, "How Do CIBC Mutual Funds Measure Up against Its Index Funds?" *Globe and Mail*, March 11, 2014. Accessed July 3, 2014. www.theglobeandmail.com/globe-investor/investment-ideas/strategy-lab/index-investing/mutual-fund-success-is-predicted-by-low-fees-not-history/article17441151/.
7. Andrew Hallam, "How Do TD's Mutual Funds Stack Up against Its Index Funds?" *Globe and Mail*, February 26, 2014. Accessed July 3, 2014. www

theglobeandmail.com/globe-investor/investment-ideas/strategy-lab/index-investing/how-do-tds-mutual-funds-stack-up-against-index-funds/article17126059/.

8. Andrew Hallam, "IA Clarington Funds vs. Indexes: How They Stack Up," *Globe and Mail*, April 29, 2014. Accessed July 3, 2014. www.theglobeandmail.com/globe-investor/investment-ideas/strategy-lab/index-investing/putting-ia-claringtons-market-beating-claims-to-the-test/article18330041/.
9. Interview with Scott Rousseu. E-mail interview by author, February 3, 2014.
10. "Commissions and Fees," TD Waterhouse. Accessed May 19, 2014. www.tdwaterhouse.ca/products-services/investing/td-direct-investing/commissions-fees/.
11. "Fees and Commissions," TD Direct Investing International. Accessed May 19, 2014. http://int.tddirectinvesting.com/en-gb/investment-products/fees-and-commissions/.
12. "Some Nonresidents with U.S. Assets Must File Estate Tax Returns," Internal Revenue Service. Accessed May 19, 2014. www.irs.gov/Individuals/International-Taxpayers/Some-Nonresidents-with-U.S.-Assets-Must-File-Estate-Tax-Returns.
13. Interview with Ian Page. Interview by author, April 20, 2014.
14. Interview with Mark Holmes. E-mail interview by author, April 21, 2014.
15. Craig Rowland and J. M. Lawson, *The Permanent Portfolio: Harry Browne's Long-Term Investment Strategy* (Hoboken, NJ: John Wiley & Sons, 2012).
16. Robert D. Arnott, Jason C. Hsu, and John M. West, *The Fundamental Index: A Better Way to Invest* (Hoboken, NJ: John Wiley & Sons, 2008), 123.
17. Dan Bortolotti, "More Swap-Based ETFs on the Horizon," *Canadian Couch Potato* RSS, October 15, 2013. Accessed July 3, 2014. http://canadiancouchpotato.com/2013/10/15/more-swap-based-etfs-on-the-horizon/.

第十七章　英国侨民投资攻略

英国的指数基金分为两大类：便宜的和昂贵的。指数基金本应费用低廉，但英国许多金融机构想方设法从指数基金中获取暴利，牺牲投资者的利益。理查德·布兰森（Richard Branson）开设的维珍理财（Virgin Money）便是这类金融机构中的“佼佼者”。

在其自传《维珍商业帝国》中，理查德爵士表示：“我可以毫不谦逊地说，维珍打入金融服务业之后，情况从此大不相同……我们不聘请基金经理……因为我们发现了其最秘而不宣的问题：他们无法保持优秀业绩，无法打败股市指数表现。”[1]

维珍打造了自己的指数追踪基金，并为此收取高昂费用。该公司的富时指数基金年费率为1%。与境外养老金产品相比，这是相对低廉的费用。但作为指数基金，其费用可是比布兰森所乘的那些热气球还要高触天际。相比之下，先锋集团的富时英国股指费率仅为0.15%。[2]

先锋费用低廉是因为，有别于维珍，先锋的投资者（购买其基金的人）实际上也是公司的所有人。公司像非营利机构般运作。而且先锋在构建指数基金上经验丰富，所以追踪误差也低。假如富时全股指数上升了10%，而先锋追踪该指数的基金管理费率为0.15%，其回报应为约9.85%。如果所得回报低于9.85%，该基金经理则难辞其咎。费用以外的任何收益率差异被称为追踪误差。

高费用公司经验尚浅

维珍理财的相应产品回报至少比对应指数的收益率低 1 个百分点，即其年费；再有追踪误差的话，利润将被进一步拉低。长期而言，高费用和追踪误差会加重问题。

2013 年，维珍的富时英国全股指数收益率为 19.7% [3]，而先锋的富时英国股指基金则为 20.7%。[4]两者追踪的是同样的市场，但先锋的指数产品费用相对低 0.85 个百分点，按道理先锋的指数收益应比对手高 0.85 个百分点。但实际情况非也。先锋比维珍在产品收益上高出整整 1 个百分点。

维珍理财正如其名字一样，缺乏先锋集团的经验。* 准确追踪指数需要的是先锋经年练就的技巧。维珍虽然也尝试了几年，但表现还是令投资者失望，而且其 2013 年的表现并非一时失误。

在 2010—2013 年，维珍的英国股指基金收益平均比先锋的产品低 1.2 个百分点，见表 17.1。

这样的差异看似微小，但放在整个投资生涯上看，投资同一产品而多耗费的资金按复利计算则是个不小的数目。

表 17.1　2010—2013 年维珍与先锋的产品收益对比

年份	维珍的富时英国全股指数	先锋的富时英国股票指数
2010	+13.0%	+14.4%
2011	−4.7%	−3.5%
2012	+11.0%	+12.2%
2013	+19.7%	+20.7%

资料来源：晨星英国。

维珍并非唯一一家费用高表现差的英国指数基金供应商。凯尔·考德威尔（Kyle Caldwell）在《每日电讯报》报道称，英国股市

* “维珍”对应的英文“Virgin”有处子之意。——译者注

在截至2013年的10年内上涨了132%，但一般的英国股指产品收益却如行尸走肉般毫无生气。[5]同期，哈利法克斯（Halifax）的富时英国全股指数基金收益率仅为92.6%。这10年里，其表现落后市场近40个百分点。苏格兰寡妇（Scottish Widows）追踪同一指数的产品期间也仅上升94.8%。

英侨投资者不应为此埋单。他们大可把资金留在海外，不蹚英国理财公司的浑水。这样的话，他们应坚持选择像先锋英国或者安硕英国这类低费用且经验丰富的指数产品供应商。

英国投资者的沙发土豆投资组合

肖恩·麦克休（Sean McHugh）是一名44岁的教师，目前在新加坡的世界联合学院担任数码科技讲师。由于不满境外养老金产品销售人员向其推销高费用且不灵活的投资产品，他开始自行研究投资策略。他说："以ETF构建低费用投资组合是更为明智的选择，何必让那些理财顾问拿我的钱中饱私囊。"[6]

他在盛宝金融开立交易账户，构建了沙发土豆投资组合（见第九章）。该公司对伦敦证券交易所ETF的交易佣金费用为0.2%或最低20美元。

肖恩的薪金收入是新加坡元。假如他让盛宝金融把其新加坡元资金转换成英镑再做投资，他需要支付如表17.2所示的货币转换费用。

肖恩若投资1 000英镑须支付17.02英镑的佣金费用。15 000英镑的投资将花费42.50英镑。这大大低于境外养老金产品的费用。对比之下，亚历山大·比尔德公司的收费是每次投资额的5%，这意味着，5 000英镑的投资需支付250英镑的费用，投资15 000英镑则费用为750英镑。

肖恩可以通过比盛宝金融费用更低的机构转换货币，然后再把换得的英镑投入盛宝金融的账户中。

表 17.2 盛宝金融对投资伦敦证券交易所产品的佣金收费 （单位：英镑）

若肖恩投资……	盛宝金融的交易佣金，按 0.15% 计算（或至少等于 20 美元）	盛宝金融收取的货币转换费用（比即期汇率高 0.5%）	总佣金费用
1 000	12.02（20 美元）	5	17.02
5 000	12.02（20 美元）	10	22.02
10 000	15	15	30
15 000	22.50	20	42.50

注：可能适用 0.5% 的英国 ETF 买进印花税及 1% 的爱尔兰 ETF 买进印花税。

资料来源："Commissions," Saxo Capital Markets. Accessed May 20, 2014. http://sg.saxomarkets.com/prices/stocks/commissions.

由于肖恩不想继承人日后支付美国遗产税，他选择投资非美国挂牌的 ETF。"我不希望在过世后给子孙留下一份美国税务单。"

很少非美国籍人士意识到投资美国注册股票或 ETF 的风险。无论他们在纽约证券交易所买入的是苹果公司、可口可乐、沃尔玛的股票还是 ETF，账户持有人的继承人都有可能需要缴纳美国遗产税。

肖恩现在 44 岁，所以他的投资组合中约有 40% 投入英国债券指数。假如投资者较为年轻，或风险承受能力更高，固定收入投资（债券）的配置可以低一点，见表 17.3。

安硕及先锋的全球股票 ETF 费率并不相同：分别为 0.6% 和 0.25%。但这价差实际可能更小。我列出这两只 ETF 是因为安硕习惯随先锋的低费用而减价。该公司已有减价先例，未来也可能调低其全球股票 ETF 的费用。

肖恩计划最终在英国过退休生活。但万一他后来决定在全球各地旅居，又该如何打算？如果是那样，他不需要侧重投资英国股市和债市，其未来的支出可能使用到各地货币。进一步分散投资全球市场的投资组合可能更适合他，如表 17.4 所示。

表 17.3　适合 44 岁英国投资者的沙发土豆投资组合范例

配置	ETF	代码	费率
40%英国政府债券	安硕英国金边 0~5 年 UCITS 基金	IGLS	0.20%
30%英国股票	先锋英国富时 100 股票指数	VUKE	0.10%
30%全球股票	安硕全球股票指数 ACWI UCITS 基金	SSAC	0.60%
	或先锋富时全球 ETF	VWRD	0.25%

资料来源：先锋英国；安硕英国。

表 17.4　全球旅居者的全球沙发土豆投资组合范例

配置	ETF	代码	费率
40%全球政府债券	安硕全球 AAA-AA 级政府债券	SAAA	0.20%
60%全球股票	安硕全球股票指数 ACWI UCITS 基金	SSAC	0.60%
	或先锋富时全球 ETF	VWRD	0.25%

资料来源：先锋英国；安硕英国。

该组合中的全球债券指数包含了几乎所有发达世界国家的债券，组合中的股指也一样，按国家在全球市场的资本权重进行投资配置。所以任一货币的汇率波动也不会导致肖恩的投资小船倾覆。

英国投资者的永久投资组合

英国投资者若选择哈利·布朗始创的永久投资组合模式（见第十章），需要把资金分为 4 等分，分别投资股票、长期债券、短期债券（或现金存款）及黄金。投资者无须就年龄和风险承受能力做任何调整。

这些资产类别的走势往往是相反的，从而带来稳定性。计划在英国过退休生活的投资者可以选择以下 ETF。注意，先锋英国政府债券指数并非由长期债券构成。因为目前市场没有这类产品，中期债券指数产品（如表 17.5 所示）不失为最佳替代选择。

表 17.5　适合英国投资者的永久投资组合范例

配置	ETF	代码	费率
25%英国政府债券	安硕英国金边 0~5 年 UCITS 基金（中期债券指数基金）	IGLS	0.20%
25%英国股票	先锋英国富时 100 股票指数	VUKE	0.10%
25%黄金	安硕实体黄金 ETC	SGLN	0.25%
25%现金	现金		

资料来源：安硕英国；先锋英国。

截至本书撰写时，市面上仍未有英国短期政府债券 ETF 产品。未来若有此类产品（很可能出现），投资者可用其取代组合中的现金部分。

投资者若想进一步分散投资，则可分别投资一全球股票指数及一英国股票指数，如表 17.6 所示。

表 17.6　适合英国投资者的全球永久投资组合范例

配置	ETF	代码	费率
25%英国政府债券	安硕英国金边 0~5 年 UCITS 基金	IGLS	0.20%
12.5%英国股票	先锋英国富时 100 股票指数	VUKE	0.10%
12.5%全球股票	安硕全球股票指数 ACWI UCITS 基金	SSAC	0.60%
	或先锋富时全球 ETF	VWRD	0.25%
25%黄金	安硕实体黄金 ETC		
25%现金	现金	SGLN	0.25%

资料来源：安硕英国；先锋英国。

不确定未来退休地的英国投资者可以考虑完全放弃英国股指而投资全球股指。

英国投资者的基本面指数投资组合

第十一章讨论过基本面指数基金比相应的资本加权基金在理论上及回溯测试结果均呈现优势。英国投资者可以购买景顺集团（Invesco）的基本面指数 ETF 产品。[7]任何提供英国股市投资产品的券商都能买到这些 ETF。

该公司的英国市场资本加权 ETF 及基本面指数 ETF 产品上市时间并不长。表 17.7 显示了其各类别产品在近年的回报，并在可能的情况下以先锋和安硕的资本加权 ETF 收益作参照。

表 17.7　景顺 PowerShares/ RAFI 基本面指数与先锋/安硕资本加权 ETF 4 年年收益对比

	2010 年	2011 年	2012 年	2013 年
英国股票指数				
景顺 PowerShares 富时 RAFI 英国 100（PSRU）	+11.8%	−3.8%	+11.3%	+20.8%
安硕富时 100（ISF）	+12.9%	−5.8%	+13%	+17.4%
先锋富时 100 指数 ETF UCITS（VUKE）	NA	NA	NA	+18.9%
新兴市场指数				
景顺富时 RAFI 新兴市场 ETF（PSRM）	NA	−21.1%	+6.8%	−11.9%
安硕 MSCI 新兴市场 ETF（IEEM）	+21.9%	−20.5%	+9.5%	−7.3%
全球指数				
景顺富时 RAFI 全球 3000 UCITS 基金（PSRW）	NA	−11.9%	+6.9%	+21.6%

注：表中 NA 表示无相关数据。

资料来源：晨星英国。

然而，是否投资基本面指数基金，取决因素不应是该基金的往绩表现。这些往绩呈现的是短暂时期的表现，因此并不重要。假如你认同投资基本面指数的理据，不妨构建如表 17.8 所示的投资组合。

表 17.8　基本面指数投资组合范例

配置	ETF	代码	费率
40%英国债券	安硕英国金边 0～5 年 UCITS 基金	IGLS	0.2%
30%英国股票	景顺富时 RAFI 英国 100	PSRU	0.5%
30%全球股票	景顺富时 RAFI 全球 3000 UCITS 基金	PSRW	0.5%

资料来源：晨星英国。

回溯测试显示，长期来看，基本面指数投资组合的回报会比资本加权投资组合的收益高。但跟任何市场活动一样，实际结果并无定数。唯一可以肯定的是景顺 ETF 回报会胜于大部分主动管理型基金，因其费用较低。

但表 17.7 和表 17.8 中包含的一款 ETF 风险可能较高。景顺富时 RAFI 全球 3000 UCITS 基金是由互换合约构成的 ETF。不同于由实体股票构成的 ETF，互换合约 ETF 并不持有实体股票。而该指数追踪的是富时 RAFI 全球 3000 指数的整体回报，就像由金融机构承兑的期票一样。

与持有实体股票的指数不一样，当该 ETF 在某一年产生 10%的回报时，英国侨民投资者可以全额获取这 10%的回报，而无须缴纳红利预扣税。对许多海外侨民来说，这是一款免税投资产品。

是选择沙发土豆投资组合、永久投资组合还是基本面投资组合，问题都不大。但若凭上一年表现而轻易改换投资策略，则是愚笨之举。这些投资法各有丰年歉年。问题是，你永远不会知道何时遇上丰收之年。

你若从众（要知道许多人是疯子），就等于看着后视镜来投资。假如永久投资组合在3~5年内的收益较其他投资组合高，你可能蠢蠢欲动想改换模式。假如基本面指数开始走高，你又想改弦更张。谨记，扛住这些诱惑。

在3种模式中择一而终。虽然并非每年都收益火爆，但这3种投资组合都能助你在整个投资生涯中获得平稳回报。

注释：

1. Richard Branson, *Losing My Virginity: How I've Survived, Had Fun, and Made a Fortune Doing Business My Way* (New York: Times Business, 1998), 405.
2. "Vanguard FTSE UK Equity Index Fund," Vanguard UK. Accessed May 20, 2014. https%3A%2F%2Fwww.vanguard.co.uk%2Fuk%2Fmvc%2FloadPDF%3FdocId%3D2034.
3. "Virgin UK Index Tracking Trust Inc.," Morningstar UK. Accessed May 20, 2014. www.morningstar.co.uk/uk/funds/snapshot/snapshot.aspx?id=F0GBR04RWI.
4. "Vanguard FTSE U.K. Equity Index Acc," Morningstar UK. Accessed May 20, 2014. www.morningstar.co.uk/uk/funds/snapshot/snapshot.aspx?id=F000003YCZ.
5. Kyle Caldwell, "The 500,000 Fund Investors Failed by Trackers," *The Telegraph*, July 13, 2013. Accessed May 20, 2014. www.telegraph.co.uk/finance/personalfinance/investing/10580063/The-500000-fund-investors-failed-by-trackers.html.
6. Interview with Sean McHugh. E-mail interview, May 1, 2014.
7. Invesco PowerShares Professional Clients. Accessed May 20, 2014. www.invescopowershares.co.uk/portal/site/ukprops/ouretfs/fullrange.

第十八章　澳大利亚侨民投资攻略

许多澳大利亚人偏爱投资一类资产：房地产。澳大利亚房地产价值无疑是飙升了许多，然而其股市也有不俗表现。

据迪肯大学人文社会科学学院硕士生菲利普·苏斯（Philip Soos）的研究，在1900—2012年，澳大利亚房地产价格升幅是通货膨胀的400倍，数据来自澳大利亚统计局。[1]

这意味着，假如你曾祖父在1900年拥有一座普通住宅房产，而你在2012年出售该房产，所得收益的购买力是1900年时的400倍。10年前买入房产的话也会获得不俗的收益。据《全球房地产指南》（Global Property Guide）[2]称，澳大利亚的房产价格在截至2013年的10年内上升了89.23%。

如果当初你的曾祖父是把资金分散投资于澳大利亚各类股票，收益又会如何？若现在卖出这些资产，所得收益的购买力是1900年时的2 408倍。在截至2013年的10年时间里，股价也比房地产价格的升幅高。先锋澳大利亚股市指数上升了约125%，[3]而澳大利亚住宅房价上涨了89.23%。

这般比较并非显示房地产不值得投资。房地产是绝佳的投资，尤其是在低迷时期买入。但许多澳大利亚人过度沉迷投资房地产，甚少分散投资在其他资产类别上。有两个资产类别是他们可以加入投资组合的：全球股票指数和债券指数。

现居住在胡志明市的劳森·迪克森（Lawson Dixon）是哈雷-戴维森摩托车集团越南分公司的CEO。公司业务兴旺。而这位47岁的澳大利亚人希望把自己的净收益分散投资于股票和债券上。“多年来，我一直在考量各种投资选择：房地产、养老金计划、储蓄计划、保险产品、股票市场。老实说，这里面不乏大量‘蛇油’推销员般的奸商骗子。”

47岁的劳森和妻子汉娜（Hanh）有两个孩子——7岁的休伊（Huey）和刚出生的玛吉（Maggie）。劳森在2000年离开澳大利亚，渐渐意识到无论澳大利亚国内还是海外的投资机构，所提供的产品费用都非常高。

“这些所谓的专家，”他说道，“只会着眼一个目标：你口袋里的血汗钱。我甚至遇到一个理财顾问跟我说：‘我是华尔街的银行家，口头约定就行，我说话算数。’”[4]

劳森可以在多家海外券商开立账户，包括道明自管投资国际或者盛宝金融，这些券商都提供澳大利亚股市投资产品。

据新加坡盛宝金融的高级经理姚友龙（音译）提供的信息，澳大利亚ETF的股息预扣税为30%。[5]假如劳森获得10%的投资回报，其中8%是资本利得，2%是股息收益，资本利得的部分是免税的，但股息收益的税率为30%。假如他的税前收益是10%，股息税（假设股息率为2%）将从总收益中扣除掉0.6%，即0.02（股息率）×0.3（税率）= 0.006。

因此，平均回报为10%的投资组合的税后收益是9.4%。券商会在派发收益前预扣这些税款。

来个澳大利亚“沙发土豆”?

先锋和安硕提供不少低费用的澳大利亚ETF。迪克森夫妇可用低于0.15%的费率构建沙发土豆投资组合。与全球大多数ETF一样，澳大利亚市场ETF的费用也在下降。

劳森·迪克森的太太汉娜比丈夫年轻，可能会比他晚离世。考虑到这一因素，两个人的投资组合中债券配置会比劳森单身时要低一点。表 18.1 显示了这样一个投资组合。

表 18.1　适合澳大利亚投资者的沙发土豆投资组合范例

配置	ETF	代码	费率
30%澳大利亚政府债券	先锋澳大利亚政府债券指数	VGB	0.20%
35%澳大利亚股票	先锋澳大利亚股份指数	VAS	0.15%
17.5%美国股票	先锋美国整体股票指数	VTS	0.05%
17.5%全球股票	先锋全球（除美国）股票指数	VEU	0.15%

资料来源：先锋澳大利亚。

迪克森夫妇也想投资越南股市，但不能过度侧重，越南股市规模尚小。

如果纳入越南股市投资，两个人的投资组合则如表 18.2 所示。

表 18.2　加入越南股票份额的澳大利亚投资者的沙发土豆投资组合范例

配置	ETF	代码	费率
30%澳大利亚政府债券	先锋澳大利亚政府债券指数	VGB	0.20%
35%澳大利亚股票	先锋澳大利亚股份指数	VAS	0.15%
15%美国股票	先锋美国整体股票指数	VTS	0.05%
15%全球股票	先锋全球（除美国）股票指数	VEU	0.15%
5%越南股票	db X-trackers 富时越南指数	3087.HK（中国香港证券交易所）	0.85%

资料来源：先锋澳大利亚；彭博社。

假如劳森和汉娜计划留在越南，他们就不需要侧重投资澳大利亚的股票和债券，而应更分散投资于全球市场，如表 18.3 所示。

表 18.3 适合澳大利亚投资者的全球沙发土豆投资组合范例

配置	ETF	代码	费率
10%澳大利亚政府债券	先锋澳大利亚政府债券指数	VGB（澳大利亚证券交易所）	0.20%
20%全球政府债券	安硕全球政府债券指数	IGLO（英国证券交易所）	0.20%
5%澳大利亚股票	先锋澳大利亚股份指数	VAS（澳大利亚证券交易所）	0.15%
30%美国股票	先锋美国整体股票指数	VTS（澳大利亚证券交易所）	0.05%
30%全球股票	先锋全球（除美国）股票指数	VEU（澳大利亚证券交易所）	0.15%
5%越南股票	db X-trackers 富时越南指数	3087.HK（中国香港证券交易所）	0.85%

与沙发土豆投资的惯常模式一样，迪克森夫妇需要保持组合内的目标比例，并随着年龄增加而逐渐提高债券的配置。他们须一年一次对投资组合做再平衡调整，出售高价资产，增持低价投资，也可以每月以投入存款增持表现较逊色的资产类别。

澳大利亚市场的永久投资组合又如何？

回想一下哈利·布朗的永久投资组合模式（见第十章）。各资产类别的市况走势往往呈相反方向发展。所以，把资金等分投资在股票、债券、现金及黄金上一般能带来平稳的长期回报。

历史回溯测试结果证明了这一切。尽管经历多次股市暴跌，该投资模式却从未崩盘。当股市下跌，金价往往上升。当债券呈跌势，股市往往上涨。当各类资产纷纷走低（甚少出现），现金存款可以扛住压力。

表 18.4 显示了把资金平分投入 4 个不同资产类别的情形，适合打算未来回到澳大利亚居住的澳侨投资者，该组合侧重投资澳大利亚债券及股票市场。现金部分可以投入澳元储蓄账户中。

表 18.4　适合澳大利亚投资者的永久投资组合范例

配置	ETF	代码	费率
25%澳大利亚政府债券	先锋澳大利亚政府债券指数	VGB（澳大利亚证券交易所）	0.20%
8.33%澳大利亚股票	先锋澳大利亚股份指数	VAS（澳大利亚证券交易所）	0.15%
8.33%美国股票	先锋美国整体股票指数	VTS（澳大利亚证券交易所）	0.05%
8.33%全球股票	先锋全球（除美国）股票指数	VEU（澳大利亚证券交易所）	0.15%
25%黄金	BetaShares 黄金 ETF	QAU（澳大利亚证券交易所）	0.49%
25%现金			

表中对于投资澳大利亚和美国股票的份额小数位（各为 8.33%）显得较精细，投资者可以四舍五入自行调整。某资产类别多占一两个百分点，差别其实不大。

不打算回澳大利亚生活的澳侨则可考虑更分散投资全球的永久投资组合，如表 18.5 所示。

澳大利亚投资者的基本面指数投资组合

澳大利亚股票交易所仅有一款基本面指数供选择：BetaShares 富时 RAFI 澳大利亚 200 ETF。[6]

表 18.5　分散投资全球的永久投资组合范例

配置	ETF	代码	费率
25%全球政府债券	安硕全球政府债券指数	IGLO（英国证券交易所）	0.20%
12.5%美国股票	先锋美国整体股票指数	VTS（澳大利亚证券交易所）	0.05%
12.5%全球股票	先锋全球（除美国）股票指数	VEU（适合澳大利亚居民）	0.15%
25%黄金	BetaShares 黄金 ETF	QAU（澳大利亚证券交易所）	0.49%
25%现金			

该指数在 2013 年年末推出，费率为 0.3%，对基本面指数来说这是较低的。该指数包含了 200 家澳大利亚公司，以其盈利、股息等基本面因素而非公司市值为权重。希望在投资组合中融入基本面指数成分的澳大利亚投资者可以选择该指数，取代先锋或安硕对应的资本加权基金产品。

市场上没有债券类基本面指数产品，但澳大利亚投资者可从英国的证券交易所买入基本面全球股票指数。景顺富时 RAFI 全球指数（PSRW）的费率为 0.5%，[7] 属于互换合约 ETF。这类产品的风险稍高。不像由实体股票构成的 ETF，互换合约 ETF 不持有实体股份，而是追踪指数回报，为投资者提供其全额回报，性质很像金融机构承兑的期票。

但有别于持有实体股份的指数，该互换合约 ETF 在某一年获得 10%的收益时，投资者可以完全取得这 10%的回报，无须支付股息预扣税。所以对于许多侨民而言，这是一款免税产品。

表 18.6 显示了澳大利亚投资者可选择的基本面指数投资组合。

表 18.6　适合 40 岁澳大利亚投资者的基本面指数投资组合范例

配置	ETF	代码	费率
35%澳大利亚政府债券	先锋澳大利亚政府债券指数	VGB（澳大利亚证券交易所）	0.20%
30%澳大利亚股票	BetaShares 富时 RAFI 澳大利亚 200	QOZ（澳大利亚证券交易所）	0.30%
35%全球股票	景顺富时 RAFI 全球指数	PSRW（英国证券交易所）	0.50%

无论你选择的是一般的沙发土豆投资组合、永久投资组合，还是基本面指数投资组合，别轻易改换。在某些年头，永久投资组合的收益也许会打败其他模式；在另一些年份，沙发土豆投资组合会跑赢；再有些时候，赢家却是基本面指数投资组合。

假如你跟大多数人那样追逐赢家而频繁改换策略，你的资金就会像车胎漏气吭哧行驶的汽车。一时的赢家可能会是日后的输家。按稳健的计划，持之以恒，明智投资。对于有耐心的投资者，长期来看，这任一模式都是一本万利的。

注释：

1. "The History of Australian Property Values," MacroBusiness, February 13, 2013. Accessed May 20, 2014. www.macrobusiness.com.au/2013/02/the-history-of-australian-property-values/.
2. "Global Property Guide House Price Changes," Global Property Guide. Accessed May 20, 2014. www.globalpropertyguide.com/Pacific/Australia/price-change-10-years.
3. Vanguard Australia—Retail Managed Funds ($5,000 Min.). Accessed May 20, 2014. https://www.vanguardinvestments.com.au/adviser/jsp/investments/managed-funds-retail.jsp#grossperformancetab.
4. Interview with Lawson Dixon. E-mail interview by author, May 14, 2014.
5. Interview with Eoh You Loong. Telephone interview by author, March 20, 2014.
6. BetaShares Exchange Traded Funds. Accessed July 3, 2014. http%3A%2F%2Fwww.betashares.com.au%2Fproducts%2Fname%2Fftse-rafi-australia-200-etf%2F%23each-performance.
7. "PowerShares FTSE RAFI All-World 3000 UCITS ETF (GBP) | PSRW," Morningstar UK. Accessed July 3, 2014. www.morningstar.co.uk/uk/etf/snapshot/snapshot.aspx?id=0P0000NHSB.

第十九章 新西兰侨民投资攻略

新西兰人口仅为 450 万，这令许多外地人感到讶异。毕竟，全球各地似乎都有不少新西兰人。《每日电讯报》在 2010 年报道过，新西兰的技术人才中约有 1/4 已离开本国。[1]在挽留技术人才这方面，新西兰是发达国家中做得最差的。

海外高薪也许是个中原因。据《每日电讯报》称，拥有高技术的新西兰人在海外赚取的收入比在本国时高 78%。[2]读到这里，可能你也是其中一员——或者正有这个打算。

旅居海外的新西兰人可以在本书第十三章列出的任一境外券商开立账户。

希望最终回到新西兰生活的新西兰侨民可能更需要侧重投资本国的股市。但除了美国交易挂牌的新西兰股票指数产品外，境外券商提供的新西兰市场产品并不多。安硕 MSCI 新西兰覆盖 ETF[3] 包含 30 只公开交易的新西兰股票。5 家规模最大的公司约占该指数市值总额的 30%，分别是新西兰电信公司、奥克兰国际机场、莱曼医疗保健有限公司（Ryman HealthCare Ltd.）、天空网络电视（Sky Network Television）和天空之城网络（Skycity Network）。

该指数产品的年费率为 0. 51%。从 2010 年 1 月到 2014 年 1 月，按美元计算，其总回报超过 98%。[4]在之前的章节中，我提醒过侨民购买美国市场股票或 ETF 的风险。投资者若持有美国注册的投资产品而价值在6万美元以上，离世时继承人可能需要为此缴纳美国遗产税。这似乎并不公平，毕竟上述指数包含的是新西兰股票，而非美国股票。但由于该指数在纽约证券交易所买卖，美国政府会在投资者身故时抽取部分利润。

新西兰投资者的沙发土豆投资组合

然而，新西兰侨民还是可以构建包含新西兰市场份额的沙发土豆投资组合——只要所含这些指数产品的价值不超过6万美元即可。表19.1是适合30岁投资者的投资组合范例，其中的全球政府债券指数和全球股票指数是在英国证券交易所挂牌的，而表格中的新西兰股指则在美国市场挂牌交易。

表19.1　适合30岁新西兰投资者的沙发土豆投资组合范例

配置	ETF	代码	费率
30%全球债券	安硕全球AAA－AA政府债券	SAAA（英国市场）	0.20%
10%新西兰股票	安硕MSCI新西兰覆盖ETF	ENZL（美国市场）*	0.51%
60%全球股票	安硕全球股票指数ACWI UCITS基金	SSAC（英国市场）	0.60%
	或先锋富时全球ETF	VWRD（英国市场）	0.25%

*该指数的持有额须低于6万美元。

先锋富时全球ETF和安硕的对应产品均投资全球市场，但前者比后者费用低。我列出两者供选择是因为这两家ETF公司正在打价格战。在你读到本书时，安硕的产品价格很可能已低于先锋的对应产品。不像主动管理型共同基金的供应商，ETF公司一般会降价促销产品。

年长或喜欢较低风险的投资者可选择较表19.1中更高的债券配置比例，年轻或风险承受能力较高的投资者可以降低债券投资份额。

不打算回新西兰居住的新西兰侨民可以完全不投资本国市场。这样的话，他们可以只投资两个指数：全球股票指数和全球政府债券指数，两者均可通过英国的证券交易市场购得。

新西兰投资者的永久投资组合

如第十章提及的，投资者若循哈利·布朗的永久投资组合法，则无须考虑按年龄或风险承受力调整债券的投资配置。这种投资组合有其固定比例。投资者只需偶尔再平衡（见第十章），把配置调回原来的比例。或者像沙发土豆投资组合那样，每次投资时增持表现落后的ETF。该策略确保投资者保持目标配置：25%黄金、25%债券、25%股票、25%现金（见表19.2）。

表19.2　适合新西兰投资者的全球永久投资组合范例

配置	ETF	代码	费率
25%黄金	安硕实体黄金ETF	SGLN（英国市场）	0.25%
25%全球债券	安硕全球AAA－AA政府债券	SAAA（英国市场）	0.20%
15%全球股票	安硕全球股票指数ACWI UCITS基金	SSAC（英国市场）	0.60%
	或先锋富时全球ETF	VWRL（英国市场）	0.25%
10%新西兰股票	安硕MSCI新西兰覆盖ETF	ENZL（美国市场）*	0.51%
25%现金			

*该指数的持有额须低于6万美元。

新西兰投资者的基本面指数投资组合

正如第十一章详述的，回溯测试结果显示，基本面指数一般比对应的资本加权指数收益更佳。截至本书写作之时，市面仍未有新西兰市场的基本面指数产品。但新西兰投资者可先构建沙发土豆投资组合，然后把其中的资本加权全球股票指数置换成基本面加权指数。

景顺富时 RAFI 全球指数（PSRW）正适合这种组合。[5]其为互换合约 ETF，既有优势也有潜在风险。好的方面是不产生股息预扣税；但风险在于该 ETF 不含实体股票，而是追踪富时 RAFI 全球 3000 指数的回报并为投资者提供全额收益，就像金融机构承兑的期票一样。

表 19.3 是适合 30 岁投资者的基本面指数投资组合范例。

表 19.3　适合新西兰投资者的全球基本面指数投资组合范例

配置	ETF	代码	费率
30%全球债券	安硕全球 AAA－AA 政府债券	SAAA（英国市场）	0.20%
10%新西兰股票	安硕 MSCI 新西兰覆盖 ETF	ENZL（美国市场）*	0.51%
60%全球股票	景顺富时 RAFI 全球指数	PSRW（英国市场）	0.50%

*该指数的持有额须低于 6 万美元。

我需要再次强调，选择喜欢的投资策略后应持之以恒，别频繁转换。投资者若追踪比较 3 种投资模式并转换为近期收益强劲的投资法，这就跟小孩子玩抢凳子游戏一样，没掌握明智投资的关键。今年或近 10 年的优胜投资策略几乎肯定不会是明年或未来 10 年的最佳模式。东蹿西跳地把资金投到昨日赢家身上只是庸人之道。

假如你够耐性，这 3 个投资策略均是制胜之道。所以，选好一个模式坚持不变就对了。

注释：

1. Sean O'Hare, "New Zealand Brain-Drain Worst in World," *The Telegraph*, September 2, 2010. Accessed July 3, 2014. www.telegraph.co.uk/expat/expatnews/7973220/New-Zealand-brain-drain-worst-in-world.html.
2. 同上。
3. "IShares MSCI New Zealand Capped ETF | ENZL," BlackRock. Accessed July 3, 2014. https://www.ishares.com/us/products/239672/ishares-msci-new-zealand-capped-etf.
4. 同上。
5. "PowerShares FTSE RAFI All-World 3000 UCITS ETF (GBP) | PSRW," Morningstar UK. Accessed July 3, 2014. www.morningstar.co.uk/uk/etf/snapshot/snapshot.aspx?id=0P0000NHSB.

第二十章　南非及南美侨民投资攻略

南非投资者

南非人正快速成为全球最精明投资者中的一员。多年前，他们开始意识到主动管理型产品的缺点，南非的金融服务公司自此提供一系列的股指产品及ETF。[1]

对于寻求离岸投资方案的南非侨民而言，这类产品简直是天赐良机。盛宝金融提供约翰内斯堡证券交易所买卖的产品。交易佣金为投资总额的0.25%或者100南非兰特，取两者中较高值。据盛宝金融官网上的信息，约翰内斯堡证券交易所还对新开户者收取0.25%的证券转换税（STT）。[2]

所以投资1万美元的话，费用为25美元，如果是新开的投资账户，总费用等于50美元。

安硕有一款南非股票指数产品是在美国上市交易的，但这样的产品意味着账户持有人身故后继承人可能需要缴纳美国遗产税，所以并不值得买入。

39岁的韦恩·里士满（Wayne Richmond）不想子女为此烦恼。其妻子是新西兰籍的教师，而他则在中国苏州的一家南非印刷公司任职经理。他通过盈透证券公司投资。[3]

遗憾的是，盈透证券并不提供南非约翰内斯堡证券交易所买卖的产品，所以他可以考虑转由盛宝金融投资。而且，不像盈透证券，盛宝金融的基金并非在美国注册，进一步避免了美国遗产税的风险。

南非投资者的沙发土豆投资组合

表 20. 1 显示了韦恩可选择构建的沙发土豆投资组合（详解见本书第九章）。

表 20. 1　适合南非投资者的沙发土豆投资组合范例

配置	ETF	代码	费率
35%南非债券	南非新基金 Govi SA 政府债券整体回报指数	NFGOVIJ（约翰内斯堡交易所）	0. 28%
20%南非股票	Satrix 40	STX40（约翰内斯堡交易所）	0. 45%
45%全球股票	先锋富时全球 ETF	VWRL（英国市场）	0. 25%

资料来源：南非联合银行（www. etfabsa. co. za）；Satrix（www. satrix. co. za）；先锋英国。

先锋富时全球 ETF 是在英国市场交易的产品，其费率及交易佣金比南非交易所买卖的全球 ETF 低。

表 20. 1 显示的沙发土豆投资组合把 20%资金投资于南非股票，45%投资于全球股票。没有人知道未来南非股市的表现会否跑赢全球股市，所以在配置投资比例时不应投机猜度。但若打算最终回国生活的南非侨民，可以考虑加大对南非市场的投资比例。

无论你选择怎样的投资配置都应贯彻始终。别因为某些资产类别或地区版块近期大热而转投其怀抱。坚持自己的配置比例，长年如是。

但韦恩的妻子是新西兰人，他们以后既可能回南非也可能到新西兰生活。所以，他们可以在投资组合中平衡对这两国市场的投资，如表 20. 2 所示。

表 20. 2　适合新西兰/南非投资者的混合沙发土豆投资组合范例

配置	ETF	代码	费率
17. 5%全球政府债券	安硕全球 AAA – AA 政府债券	SAAA（英国市场）	0. 20%
17. 5%南非政府债券	南非新基金 Govi SA 政府债券整体回报指数	NFGOVIJ（约翰内斯堡交易所）	0. 28%
10%南非股票	Satrix 40	STX40（约翰内斯堡交易所）	0. 45%
10%新西兰股票	安硕 MSCI 新西兰覆盖 ETF	ENZL（美国市场）*	0. 51%
45%全球股票	先锋富时全球 ETF	VWRL（英国市场）	0. 25%

* 该指数的持有额须低于 6 万美元，因其包含美国遗产税风险。

资料来源：南非联合银行；Satrix；先锋英国；安硕美国。

南非作家心仪的永久投资组合

南非人特洛伊 · 布莱克劳斯（Troy Blacklaws）喜欢长线稳定的永久投资组合（见第十章）。“我梦想有一天在开普敦海边拥有一简居小窝，写作过日。”这位现居卢森堡的教师写道。他是《血橙卡鲁男孩》（*Blood Orange Karoo Boy*）及《残酷疯狂美丽世界》（*Cruel Crazy Beautiful World*）的作者。“写作的收入不稳定。要达成这一梦想，我必须确保资金增值高于银行利率，而且不能像小兔疯蹿般乱投资。”[4]

自 1972 年以来，永久投资组合的收益率每年超过 9%，年亏损最高仅为 4. 1%。所以永久投资组合完全适合这位作家。

表 20. 3 是特洛伊适用的含南非市场投资组合。

表 20.3　适合南非投资者的永久投资组合范例

配置	ETF	代码	费率
25%南非政府债券	南非新基金 Govi SA 政府债券整体回报指数	NFGOVIJ（约翰内斯堡交易所）	0.28%
12.5%全球股票	先锋富时全球 ETF	VWRL（英国市场）	0.25%
12.5%南非股票	Satrix 40	STX40（约翰内斯堡交易所）	0.45%
25%黄金	安硕实体黄金 ETC	SGLN（英国市场）	0.25%
25%现金			

资料来源：南非联合银行；Satrix；先锋英国。

不打算回国生活的南非侨民可以选择更分散投资全球市场的永久投资组合，如表 20.4 所示。

表 20.4　全球永久投资组合范例

配置	ETF	代码	费率
25%全球债券	安硕全球政府债券	IGLO（英国市场）	0.20%
25%全球股票	先锋富时全球 ETF	VWRD	0.25%
25%黄金	安硕实体黄金 ETC	SGLN	0.25%
25%现金			

资料来源：南非联合银行；Satrix；先锋英国。

钟情基本面指数投资组合的南非投资者

由于约翰内斯堡交易所上市的 ETF 众多，南非投资者可以轻松构建基本面指数投资组合（见第十一章）。“eRAFI 南非整体指数”（eRAFI Overall SA Index）是按基本面因素加权的指数。有学术研究指出这类指数收益更佳，而该指数一直表现不俗。自 2008 年 6 月 30 日创建以来，直至2014年5月12日，该基金累计升幅达110%（以南非兰特计算），相比之下，资本加权的JSE南非全股指数升幅仅为61.97%。[5]

这股佳绩能否持续？我不知道，没有谁会知道。但如果你喜欢基本面指数的理念，不妨按表20.5构建基本面指数投资组合，范例中的债券配置适合35—45岁的投资者。大家也可以按自己的风险承受能力适当调高或调低债券的配置比例。

表20.5　含南非股市投资的全球基本面指数投资组合范例

配置	ETF	代码	费率
35%全球政府债券	安硕全球AAA－AA政府债券	SAAA（英国市场）	0.2%
25%南非股票	eRAFI南非整体指数	RAFISA. J	0.1%
40%全球股票	景顺富时RAFI世界3000全球基本面股指	PSRW（英国市场）	0.5%

资料来源：安硕英国；景顺；南非联合银行；Satrix。

不确定日后是否回国生活的南非侨民可选择更倾向投资全球的组合，如表20.6所示。

表20.6　全球基本面指数投资组合范例

配置	ETF	代码	费率
35%政府债券	安硕全球AAA－AA政府债券	SAAA（英国市场）	0.2%
65%全球股票	景顺富时RAFI世界3000	PSRW（英国市场）	0.5%

资料来源：景顺；安硕英国。

南美投资者

凡妮莎·哈丁（Vanessa Hardinge）在巴西的桑托斯长大。新西兰人迈克尔·哈丁（Michael Hardinge）在巴西坎皮纳斯教书的时候与凡妮莎相识，后来两人结为夫妇。“我想过把部分投资留在巴西，”凡妮莎说，“我知道巴西市场波动大，巴西向各国出售大量自然资源也是令人担忧的。但无可否认，南美各经济体的发展速度是惊人的。”[6]

凡妮莎说得没错。2010—2013 年，大多数南美经济体的产出增长超越加拿大、美国、墨西哥。[7]

但是拉美股票却跟不上这一步伐。而这是好事儿——以逆向思维来看。安硕加拿大的拉美指数在 2010 年年末至 2014 年下跌了 3.3%。喜欢追高投资（记住，这并非明智之策）的投资者可能不屑这一指数，毕竟在截至 2014 年的 3 年内拉美股市无利可图。但舍弃这一市场可能是错误的决定。

大部分投资者获利不佳是因为他们喜欢投资在近期业绩强劲的产品上。但某时期表现最差的市场往往会在之后跃升为焦点。投资舆论的风向幻变无常。通过分散投资及再平衡，耐心自律的投资者能确保在低位买入更多资产。

投资者也可通过安硕英国在英国交易所买卖该拉美指数。但相比英国的 ETF，加拿大挂牌上市的相应 ETF 费率低 0.07 个百分点。

巴西投资者的投资模式

但是，凡妮莎也许不会回巴西生活，所以可减少投资拉美股市。假如她还想投资丈夫本国的新西兰市场，目前在新加坡生活的他们则可以像表 20.7 所示构建沙发土豆投资组合。

假如凡妮莎和迈克尔希望投资收益更平稳，则可采用永久投资组合模式（见第十章），向两人原国市场各投资一定比例，如表 20.8 所示。

表 20.7　拉美及新西兰混合沙发土豆投资组合范例

配置	ETF	代码	费率
35%全球债券	安硕全球 AAA－AA 政府债券	SAAA（英国市场）	0.20%
20%拉美或巴西股票	安硕加拿大拉丁美洲指数	XLA（加拿大市场）	0.67%
	或安硕 MSCI 巴西指数 ETF	XBZ（加拿大市场）	0.75%
5%新西兰股票	安硕 MSCI 新西兰覆盖 ETF	ENZL（美国市场）*	0.51%
40%全球股票	安硕全球股票指数 ACWI UCITS 基金	SSAC（英国市场）	0.60%
	或先锋富时全球 ETF	VWRL（英国市场）	0.25%

* 该指数的持有额须低于 6 万美元。

表 20.8　凡妮莎和迈克尔的永久投资组合范例

配置	ETF	代码	费率
25%全球债券	安硕全球政府债券指数	IGLO（英国市场）	0.20%
15%全球股票	安硕全球股票指数 ACWI UCITS 基金	SSAC	0.60%
	或先锋富时全球 ETF	VWRL	0.25%
7%拉美或巴西股票	安硕加拿大拉丁美洲指数	XLA（加拿大市场）	0.67%
	或安硕 MSCI 巴西指数 ETF	XBZ（加拿大市场）	0.75%
3%新西兰股票	安硕 MSCI 新西兰覆盖 ETF	ENZL（美国市场）*	0.51%
25%黄金	实体黄金 ETC	SGLN	0.25%
25%现金			

* 该指数的持有额须低于 6 万美元。

假如他们希望构建含基本面指数的沙发土豆投资组合，可以在组合中添加景顺富时 RAFI 全球 3000，如表 20.9 所示。

表 20.9　凡妮莎和迈克尔的基本面指数投资组合范例

配置	ETF	代码	费率
35%全球债券	安硕全球 AAA - AA 政府债券	SAAA（英国市场）	0.20%
20%拉美或巴西股票	安硕加拿大拉丁美洲指数	XLA（加拿大市场）	0.67%
	或安硕 MSCI 巴西指数 ETF	XBZ（加拿大市场）	0.75%
5%新西兰股票	安硕 MSCI 新西兰覆盖 ETF	ENZL（美国市场）*	0.51%
40%全球股票	景顺富时 RAFI 全球 3000	PSRW（英国市场）	0.50%

*该指数的持有额须低于 6 万美元。

无论韦恩、特洛伊、凡妮莎他们选择哪种投资组合，都必须持之以恒按计划投资。未来 5 年，表现较好的也许是永久投资组合，也可能是基本面指数模式。投资者最忌频繁改换策略。只有坚持按计划投资才能减少费用成本。通过调整再平衡，保持分散多元投资。投资者也可以在别人恐惧时贪婪一点，在别人贪婪时勒马退避。

从整个投资生涯来看，这些投资组合各自都可获得不俗收益，但投资者必须耐心坚持。

注释：

1. Reitumetse Pitso, "Six More SA Indices from S&P Dow Jones," BusinessDay Live, May 5, 2014. Accessed May 10, 2014. www.bdlive.co.za/markets/2014/05/05/six-more-sa-indices-from-sp-dow-jones.

2. “Stock Trading Conditions,” Saxo Capital Markets. Accessed July 3, 2014. http://sg.saxomarkets.com/prices/stocks/trading-conditions.
3. Interview with Wayne Richmond. E-mail interview by author, May 13, 2014.
4, Interview with Troy Blacklaws. E-mail interview by author, May 12, 2014.
5. “NewFunds eRAFI™ Overall SA Index,” Absa Capital. Accessed July 3, 2014. http://etf.absacapital.com/Fund%20Documents/eRafi%20Overall%20Data sheet%2031%20March%202014.pdf.
6. *Regional Economic Outlook* (Washington, DC: International Monetary Fund, 2013). Accessed July 3, 2014. www.imf.org/external/pubs/ft/reo/2013/whd/eng/pdf/wreo0513.pdf.
7. “iShares Latin America,” Morningstar. Accessed July 3, 2014. http://quote.morningstar.ca/QuickTakes/ETF/etf_performance.aspx?t=XLA®ion=CAN&culture=en-CA.

第二十一章　欧洲侨民投资攻略

西班牙人艾克·玛斯（Urko Masse）爱好跳萨尔萨舞、踢足球，也喜欢和妻儿共聚天伦。39 岁的他不喜欢的是向金融服务行业割舍自己的血汗钱。所以，他选择在盛宝金融开立投资账户，构建低费用的指数基金投资组合。

欧洲各国专属 ETF

很奇怪的是，美国人比欧洲人似乎更喜欢投资欧洲各国的 ETF。表 21.1 列举了 ETF 巨头安硕提供在美国挂牌上市的欧洲国家指数投资产品。

欧洲人在本国证券交易所并没有这么多选择，不少欧洲侨民也许会因而挑选表 21.1 中的 ETF 构建投资组合。如果是这样，注意把投资额控制在 6 万美元以下。否则，投资者去世后，继承人或须支付美国遗产税。[1]不管这些基金包含的是西班牙、比利时、俄罗斯还是法国的股票，也不管投资者是否踏足美国国土，美国政府就是要你缴税。而且，并非美国选民的你，对此也无可奈何。

尽管如此，欧洲人还是有几个选择。他们可以从英国的交易所买入单纯的欧洲指数，或者同时再投资一只代表自己本国市场的美国上市 ETF。

表 21.1　在美国交易所交易的欧洲 ETF

ETF	代码	费率	截至 2014 年 4 月的 5 年总收益率*
安硕 MSCI 德国	EWG	0.51%	+93.6%
安硕 MSCI 德国小盘股	EWGS	0.59%	NA†
安硕 MSCI 西班牙	EWP	0.51%	+48.6%
安硕 MSCI 意大利	EWI	0.50%	+24.5%
安硕 MSCI 瑞士	EWL	0.51%	+123.3%
安硕 MSCI 瑞典	EWD	0.51%	+124%
安硕 MSCI 土耳其	TUR	0.61%	+81.6%
安硕 MSCI 法国	EWQ	0.51%	+66.8%
安硕 MSCI 波兰	EPOL	0.61%	NA†
安硕 MSCI 俄罗斯	ERUS	0.61%	NA†
安硕 MSCI 荷兰	EWN	0.50%	+87%
安硕 MSCI 爱尔兰	EIRL	0.50%	NA†
安硕 MSCI 比利时	EWK	0.50%	+107%
安硕 MSCI 奥地利	EWO	0.51%	+47.8%
安硕 MSCI 丹麦	EDEN	0.53%	NA†
安硕 MSCI 芬兰	EFNL	0.53%	NA†
安硕 MSCI 挪威	ENOR	0.53%	NA†

* 所有收益以美元计算。

† 上市未够 5 年的基金。

资料来源：安硕美国。

表 21.1 提供了这些 ETF 的 5 年总收益率，按美元计算。列出这些数据实际是为干扰视听，往绩并不代表一切。一个时期表现最佳的指数也许在另一时期最为低迷。你猜投资欧洲股票指数的美国普通投资者在 2014 年会怎么做？他们会买入瑞士、瑞典及比利时股指，因为眼看在过去 5 年这 3 只股指的回报分别为 123.3%、124%、107 %。这样的反应是正常的，但追逐明日黄花只是庸人之道。投资者必须谨记，分散投资加上定期再平衡才是明智之举。

投资者喜欢的欧洲指数

安硕提供两款MSCI欧洲指数，其中一款包含英国股票，另一款不含。由于两者均在英国市场交易，都不涉及可怕的美国遗产税。先锋则提供另一欧洲指数产品。截至撰写本书时，先锋的这一产品也是三者中最便宜的。

不想投资英国股市而希望投资自己本国市场的欧洲投资者，可以购入安硕MSCI欧洲（英国除外）指数产品。艾克·玛斯（Urko Masse）的情况就是如此，他希望更侧重投资西班牙股市。如表21.2所示，安硕MSCI欧洲指数含5.25%的西班牙股票，安硕MSCI欧洲（英国除外）指数含7.75%的西班牙股票，先锋富时欧洲发达国家指数则含5.3%的西班牙股票。

表21.2　三款欧洲指数的构成权重

市场	安硕MSCI欧洲指数（代码：IMEU）	安硕MSCI欧洲（英国除外）指数（代码：IEUX）	先锋富时欧洲发达国家指数（代码：VEUR）
英国	26.91%	0	31.5%
法国	15.33%	22.61%	14.6%
瑞士	14.23%	19.72%	13.8%
德国	13.49%	19.89%	13.9%
荷兰	6.96%	5.99%	4.4%
西班牙	5.25%	7.75%	5.3%
瑞典	4.68%	6.89%	4.8%
意大利	3.64%	5.36%	3.9%
丹麦	1.94%	2.87%	2.3%
比利时	1.82%	2.67%	1.8%
芬兰	1.31%	1.93%	
挪威	1.24%	1.82%	
其他	2.15%	2.49%	3.7%

资料来源：安硕英国；先锋英国，2014年5月11日。

表21.3显示了艾克·玛斯选择不包含纯西班牙市场ETF的沙发土豆投资组合。

表21.3 不包含纯西班牙市场指数的沙发土豆投资组合范例

配置	ETF	代码	费率
35%欧洲债券	安硕欧元政府债券1~3年UCITS基金	IBGS（英国交易所）	0.20%
25%欧洲股票	安硕MSCI欧洲	IMEU（英国交易所）	0.35%
	或安硕MSCI欧洲（英国除外）	IEUX（英国交易所）	0.40%
	或先锋富时欧洲发达国家指数	VEUR（英国交易所）	0.15%
20%美国股票	安硕标普500美国	CSPX（英国交易所）	0.07%
5%亚洲发达国家股票（日本除外）	先锋富时亚洲发达国家指数（日本除外）	VAPX（英国交易所）	0.22%
10%日本股票	富时先锋日本指数	VJPN（英国交易所）	0.19%
5%新兴市场股票	先锋富时新兴市场	VFEM（英国交易所）	0.29%

资料来源：安硕英国；先锋英国。

选择低费用的指数，该投资组合的平均年费率为0.186%。

面对先锋富时欧洲发达国家指数和安硕MSCI欧洲发达国家指数这类追踪同一指数的两只ETF，选择费率较低的那款。别凭上一年或之前5年谁打败谁做判断。长期来看，假如两个产品追踪的是同一指数，长线收益较佳的当属费率较低的那一产品。目前先锋的产品费率较低，所以是较佳的选择。

尽管如此，安硕正向先锋发起减价战，在挑选欧洲指数前，不妨看看安硕MSCI欧洲指数的费率，若降至低于先锋的费率，则选择安硕的这款指数。

选好投资的产品就不要轻易更换。ETF价格战的硝烟最令券商兴奋。投资者频繁转投更低费用的产品会给券商带来交易佣金。留意费用问题。假如一只 ETF 收取 0.15%的费用，这意味着投资者每投入 1 万欧元需支付 15 欧元的费用。若费率为 0.3%，则每年费用为 30 欧元。如果你从一只 ETF 转移大量资金到另一产品，佣金费用可能远大于你从费率上节省的金钱。

假如艾克·玛斯希望构建比表 21.3 更简单的投资组合，他可以在股市投资部分选择一款全球整体指数产品。这样的指数按市值加权包含了对欧洲、美国、世界发达市场及新兴市场股票的投资。

这种指数对各国市场的投资比例几乎与表 21.3 中的投资组合一致。该指数已含有欧洲股市成分，但投资者若希望对欧洲市场的投资比例类似上例情况，他们也可以增加一款欧洲指数。

先锋富时全球 UCITS ETF[2]包含投资以下地区市场：

48.4%	美国
7.9%	英国
7.8%	日本
3.6%	法国
3.5%	瑞士
3.4%	德国
3.3%	加拿大
3.0%	澳大利亚
1.9%	中国
1.6%	韩国
15.7%	其他

你可能感到疑惑，为什么中国市场的比例这么低？数字反映了各国市场的全球市值占比。这意味着，假如卖掉全球所有股票，收益中大约 48.4%将来自美国股市，7.9%来自英国股市，7.8%来自日本股市，依此类推。*

表 21.4 是艾克选用先锋全球股票 ETF 构建沙发土豆投资组合的情况。

* 数据截至 2014 年年底。——编者注

表 21.4　选用一款全球指数（非西班牙市场指数）的沙发土豆投资组合范例

配置	ETF	代码	费率
35%欧洲债券	安硕欧元政府债券1~3年UCITS 基金	IBGS（英国交易所）	0.20%
40%全球股票	先锋富时全球 UCITS ETF	VWRD（英国交易所）	0.25%
25%欧洲股票	安硕 MSCI 欧洲	IMEU（英国交易所）	0.35%
	或安硕 MSCI 欧洲（英国除外）	IEUX（英国交易所）	0.40%
	或先锋富时欧洲发达国家指数	VEUR（英国交易所）	0.15%

资料来源：安硕英国；先锋英国。

何不选择更简单的方案？

表 21.4 所示的投资组合不难管理，而且费用低廉，每年仅为 0.6%（假如在欧洲市场部分选择先锋的指数）。

如果艾克希望增加对西班牙股市的投资，他可以构建如表 21.5 所示的投资组合。

表 21.5　含西班牙股市投资的沙发土豆投资组合范例

配置	ETF	代码	费率
35%欧洲债券	安硕欧元政府债券 1~3 年 UCITS 基金	IBGS（英国交易所）	0.20%
5%西班牙股票	安硕 MSCI 西班牙	EWP（美国交易所）*	0.51%
40%全球股票	先锋富时全球 UCITS ETF	VWRL（英国交易所）	0.25%
20%欧洲股票	安硕 MSCI 欧洲	IMEU（英国交易所）	0.35%
	或安硕 MSCI 欧洲（英国除外）	IEUX（英国交易所）	0.40%
	或先锋富时欧洲发达国家指数	VEUR（英国交易所）	0.15%

*该指数的持有额须低于 6 万美元。

资料来源：安硕英国；先锋英国；安硕美国。

欧洲其他国家的侨民也可循此法投资，只需把西班牙股指换成本国市场的股指便可。表 21.1 列出了美国挂牌的所有欧洲 ETF。

但注意，投资这些产品的金额不应超过 6 万美元。否则，当你离世，你的继承人或须为此缴纳美国遗产税。

意大利及瑞士投资者

旅居海外的意大利或者瑞士侨民可能无须买入美国挂牌的欧洲指数便可投资其本国股市。出于某些奇特因素，安硕英国提供一款意大利股指产品：安硕富时 MIB UCITS ETF。[3]我不知道这是哪位帮派大哥动用人脉之功劳，反正这是在英国市场上交易的唯一非英国市场欧洲 ETF。所以，意大利侨民无须把投资本国市场的金额限制在 6 万美元以下。该指数包含了 40 只意大利股票，每年费率为 0.35%。35—40 岁的意大利投资者可按表 21.6 的范例构建投资组合。

能通过瑞士证券交易所投资的瑞士侨民（请与所在地的国际券商联系查询）可以买入追踪瑞士市场的指数产品。安硕瑞士市场指数[4] 追踪瑞士最大的 20 只股票，年费率为 0.39%。

35—40 岁的瑞士投资者可如表 21.7 所示构建全球投资组合。

表 21.6　含意大利股市投资的全球沙发土豆投资组合范例

配置	ETF	代码	费率
35%欧洲债券	安硕欧元政府债券 1~3 年 UCITS 基金	IBGS（英国交易所）	0.20%
25%意大利股票	安硕富时 MIB UCITS ETF（意大利）	IMIB（英国交易所）	0.35%
40%全球股票	先锋富时全球 UCITS ETF	VWRL（英国交易所）	0.25%

资料来源：安硕英国；先锋英国。

表 21.7 含瑞士股市投资的全球沙发土豆投资组合范例

配置	ETF	代码	费率
35%欧洲债券	安硕欧元政府债券1~3年UCITS基金	IBGS（英国交易所）	0.20%
25%瑞士股票	安硕瑞士市场指数	CH（瑞士交易所）	0.39%
40%全球股票	先锋富时全球UCITS ETF	VWRL（英国交易所）	0.25%

资料来源：安硕英国；安硕瑞士市场指数。

欧洲投资者的永久投资组合

一些投资者在失利时会惊慌失措，不惜亏本抛售或放弃全部投资。这样的反应是不理智的。这类投资者可通过永久投资组合寻求慰藉。

在第十章里我们详细介绍过这种投资模式，即把资金平均投入股票、债券、黄金和现金。这样的投资组合不会像纯股指那样遇牛市便飙升，但也不会在股市低迷时崩盘跌坠。在1972—2012年，永久投资组合仅有3年出现亏损，表现最差是在1981年，也仅下跌4.1%。这40年间，其平均年收益率超过9%。注意，按哈利·布朗创设的模式，政府债券指数选取了长期债券。

表21.8显示了这种倾向投资欧洲市场的全球性永久投资组合。

表 21.8 适合欧洲投资者的永久投资组合范例

配置	ETF	代码	费率
25%欧洲债券	安硕7~10年期欧元政府债券	IBGM（英国交易所）	0.20%
12.5%全球股票	先锋富时全球UCITS ETF	VWRL（英国交易所）	0.25%
12.5%欧洲股票	先锋富时欧洲发达国家指数	VEUR（英国交易所）	0.15%
25%黄金	安硕实体黄金ETC	SGLN（英国市场）	0.25%
25%现金			

资料来源：安硕英国；先锋英国。

投资者也可以加大对本国股市的投资比例。但他们需要确保股票配置不超过组合总值的25%。而且如果投资的是美国挂牌的ETF，投资金额最多不要超过6万美元。表21.9是供法国投资者参考的永久投资组合，其中增加了对法国股市的投资。

表21.9　含法国股市投资的适合欧洲投资者的永久投资组合范例

配置	ETF	代码	费率
25%欧洲债券	安硕7~10年期欧元政府债券	IBGM（英国交易所）	0.20%
10%全球股票	先锋富时全球UCITS ETF	VWRL（英国交易所）	0.25%
10%欧洲股票	先锋富时欧洲发达国家指数	VEUR（英国交易所）	0.15%
5%法国股票	安硕MSCI法国	EWQ（美国交易所）*	0.51%
25%黄金	安硕实体黄金ETC	SGLN（英国市场）	0.25%
25%现金			

*该指数的持有额须低于6万美元。

资料来源：安硕英国；先锋英国；安硕美国。

部分投资者也许想把组合中的现金部分换成短期政府债券指数，可选择安硕欧元政府债券1~3年期UCITS基金。[5]

欧洲投资者的基本面指数投资组合

如第十一章介绍的，基本面指数以企业的账面价值、现金流、股息及利润这些因素为权重，简单来说，即利润最高的企业在该指数的占比最大。回溯测试结果显示，基本面指数比对应的资本加权指数表现更佳——并非每年如是，但在大多数的3年滚动周期内如是。

基本面指数的费用稍高，但仍低于主动管理型基金。景顺[6]提供两款此类指数产品可供欧洲侨民打造基本面沙发土豆投资组合。

但需要考虑一个问题，景顺这些指数产品是以互换合约构建的。投资者不会收到分红，该指数按分红再投资的模式赚取全额市场回报。与之前列举的指数不同，表 21.10 显示的景顺指数产品本身并不持有实体证券。相反，这些产品更像一种期票，承诺按分红再投资的模式向投资者派发该指数全额收益。表 21.10 是适合 35—40 岁欧洲投资者的投资组合范例。

表 21.10　适合欧洲投资者的基本面指数投资组合范例

配置	ETF	代码	费率
35%投资欧洲债券	安硕 7~10 年期欧元政府债券	IBGM（英国交易所）	0.20%
35%投资全球股票	景顺富时 RAFI 全球 3000	PSRW（英国交易所）	0.50%
30%投资欧洲股票	景顺富时 RAFI 欧洲	PSRE（英国交易所）	0.50%

资料来源：安硕英国；景顺英国。

投资者也可加入一款本国市场的资本加权指数。但正如之前提及的，假如该指数是在美国注册挂牌的，把投资控制在 6 万美元以内，资产增值至接近这一水平时，适当出售一部分，增持组合内另一指数。

沙发土豆投资组合、永久投资组合、基本面指数投资组合——选哪个？

本章介绍的每个投资组合收益会比绝大多数的主动管理型投资组合强。但你永远不会知道在明年或者未来 5 年、10 年里这 3 种模式哪个会是赢家。选好一种模式，坚持到底。别回溯测试过去几年哪种模式收益更佳。看见别的投资组合收益比自己的强，也别轻易放弃自己的投资策略。未来 5 年的赢家投资组合在下一个 5 年可能成为输家。不断转换模式只会落得一个下场：你的长线收益会比这 3

种投资组合的回报都低。

别让如此梦魇成真。

注释：

1. "Some Nonresidents with U.S. Assets Must File Estate Tax Returns," Internal Revenue Service. Accessed July 4, 2014. www.irs.gov/Individuals/International-Taxpayers/Some-Nonresidents-with-U.S.-Assets-Must-File-Estate-Tax-Returns.
2. "Vanguard FTSE All-World UCITS ETF," Vanguard UK. Accessed July 4, 2014. https%3A%2F%2Fwww.vanguard.co.uk%2Fuk%2Fportal%2FloadPDF%3FdocId%3D1011.
3. "IShares FTSE MIB UCITS ETF," iShares UK. Accessed July 4, 2014. www.ishares.com/uk/individual/en/products/251805/ishares-ftse-mib-ucits-etf-inc-fund.
4. "IShares SMI," BlackRock. Accessed July 4, 2014. www.ishares.com/ch/individual/en/products/261154/CSSMI?locale=en_CH.
5. "IShares Euro Government Bond," BlackRock. Accessed July 4, 2014. www.ishares.com/uk/individual/en/products/251733/ishares-euro-government-bond-13yr-ucits-etf.
6. "Invesco PowerShares," Invesco. Accessed July 4, 2014. https://www.invesco.com/portal/site/us/psgateway.

第二十二章　亚洲侨民投资攻略

欲购买 ETF 的亚洲投资者可以考虑两个证券交易所：新加坡证券交易所和中国香港证券交易所。道琼斯投资银行家雪玲·徐（Shirlene Tsui）曾于 2011 年指出，中国香港市场市值达 27 000 亿美元。新加坡市场居其后，市值为 8 400 亿美元。[1]香港证券交易所的每日成交量也远高于新加坡证券交易所。这对你来说意味着什么？

想象在机场有两家紧挨着的货币兑换处。在亚洲地区一些机场里，还存在拉客抢生意的情形。你会选择哪家兑换处？假设两处的工作人员都没有龋齿口臭。你会看看他们身后显示货币牌价的电子屏。

其中一家的货币买卖价差较大。你希望以优惠价格买卖货币，所以选择了价差较小的另一家货币兑换处。在投资时，出于类似的原因，大多数亚洲人选择中国香港证券交易所而非新加坡证券交易所。中国香港市场上市的股票和 ETF 买卖差价较小，因其每日成交量比新加坡的高。

部分亚洲侨民没有选择这两个交易所，而是购买美国证券交易所上市的 ETF 和个股。但这样做会有风险：假如持有美国挂牌资产超过 6 万美元，其继承人或须缴纳美国遗产税[2]，即使这些产品是通过非美国券商购买的。

一个印度人的投资计划

印度籍的莎巴里·卡伦巴雅（Shabari Karumbaya）不想儿子承担

美国遗产税，毕竟那是他从未踏足的国家。她希望构建包含印度市场份额的沙发土豆投资组合（见第九章），所以选择了在加拿大证券交易所上市的安硕 MSCI 印度股票 ETF，原因有二：首先，新加坡证券交易所的同等产品交投淡静，而加拿大证券交易所则不同；其次，德意志银行在中国香港证券交易所提供一只印度股票 ETF，但其为合成（互换合约）产品。

ETF 有的含实体股票，也有的不含实体股票。如中国香港上市的“易亚印度 ETF”，这类合成 ETF 实际并不持有印度股票。相反，那是由另一机构承诺向该 ETF 的投资者提供印度股市的全额回报，就像金融机构承兑的期票一样。虽然该 ETF 不含实体股票，其表现与持实体印度股票的指数一样，随着追踪的市场起伏升跌。

其附带风险也较低。所涉另一方是德意志银行，其标普评级达 A+，穆迪投资者服务公司对其评级为 Aa3。[3]

但莎巴里希望尽量降低投资风险，所以她买入了在加拿大挂牌，包含实体印度股票的安硕投资产品。表 22.1 显示了她的沙发土豆投资组合。

表 22.1　适合 35 岁印度投资者的沙发土豆投资组合范例

配置	ETF	代码	费率
15%印度股票	安硕印度指数	XID（多伦多证交所）	0.99%
35%全球政府债券	安硕 AAA-AA 政府债券 UCITS ETF	SAAA（英国交易所）	0.20%
50%全球股票	先锋富时全球 UCITS 基金	VWRD（英国交易所）	0.25%

莎巴里把 35%的资金用于投资债券指数是因为这一比例与其年龄相应，安硕 AAA-AA 政府债券指数能为其带来稳定的投资收入。该债券指数在英国证券交易所上市交易。与其投资组合中的其他

ETF一样，该ETF也可以通过盛宝金融、道明自管投资国际或盈透证券等公司购买。

在投资全球股市方面，先锋英国提供了完美的方案：富时全球UCITS指数包含2 709只国际市场股票。[4]以下是其全球市场投资份额明细：

48.4%	美国
7.9%	英国
7.8%	日本
3.6%	法国
3.5%	瑞士
3.4%	德国
3.3%	加拿大
3.0%	澳大利亚
1.9%	中国
1.6%	韩国
15.7%	其他

按市值加权降序排名，该全球指数包含的最大几家公司分别是苹果、埃克森美孚、谷歌、微软、强生及通用电气。

亚洲不同国家国籍的投资者可循相似的沙发土豆投资原则，在投资全球股市的同时，融入对本国市场的投资。

部分投资者也许会把一半资金用于投资本国市场，另一半投资全球股市。也有一些（尤其是发展中国家的投资者）选择较低的本国市场投资比例。这些市场一般较为波动，而且当其货币受挫，把“鸡蛋”分散投放在全球多个篮子中，投资者才不至于一败涂地。

然而更重要的是，投资者不应投机猜度。别凭直觉或听信媒体专家的预言而调整自己的投资组合。做好资产配置，坚守到底。大部分投资者做不到，所以收益不佳。即便他们一开始构建了合理多元的投资组合，后来也忍不住追高投入新资金买进飙升的指数产品，而舍弃走低的指数产品。

但一个时期的赢家往往是后来的输家。追逐近期表现会导致高买低卖。在投资全球市场指数和本国市场指数上，无论你选择是对半投资还是更倾向本国市场，问题都不大。长远来看，成功的关键在于坚守原则。配置好投资 ETF 的比例，每年进行再平衡调整。或者每月增持走低的指数，以保持目标配置比例。

亚洲投资者的沙发土豆投资组合

表 22.2 是为亚洲人而设的沙发土豆投资组合范例。对于新加坡侨民，我列出了在新加坡市场买卖的本国股票及债券 ETF 产品。在中国香港市场并无此类产品（截至本书编写之时），而且这些新加坡 ETF 的交易量也相当大。

表 22.2　投资亚洲债券及股票市场

债券 ETF	代码	费率	交易所
iBoxx ABF 香港指数	2819. HK	0. 15%	中国香港
ABF 泛亚债券指数	2821. HK	0. 19%	中国香港
CSOP 中国 5 年期国债	3199. HK	0. 49%	中国香港
ABF 新加坡债券指数基金	A35. SI	0. 26%	新加坡
股票 ETF	**代码**	**费率**	**交易所**
盈富基金	2800. HK	0. 15%	中国香港
SPDR 海峡时报（新加坡）指数	ES3. SI	0. 30%	新加坡
先锋富时日本	VJPN/ VDJP	0. 19%	英国
地平线 MSCI 中国指数	2823. HK	0. 25%	中国香港
宝来中国台湾卓越 50	4363. HK	0. 61%	中国香港

续表

债券 ETF	代码	费率	交易所
易亚马来西亚*	3029. HK	0. 39%	中国香港
易亚印度尼西亚*	3031. HK	0. 39%	中国香港
易亚菲律宾*	3037. HK	0. 39%	中国香港
易亚泰国*	3069. HK	0. 39%	中国香港
易亚韩国*	3090. HK	0. 39%	中国香港
易亚印度*	3091. HK	0. 39%	中国香港
安硕印度	XID	0. 99%	加拿大
db X-trackers 富时越南	3087. HK	0. 85%	中国香港
先锋富时亚洲（包含亚洲各大股市，日本除外）	3085. HK	0. 45%	中国香港

* 合成 ETF。

资料来源：SPDR 道富环球投资；彭博社。

投资者在选购固定收益债券 ETF 时，可以考虑分别投资全球债指和本国债指产品，这样能使自己对债券市场的投资更多元化。若市面没有你本国的债指产品可选，不妨分别投资泛亚指数[5]及全球指数。上述泛亚债券指数包含中国内地、中国香港、韩国、马来西亚、印度尼西亚、菲律宾、新加坡及泰国的政府债券。

表 22.3 是适合 40—50 岁韩国投资者的沙发土豆投资组合范例。

表 22.3　适合 40—50 岁韩国投资者的沙发土豆投资组合范例

配置	ETF	代码	费率
30%韩国股票	易亚韩国	3090. HK（中国香港交易所）	0. 39%
30%全球股票	先锋富时全球 UCITS 基金	VWRD（英国交易所）	0. 25%
40%全球政府债券	安硕 AAA-AA 政府债券 UCITS ETF	SAAA（英国交易所）	0. 20%

40—50 岁的韩国投资者如果想加大对亚洲市场的投资比例（减少对全球债券的投资），可以按表 22.4 那样配置投资组合。

表 22.4　适合 40—50 岁韩国投资者的沙发土豆投资组合范例（含全球及亚洲债券市场投资）

配置	ETF	代码	费率
30%韩国股票	易亚韩国	3090. HK（中国香港交易所）	0. 39%
30%全球股票	先锋富时全球 UCITS 基金	VWRD（英国交易所）	0. 25%
20%全球政府债券	安硕 AAA-AA 政府债券 UCITS ETF	SAAA（英国交易所）	0. 20%
20%亚洲政府债券	ABF 泛亚债券指数	2821. HK（中国香港交易所）	0. 19%

年轻或风险承受力较高的投资者可以减少对债券产品的配置比例。

表 22.5 是为 40—50 岁马来西亚投资者而设的类似投资组合范例。

表 22.5　适合 40—50 岁马来西亚投资者的沙发土豆投资组合范例

配置	ETF	代码	费率
30%马来西亚股票	易亚马来西亚	3029. HK（中国香港交易所）	0. 39%
30%全球股票	先锋富时全球 UCITS 基金	VWRD（英国交易所）	0. 25%
20%全球政府债券	安硕 AAA-AA 政府债券 UCITS ETF	SAAA（英国交易所）	0. 20%
20%亚洲政府债券	ABF 泛亚债券指数	2821. HK（中国香港交易所）	0. 19%

亚洲投资者的永久投资组合

亚洲许多国家都有钟情黄金的文化。说来也合理，在通胀高企，货币贬值的情况下，黄金提供了稳定性。以ETF的形式买入黄金，再加上债券和股票投资，可能就是世界上最稳健的投资组合，永久投资组合的魔法就在于此（见第十章）。这种投资组合甚少出现亏损，而且自1972年以来，平均年收益率超过9%。

该组合包括了对股票、债券、黄金及现金（或短期政府债券）的等分投资。如第十章提及的，组合需要适时恰当地调整再平衡。

表22.6是为中国香港投资者而设的投资组合，含全球股市投资。

表22.6　适合中国香港投资者的永久投资组合范例

配置	ETF	代码	费率
25%黄金	恒生人民币黄金ETF	83168.HK（中国香港交易所）	1.00%
25%中国香港债券	iBoxx ABF香港指数（债券指数）	2819.HK（中国香港交易所）	0.15%
12.5%全球股票	先锋富时全球UCITS基金	VWRD（英国交易所）	0.25%
12.5%中国香港股票	盈富基金	2800.HK（中国香港交易所）	0.15%
25%现金			

与其他永久投资组合一样，配置无须调整。不像沙发土豆投资组合，投资者无须随着年龄的增长而提高对债券的投资比例。

表22.7是为中国公民而设的永久投资组合范例。

表 22.7　适合中国内地投资者的永久投资组合范例

配置	ETF	代码	费率
25%黄金	恒生人民币黄金 ETF	83168. HK（中国香港交易所）	1.00%
25%中国政府债券	CSOP 中国 5 年期国债［政府债券］	3199. HK（中国香港交易所）	0.49%
12.5%全球股票	先锋富时全球 UCITS 基金	VWRD（英国交易所）	0.25%
12.5%中国股票	地平线 MSCI 中国指数	2823. HK（中国香港交易所）	0.25%
25%现金			

亚洲投资者的基本面指数投资组合

基于回溯测试结果，基本面指数比对应的资本加权指数收益更佳（见第十一章）。但这类产品在亚洲市场仍未多见。希望投资基本面指数的亚洲投资者可选择买入在英国市场挂牌的 RAFI 全球指数（PSRW）。不同于包含实体股票的 ETF，互换合约 ETF 不持有实体股份。该指数追踪富时 RAFI 全球 3000 指数并向投资者提供其全额回票，就像金融机构承兑的期票一样。

不像持有实体股票的指数，当该 ETF 在某一年的收益率为 10% 时，投资者可获得这 10% 的全额收益，无股息预扣税之负担。对许多海外侨民来说，这是一种免税的产品。

表 22.8 是为 40 岁泰国侨民而设的全球基本面股指投资组合范例。

正如我在前面几章一再重复的，投资者应选择一个投资模式，然后坚守到底。按上一年业绩表现而改换策略是不智的。这些投资模式都有各自的丰收年，问题是，你永远不会知道其具体时间。

表 22. 8　适合 40 岁泰国投资者的基本面指数投资组合范例

配置	ETF	代码	费率
35%亚洲政府债券	ABF 泛亚债券指数	2821. HK（中国香港交易所）	0. 19%
32. 5%泰国股票	易亚泰国	3069. HK（中国香港交易所）	0. 39%
32. 5%全球股票	景顺富时 RAFI 全球 3000	PSRW（英国交易所）	0. 50%

假如你像大多数人那样（要知道大多数人是疯狂的）看重昨日的赢家，眼看永久投资组合业绩在 1 年、3 年或 5 年里都比其他模式好，你可能蠢蠢欲动想换模式。基本面指数投资组合开始走高时，你又会受其诱惑想改弦更张。但必须耐住性子。

在这三者中选好一个投资模式，持之以恒。收益不可能每年都红红火火，但三者都是为长线投资而设的，长远来看，都可取得不俗收益。

注释：

1. Shirlene Tsui, "SGX—A Prescription for Growth," *Exchange* RSS, *Wall Street Journal*, March 14, 2011. Accessed July 4, 2014. http://blogs.wsj.com/exchange/2011/03/14/sgx-a-prescription-for-growth/.
2. "Some Nonresidents with U.S. Assets Must File Estate Tax Returns," Internal Revenue Service. Accessed July 4, 2014. www.irs.gov/Individuals/International-Taxpayers/Some-Nonresidents-with-U.S.-Assets-Must-File-Estate-Tax-Returns.
3. "Deutsche Bank db X-trackers." Accessed July 4, 2014. www.etf.db.com/GBR/ENG/Download/Brochure/143d4562-8d4f-449d-9361-bb38cf14a24c/db-X-trackers-ETF-Brosch-Microscope-5c-en-web.pdf.
4. "Vanguard FTSE All-World UCITS," Vanguard UK. Accessed July 4, 2014. https://www.vanguard.co.uk/documents/portal/factsheets/ftse-all-world-etf.pdf.
5. "Pan Asia Index," Bloomberg.com. Accessed July 4, 2014. www.bloomberg.com/quote/2821%3AHK.

结语
Conclusion

本书包含一个至关重要的理财原则。要选对理财顾问？对有意请理财顾问帮忙理财的投资者而言，这是第二大关键。大部分境外养老金产品销售人员在投资者身上牟取暴利，要远离这些人。按本书第十二章的指引选择理财顾问，你的储蓄才不会被宰割。

假如你自行管理投资，选择 ETF 时最重要的原则是取费率为 0.15%的基金而舍 0.20%的产品？非也。别捡了芝麻丢了西瓜。

是要考虑佣金和外汇转换费用吗？也不是，那些都是微不足道的。

为投资组合中债券的配置是 36.5%还是 41%而思忖不休？也没必要，这类差异不会改变你的一生。

重要的是投资行为？嗯，有点接近了。我一再强调，希望大家明白，相比听信坊间那些七嘴八舌的经济预测来投资，选取低费用产品构建多元投资组合并定期再平衡才是正道。虽然这很重要，但还有更关键的一点：你的储蓄能力。

多元纷呈的异国体验和文化接触丰富了旅居人士的生活。但旅居海外时，你对本国社保计划的供款将有所减少，你可获的政府退休金也因而缩水。

那些感染了“侨民病”的旅居人士会一直傻笑……直至最终笑

不出来。要免疫其实不难。在智能手机上安装一款免费的记账应用程序，追踪记录自己的一切花销。在预订高价酒店时、购买商务舱机票时、买新车时，你会三思而行。你会留意到自己在酒馆的花费而选择更多地与朋友在家里聚会。在采买日常杂货时，你会更精打细算，尽量选择低价的品牌。当购买每个牛角包或玛芬蛋糕都要往手机上记账时，你自然会减少到咖啡店里消费。

记下你的支出，花销会渐渐下降。你无须为家庭预算节衣缩食。但每月设定一个储蓄目标。拿到薪金收入后，随即把一部分资金用于投资可生财的租赁物业或股票/债券市场。无论你选择的是股市、债市，还是房地产，或是兼而有之，必须以资产增值为首要目标。正如我在第一章提到的，你需要为自己的退休生活筹备资金。

无论是选择回国生活、游走各国还是定居海外绿洲，年长的你会感谢如今用心规划的你。毕竟，现在的你是未来生活的托管人。所以，为自己着想，好好计划退休生活吧。

致谢
Acknowledgments

任何以低费用投资为题材的书都必须向约翰·博格致敬。人称“圣徒杰克”的他是世界首位低费用指数基金的创始人。其创立的公司先锋集团如今已成为世界最大的共同基金供应商。尤其酷的是，他并没有随着公司的成长壮大而牟取暴利。像非营利机构般运作，该公司印证了无私善行的感染力。

我希望本书能充分体现其主张的低费用、多元化投资理念。

同时我也要感谢投资专题作家伊恩·麦圭根和斯科特·伯恩斯。他们是我所认识的最佳个人理财作家。我的写作有幸一直得到他们的指点。假如本书读起来清晰易懂，不失幽默，那很大程度上得归功于他们。

另外，我也要向书中提及的海外侨民致以衷心的感谢。谢谢让我窥探你们个人金融生活好坏美丑的方方面面。你们的慷慨支持令本书的内容更具指导意义，更富趣味。

在我撰写有关美国个人退休账户的部分时，理财顾问托尼·诺托也给我提供了极大的帮助。托尼，你的客户真的很幸运。

我的经纪人萨姆·弗莱什曼（Sam Fleishman，似乎永远不眠不休）总是不知疲倦地为我争取优质的出版合同。谢谢你，萨姆。现在是时候好好睡一觉了。

最后，我要感谢我可爱的太太佩丽（Pele）：谢谢你对我工作的包容和支持，充当我的编辑、时间管理者——在需要好好过活的时候把我从手稿堆里扯回来。